当代 丛
丝绸之路研究
书

丝绸之路
经济带研究

白永秀　王颂吉 等　著

生活·讀書·新知 三联书店

图书在版编目（CIP）数据

丝绸之路经济带研究/白永秀等著. —北京：生活·读书·新知三联
书店，2018.11
（当代丝绸之路研究丛书）
ISBN 978 - 7 - 108 - 06236 - 9

Ⅰ. ①丝…　Ⅱ. ①白…　Ⅲ. ①丝绸之路—经济带—研究—中国
Ⅳ. ①F127

中国版本图书馆 CIP 数据核字（2018）第 022238 号

策划编辑　王秦伟
责任编辑　成　华
封面设计　刘　俊
责任印制　黄雪明
出版发行　生活·讀書·新知 三联书店
　　　　　（北京市东城区美术馆东街 22 号）
邮　　编　100010
印　　刷　常熟文化印刷有限公司
版　　次　2018 年 11 月第 1 版
　　　　　2018 年 11 月第 1 次印刷
开　　本　635 mm×965 mm　1/16　印张　18
字　　数　234 千字
定　　价　58.00 元

前言

丝绸之路经济带是以丝路精神为纽带，以共商、共建、共享的方式在亚欧非沿线地区构建的新型国际合作平台。2013 年 9 月 7 日，习近平主席在哈萨克斯坦访问期间倡议用创新的合作模式，共同建设"丝绸之路经济带"。这一倡议同"21 世纪海上丝绸之路"一起，构成了统领中国构建全方位开放新格局的"一带一路"倡议，同时也是应对全球和平赤字、发展赤字、治理赤字，进而引领互利共赢的新型全球化和构建人类命运共同体的中国方案。

建设"丝绸之路经济带"倡议提出之后，逐步从理念转化为行动。2013 年 11 月，党的十八届三中全会通过的《中共中央关于全面深化改革若干重大问题的决定》明确指出："推进丝绸之路经济带、海上丝绸之路建设，形成全方位开放新格局。"经过一年多的理念设计和规划编制工作，国家发展改革委、外交部、商务部于 2015 年 3 月 28 日联合发布了《推动共建丝绸之路经济带和 21 世纪海上丝绸之路的愿景与行动》，标志着建设丝绸之路经济带正式进入务实合作阶段。2016 年 8 月 17 日，习近平总书记出席推进"一带一路"建设工作座谈会并发表重要讲话，认为"一带一路"建设进度和成果超出预期，要求逐步把"一带一路"建设推向前进。2017 年 5 月 14 日至 15 日，"一带一路"国际合作高峰论坛在北京召开，包括 29 位外国元首和政府首脑在内的来自 130 多个国家和 70 多个国际组织约 1 500 名代表出席会议，围绕共同推进"一带一路"建设达成广泛共识。2017 年 10 月 18 日，习近平总书记在党的十九大报告中强调，"要以'一带一路'建设为重点……形成陆海内外联动、东西双向互济的开放格局"。截至目前，全球已有 100 多个国家和国际组织积极支持并参与"一带一路"建设，40 多个国家和国际组织同中国签署合作协议，30 多个国家同中国开展产能合作，一大批标志性项目开工建设，促进了沿线国家和地区的经济社会发展。

丝绸之路经济带是一个开放的国际合作平台，它基于但不限于古代丝绸之路的范围，重点面向亚欧非大陆，同时向所有国家和地区开放。共商大计、共建项目、共享收益是丝绸之路经济带建设的基本原则，同时也是丝绸之路经济带区别于传统国际合作模式的重要特征。其一，共商大计。丝绸之路经济带是习近平主席代表中国提出的国际合作倡议，但理念设计、规划编制以及重大项目的选择并非由中国单独决定，而是由相关国家经过共同协商来完成。共商大计就是要各国以平等的身份集思广益，使丝绸之路经济带兼顾各方利益和关切，体现各方智慧和创意。其二，共建项目。建设丝绸之路经济带是沿线国家共同的事业，在丝绸之路经济带基础设施联通、贸易投资便利化、国际产能合作等相关项目建设过程中，参与丝绸之路经济带建设的国家应该各施所长、各尽所能，把各方的优势和潜能充分发挥出来，聚沙成塔，积水成渊，持之以恒加以推进。其三，共享收益。习近平主席 2017 年初在联合国日内瓦总部的演讲中指出："中国将继续奉行互利共赢的开放战略，将自身发展机遇同世界分享，欢迎各国搭乘中国发展的'顺风车'。"丝绸之路经济带倡议来自中国，但建设成果惠及世界。丝绸之路经济带跨越不同地域、不同发展阶段、不同文明，其建设愿景是通过各方优势互补、互利共赢，推动构建人类命运共同体。

丝绸之路经济带建设以政策沟通、设施联通、贸易畅通、资金融通、民心相通为主要内容，涉及经济、政治、社会、文化、生态等多个领域。建设丝绸之路经济带过程中既需要统筹协调各方面内容，更需要明晰重点建设任务，从而把握重点方向，"牵一发而动全身"，顺利推进丝绸之路经济带建设。我们认为，丝绸之路经济带的落脚点是"经济带"，因此应从经济合作的视角认识丝绸之路经济带的重点建设任务。从经济合作视角看，丝绸之路经济带的建设目标是构建开放、包容、均衡、普惠的新型国际合作平台。要实现这一目标，丝绸之路经济带建设过程中应重点开展互联互通建设、贸易投资便利化、产业协同升级、城镇化建设、人民币国际化，这些内容共同为丝绸之路经济带的经济合作提供支撑。

基于上述背景，我们从 2013 年底开始围绕丝绸之路经济带的重要建设内容开展研究，形成了一系列相关研究成果。建设丝绸之路经济带是一项承古开新的伟大构想，随着丝绸之路经济带建设向前推进，学术界和实践部门对这一倡议的认识也在与时俱进。呈现在读者面前的这部著作，体现了我们从学术层面对丝绸之路经济带建设的初步思考，难免有认知上的局限。希望本书的出版，能为增进大家对丝绸之路经济带建设的理解有所助益，共同推进这一世纪伟业。

目录

第 一 章

倡议的提出及总体设想

2013 年 9 月 7 日，习近平主席在哈萨克斯坦纳扎尔巴耶夫大学发表演讲时，倡议亚欧国家共同建设"丝绸之路经济带"。[①] 这一提议引起了相关国家尤其是中亚各国的积极响应。2013 年 11 月，党的十八届三中全会通过的《中共中央关于全面深化改革若干重大问题的决定》中明确强调"推进丝绸之路经济带"建设，形成"横贯东中西"的对外经济走廊。[②] 2013 年 12 月，中央经济工作会议把"不断提高对外开放水平"作为 2014 年经济工作的六大主要任务之一，并再次强调"推进丝绸之路经济带建设，抓紧制定战略规划，加强基础设施互联互通建设"。[③] 习近平主席的倡议和上述会议决定表明，建设丝绸之路经济带已成为中国经济发展和对外开放的重要内容。

一、 提出的背景

古丝绸之路作为东西方商贸往来和文明交流的大通道，至今仍对亚欧国家开展合作具有深刻影响。近年来，受美国金融危机、欧洲债务危机等因素的影响，世界经济复苏乏力，中国经济增长也存在下行压力，相关大国围绕丝绸之路沿线区域的竞争日趋激烈。中国作为古

---

① 习近平：《弘扬人民友谊　共创美好未来——在纳扎尔巴耶夫大学的演讲》，《人民日报》，2013 年 9 月 8 日。

②《中共中央关于全面深化改革若干重大问题的决定》，人民出版社，2013 年，第 27—28 页。

③《中央经济工作会议在北京举行》，《人民日报》，2013 年 12 月 14 日。

丝绸之路的起点和主要国家，在与亚欧国家合作日益密切的背景下，有必要通过共建丝绸之路经济带的形式进一步加强区域经济合作，这是提出"丝绸之路经济带"倡议的背景。

（一）古丝绸之路影响深远

丝绸之路是古代东西方之间经济、政治、文化交流的主要通道，对推动人类文明进步产生了深远影响。2000 多年前，西汉张骞"凿空西域"，在亚欧大陆上形成了横贯东西的交通大动脉。由于丝绸是东西方交易的重要商品，因此这条交通大道被后世称为"丝绸之路"。"丝绸之路"一词的由来和广为传播应归功于德国地理学家、地质学家费迪南·冯·李希霍芬（Ferdinand von Richthofen）与历史学家阿尔伯特·赫尔曼（Albert Herrmann）。1877 年，李希霍芬在其所著的《中国——亲身旅行的成果和以之为依据的研究》一书中，首次将"自公元前 114 年至公元 127 年间连接中国与河中[①]以及印度的丝绸贸易的西域道路"称为"丝绸之路"（Seidenstrassen）。1910 年，赫尔曼在他所著的《中国与叙利亚间的古代丝绸之路》一书中，主张把"丝绸之路"的含义"一直延长到通向遥远西方的叙利亚"。1915 年，赫尔曼在《从中国到罗马帝国的丝绸之路》一书中，进一步把"丝绸之路"作为中国与希腊-罗马社会沟通往来的交通路线的统称。[②] 在此之后，"丝绸之路"一词被人们普遍接受。改革开放之前，中国学者大多把"丝绸之路"称作"中西交通"；20 世纪 80 年代之后，国内学者开始广泛使用"丝绸之路"一词，"丝绸之路"在中国逐渐成为固定称谓。

通过丝绸之路，中国与中亚、西亚、南亚、欧洲、北非等地区建

---

① 河中指中亚锡尔河、阿姆河及泽拉夫尚河流域，包括今乌兹别克斯坦全境和哈萨克斯坦西南部。

② 李明伟：《丝绸之路研究百年历史回顾》，《西北民族研究》，2005 年第 2 期，第 90 页。

立起了密切的商贸联系，促进了东西方文化交流和生产力发展。在商贸往来方面，从公元前126年张骞"凿空西域"到陆上丝绸之路衰落前，中国的丝绸、瓷器、茶叶等商品通过陆上丝绸之路源源不断地输往西方，西方的皮毛制品、珠宝、香料、核桃、胡萝卜等物产输入中国，商品的流通丰富了亚欧国家人民的物质文化生活。在文化交流方面，丝绸之路连通了古中国文明、古罗马文明、古伊斯兰文明和古印度文明等世界主要文明体系，经由丝绸之路，西方的佛教、伊斯兰教、景教等宗教思想传入中国，中国的汉文化传到西方，推动了人类文明的交流融合。在生产力发展方面，中国的造纸术、雕版印刷术等伟大发明传到西方，西方的天文历法、建筑工艺、制糖法、酿酒术等技艺输入中国，在这一过程中，沿途各国的经济社会发展和生产力水平也得到了提高。尽管陆上丝绸之路在宋元之后逐渐衰落，但它作为亚欧大陆文明交流的典范，对当代亚欧国家的经贸合作仍有深刻影响。鉴于此，在推动中华民族伟大复兴、实现"中国梦"的时代背景下，建设丝绸之路经济带就具有重要意义。

（二）大国 "丝路战略" 竞争激烈

由于丝绸之路沿线地区具有重要的区位优势、丰富的自然资源和广阔的发展前景，近年来相关大国纷纷提出了针对这一区域的战略构想，其中影响较大的有日本的"丝绸之路外交战略"、俄印等国的"北南走廊计划"、欧盟的"新丝绸之路计划"和美国的"新丝绸之路战略"（见表1-1）。

表1-1 相关大国提出的丝绸之路战略

提出国家	战略名称	提出时间	主要内容
日　本	丝绸之路外交战略	1997年	把中亚及南高加索八国称为"丝绸之路地区"，加强政治经济合作

（续表）

提出国家	战略名称	提出时间	主要内容
俄罗斯、印度、伊朗	北南走廊计划	2002 年	修建从印度经伊朗、高加索、俄罗斯直达欧洲的国际运输通道
欧　盟	新丝绸之路计划	2009 年	修建纳布卡天然气管线，加强与中亚及周边国家的全方位联系
美　国	新丝绸之路战略	2011 年	建立美国主导的以阿富汗为中心的"中亚-阿富汗-南亚"经济体

资料来源：笔者依据公开资料整理。

日本的 "丝绸之路外交战略"。 1997 年，日本桥本龙太郎内阁开始重视与中亚及其周边国家的交往，把中亚及南高加索八国①称为"丝绸之路地区"，提出了"丝绸之路外交战略"。日本实施"丝绸之路外交战略"，一方面是为了加强与中亚国家的经济合作，提升中亚各国的经济发展速度和国际化水平；另一方面是为了增强日本在这一地区的政治和经济影响力，开发该区域丰富的油气资源，保障日本的能源供应安全。在此之后，日本向"丝绸之路地区"提供了大量政府开发援助，促进了相关国家的铁路、公路、电力等基础设施建设，加快了该区域的经济发展进程。从 2004 年开始，日本推动设立了"中亚＋日本"外长定期会晤机制。通过这一机制，日本与中亚国家的联系得以加强。

俄印等国的 "北南走廊计划"。 2002 年，俄罗斯、印度和伊朗三国共同发起了"北南走廊计划"，提出修建从印度经伊朗、高加索、俄罗斯直达欧洲的国际运输通道。该运输通道包括铁路、公路、海运等多种形式，可以降低沿线国家尤其是印度通往欧洲的货运成本，提高相关各国商品的国际竞争力。俄罗斯作为"北南走廊计划"的主导

---

① 中亚及南高加索八国是指哈萨克斯坦、土库曼斯坦、乌兹别克斯坦、吉尔吉斯斯坦、塔吉克斯坦、格鲁吉亚、亚美尼亚、阿塞拜疆。

国家，意欲通过修建北南走廊，抗衡西方国家主张的绕开俄罗斯的东西"欧亚经济走廊"，保持俄罗斯在这一区域的传统影响力。该计划提出后，中国和中亚国家也对此表现出较大兴趣。但由于相关国家的政治分歧和资金短缺问题，"北南走廊计划"中的铁路和公路项目进展缓慢，甚至一度被搁置。在2012年1月召开的"北南走廊"14国专家会议上，印度表示可以承担伊朗境内的铁路与公路建设，[①] 令该计划有向前推进之势。

欧盟的"新丝绸之路计划"。 为降低对俄罗斯油气资源的依赖，欧盟于2009年提出了"新丝绸之路计划"，即通过修建"纳布卡天然气管线"这一能源运输南部走廊，加强与中亚及周边国家在能源、商贸、人员、信息等方面的联系。"纳布卡天然气管线"全长3 300千米，从中亚里海地区经土耳其、保加利亚、罗马尼亚、匈牙利延伸至奥地利，并把中东地区作为潜在的天然气来源区域，计划于2014年建成通气。通过实施"新丝绸之路计划"，欧盟一方面可以加强与中亚国家在油气资源方面的合作，保障欧盟能源供应安全；另一方面可以拓展与中亚及其周边国家的全方位合作，增强欧盟在中亚地区的影响力。

美国的"新丝绸之路战略"。 2007年，美国学者弗雷德里克·斯塔尔（Frederik Starr）在他主编的《新丝绸之路：大中亚的交通和贸易》一书中，提出了"新丝绸之路"的构想，主张通过加强交通联系，建设"大中亚"经济圈。以这一构想为基础，时任美国国务卿的希拉里于2011年7月提出了"新丝绸之路战略"，力图在美国主导下，依托阿富汗连接中亚和南亚的区位优势，形成以阿富汗为中心的"中亚-阿富汗-南亚"交通运输与经济合作网络，促进这一区域的能源南下和商品北上。此后，美国将其中亚、南亚政策统一命名为"新丝绸

---

① 何茂春，张冀兵：《新丝绸之路经济带的国家战略分析——中国的历史机遇、潜在挑战与应对策略》，《人民论坛·学术前沿》，2013年第12期（上），第9页。

之路战略",并积极向它的盟友推介这一战略。① 美国实施"新丝绸之路战略",一是可以推动阿富汗融入区域经济一体化进程,促进阿富汗的经济发展,减轻美国的战略负担;二是可以提升印度的发展空间,加快印度经济崛起,使印度在地区和国际层面发挥更大作用;三是可以加强美国与中亚国家的经贸合作,开发中亚地区丰富的油气等矿产资源。由此可见,美国"新丝绸之路战略"的实施,可以削弱中国和俄罗斯等大国在中南亚的影响力,建立美国主导的中亚和南亚新秩序。

此外,伊朗于 2011 年提出了"铁路丝绸之路"计划,力图将伊朗境内的铁路经阿富汗、塔吉克斯坦、吉尔吉斯斯坦与中国铁路连通。哈萨克斯坦于 2012 年开始实施"新丝绸之路"项目,积极完善交通基础设施。在区域经济联系不断加强、大国丝路战略竞争日趋激烈的背景下,中国作为古丝绸之路的起点和主要国家,有必要提出自己的丝绸之路倡议。

(三)亚欧国家合作日益密切

近年来,随着区域经济一体化和经济全球化进程的加快,中国与丝绸之路沿线国家的经贸往来和区域合作不断加强,亚欧国家共建丝绸之路经济带其时已到、其势已成。进入 21 世纪以来,在第二条亚欧大陆桥正常运营的基础上,中哈第二条过境铁路投入使用,丝绸之路复兴项目、中吉乌铁路、中国西部—欧洲西部公路建设加快推进,中国与丝绸之路沿线国家的交通联系日益紧密,古老的丝绸之路焕发出勃勃生机。在增进交通联系的同时,丝绸之路沿线国家之间的区域合作也不断加强。2001 年 6 月 15 日,中国、俄罗斯、哈萨克斯坦、乌兹

---

① 赵华胜:《美国新丝绸之路战略探析》,《新疆师范大学学报》(哲学社会科学版),2012 年第 6 期,第 15—23 页。

别克斯坦、吉尔吉斯斯坦、塔吉克斯坦在"上海五国"机制的基础上成立了"上海合作组织",致力于加强成员国之间的全方位合作。在此之后,印度、伊朗、巴基斯坦、阿富汗、蒙古五国成为上海合作组织的观察员国,土耳其、斯里兰卡和白俄罗斯三国成为对话伙伴国。此外,以俄罗斯、白俄罗斯、哈萨克斯坦、吉尔吉斯斯坦和塔吉克斯坦五国为成员国,以亚美尼亚、乌克兰、摩尔多瓦三国为观察员国的欧亚经济共同体也得以建立。上海合作组织和欧亚经济共同体的成员国、观察员国、对话伙伴国大多位于古丝绸之路沿线,以这两个组织为基础推进区域经济合作,可以加强亚欧国家的经济联系,进一步提升发展空间。

中亚地处连通中国与欧洲的枢纽位置,无论从地理、历史还是当前合作关系来看,中国与中亚五国都有紧密联系,这为丝绸之路经济带建设提供了重要保障。一是在地理联系方面,中国与哈萨克斯坦、吉尔吉斯斯坦、塔吉克斯坦山水相连,共同享有长达3 300千米的边界线,交通基础设施日益完善,并已开辟霍尔果斯国际边境合作中心,这是中国与中亚国家经济合作的地利之便。二是在历史联系方面,中亚是古丝绸之路的枢纽和重要区间,中国历代都与中亚地区有着密切交流,各民族在这一区域共同创造了辉煌灿烂的古代文明,这是中国与中亚国家开展经济合作的历史基础。三是在当前合作方面,西部大开发战略的实施加强了中国西部与中亚国家的全方位联系。近年来,中国把中亚作为外交优先方向,通过双边和上海合作组织框架在经贸往来、能源合作、交通建设、打击"三股势力"等方面开展深入合作,目前已与哈萨克斯坦建立起全面战略合作伙伴关系,与乌兹别克斯坦、土库曼斯坦、吉尔吉斯斯坦建立起战略合作伙伴关系。以能源为中心的经贸往来方兴未艾,中国已成为中亚各国最重要的贸易伙伴或投资来源国,这是开展丝绸之路经济带建设的现实基础。此外,中亚及其周边国家拥有丰富的自然资源、良好的经济基础和充足的国外投资,经济增长潜力巨大。在中国与丝绸之路沿线国家合作日益密切的背景下，通过共建丝绸之路经济带的形式，可以促进亚欧国家的经济社会发展，推动区域经济一体化。

二、 内涵与空间范围

丝绸之路经济带是横贯亚欧大陆的新型区域经济合作模式，其目标是把亚欧国家打造成互利共赢的利益共同体。从空间范围来看，丝绸之路经济带可分为核心区、扩展区和辐射区三个层次。通过共建丝绸之路经济带，亚欧国家的经济联系将更为紧密，相互合作将更为深入，发展空间将更为广阔。

（一）倡议内涵

丝绸之路经济带是以古丝绸之路为文化象征，以上海合作组织和欧亚经济共同体等组织为重要合作平台，以立体综合交通运输网络为纽带，以沿线城市群和中心城市为支点，以跨国贸易投资自由化和生产要素优化配置为动力，以沟通区域发展规划和发展战略为基础，以货币自由兑换和人民友好往来为保障，实现以各国互利共赢和亚欧大陆经济一体化为目标的带状经济合作区。

丝绸之路经济带这一倡议具有历史性与现实性、区域性与全球性、经济性与综合性三方面特征。

第一，丝绸之路经济带不仅是一个历史性概念，而且是一个现实性概念。从历史性来看，古代中国通过丝绸之路与中亚、西亚、南亚、欧洲、北非等地区建立起密切的商贸联系，促进了中西文化交流和生产力发展，这为亚欧国家在现代社会加强合作提供了历史纽带。从现实性来看，随着第二条亚欧大陆桥、中哈过境铁路、丝绸之路复兴项目、中国西部—欧洲西部公路等项目的建成或推进，中国与丝绸之路沿线国家的经贸往来不断加强，政治互信日益提升，这为亚欧国家共建丝绸之路经济带提供了现实基础。由此可见，丝绸之路经济带传承历史、观照现在、开启未来，不仅具有丰富的历史内涵，而且为亚欧国家当前和今后开展全方位合作提供了重要平台。

第二，丝绸之路经济带不仅是一个区域性概念，而且是一个全球性概念。从区域性来看，丝绸之路经济带以中国、俄罗斯和中亚五国为主体，其建设区域主要涉及古丝绸之路沿线国家，包括东亚、中亚、西亚、南亚、北亚、欧洲等地区，这使得丝绸之路经济带具有明显的区域性特征，是实现区域经济一体化的重要平台。从国际性来看，丝绸之路经济带连接中国、日本、俄罗斯、印度、欧盟等世界主要经济体，并且随着交通联系的日益紧密和互联网的快速发展，丝绸之路经济带还可以向非洲、美洲等地区延伸，在世界范围内具有强大的辐射带动功能，这使得丝绸之路经济带成为经济全球化背景下的宇观经济组织①和国际合作平台。由此可见，丝绸之路经济带同时具有区域性和全球性特征，是区域经济一体化和经济全球化的重要表现形式。

第三，丝绸之路经济带不仅是一个经济性概念，而且是一个综合性概念。经济合作是建设丝绸之路经济带的基础和主要内容，中国目前已成为俄罗斯和中亚五国最重要的贸易伙伴或投资来源国，亚洲是中国对外经济活动的主要区域，欧洲则是中国第一大贸易伙伴。通过共建丝绸之路经济带，中国与亚欧国家的经济合作仍有广阔的发展空间。而在建设丝绸之路经济带过程中，相关国家除了加强经济合作之外，还可以在基础设施建设、政治互信、军事交流、社会管理、文化往来、环境保护等领域开展合作。由此可见，丝绸之路经济带不仅是

---

① 从系统论的角度看，可以把经济组织分为4个层次：企业属于微观经济组织，国家内部的区域经济单位属于中观经济组织，一国范围的经济单位属于宏观经济组织，超越一国范围的国际性经济单位属于宇观经济组织。

一个经济性概念，其内容具有广泛的包容性，是一个综合性概念。

丝绸之路经济带辐射整个亚欧大陆，对于促进亚欧国家经济社会发展具有重大意义。从广义范畴来看，丝绸之路经济带东边始于经济繁荣的东亚经济圈，西边直达经济发达的欧盟经济圈，中间是以中亚为中心的泛中亚经济圈（见图1-1），在如此广袤的地域范围内，交通运输网络承担着连接丝绸之路经济带沿线国家的纽带作用。在丝绸之路经济带上，既要建设以航空、高压电网、信息传输为重点的"空中丝绸之路"，又要建设以客运铁路专线、货运铁路专线、高等级公路为重点的"地面丝绸之路"，还要建设以原油管道、天然气管道、成品油管道为重点的"地下丝绸之路"。通过立体综合交通运输网络，丝绸之路经济带把沿线城市群及中心城市连为一体，亚欧国家共同制定战略规划，加强贸易投资合作，促进货币自由兑换和人民友好往来，可以构成世界上距离最长、面积最大、人口最多、市场规模和发展潜力最广的经济一体化大走廊。

图 1-1　丝绸之路经济带示意图

（二）空间范围

丝绸之路经济带横穿整个亚欧大陆，其空间范围可分为核心区、扩展区、辐射区三个层次（见表1-2和图1-2）。具体而言，丝绸之路经济带的核心区是上海合作组织和欧亚经济共同体的主要成员国，

包括中国、俄罗斯和中亚五国,^① 地域面积 3 069.92 万平方千米,
2012 年人口规模为 15.60 亿,GDP 总量为 10.55 万亿美元;丝绸之路
经济带的扩展区是上海合作组织和欧亚经济共同体的其他成员国及观察
员国,包括印度、巴基斯坦、伊朗、阿富汗、蒙古、白俄罗斯、亚美尼
亚、乌克兰、摩尔多瓦 9 个国家,这些国家的地域面积为 892.20 万平方
千米,2012 年人口规模为 15.87 亿,GDP 总量为 2.87 万亿美元;丝绸之
路经济带的辐射区包括西亚、欧盟等国家和地区,并且可以连通日本、
韩国等东亚国家,这些国家(地区)的地域面积为 945.26 万平方千米,
2012 年人口规模为 9.24 亿,GDP 总量为 26.82 万亿美元。

表 1-2　丝绸之路经济带的经济地理特征分析（2012 年）

层　次	国家或地区	面积/万 km²	人口/亿	GDP/万亿美元
核心区	中　国	959.81	13.51	8.23
	中亚五国	400.29	0.65	0.30
	俄罗斯	1 709.82	1.44	2.02
	合　计	3 069.92	15.60	10.55
扩展区	印　度	328.73	12.37	1.84
	巴基斯坦	79.61	1.79	0.23
	伊　朗	174.52	0.76	0.51
	阿富汗	65.21	0.30	0.02
	蒙　古	156.65	0.03	0.01
	欧亚经济共同体其他国家	87.48	0.62	0.26
	合　计	892.20	15.87	2.87
辐射区	欧　盟	432.48	5.09	16.69
	西　亚	465.06	2.38	3.04

① 尽管土库曼斯坦作为永久中立国未加入上海合作组织和欧亚经济共同体,但它与周边国家有
着密切的经贸合作关系。

（续表）

层　次	国家或地区	面积/万 km²	人口/亿	GDP/万亿美元
	日　韩	47.72	1.77	7.09
	合　计	945.26	9.24	26.82
核心区与扩展区合计		3 962.12	31.47	13.42
丝绸之路经济带总计		4 907.38	40.71	40.24

注：中亚五国为哈萨克斯坦、土库曼斯坦、乌兹别克斯坦、吉尔吉斯斯坦、塔吉克斯坦；欧亚经济共同体其他国家为白俄罗斯、亚美尼亚、乌克兰、摩尔多瓦；欧盟包括欧洲 28 国；西亚包括沙特阿拉伯、土耳其、以色列、巴勒斯坦、伊拉克、叙利亚、阿联酋、卡塔尔、巴林、科威特、也门、阿曼、黎巴嫩、约旦、塞浦路斯、格鲁吉亚、阿塞拜疆等国家。

资料来源：人口和 GDP 数据来源于世界银行数据库；国土面积数据来源于世界银行 2009 年世界发展报告《重塑世界经济地理》附表（清华大学出版社，2009 年，第 332—334 页）。

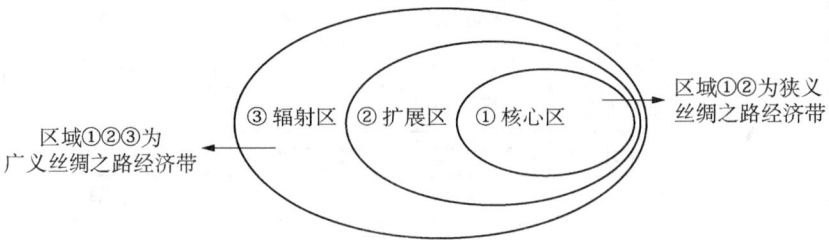

图 1-2　丝绸之路经济带的空间范围

　　我们认为，基于合作基础和地缘政治等因素，丝绸之路经济带应有广义和狭义之分（见图 1-2）。狭义丝绸之路经济带包括核心区和扩展区，这是丝绸之路经济带的主体和建设重点。狭义丝绸之路经济带所涉及的国家均为上海合作组织和欧亚经济共同体成员国（或观察员国），在相关国家的共同努力下，通过这两个组织加强合作，可以较为顺利地推进丝绸之路经济带建设。2012 年，狭义丝绸之路经济带的地域面积为 3 962.12 万平方千米，总人口 31.47 亿，GDP 总量为 13.42 万亿美元，各国之间经济互补性强，并且大都属于发展中国家，有着巨大的市场规模和发展潜力。广义丝绸之路经济带包括核心区、扩展区和辐射区，这是丝绸之路经济带的发展目标和理想状态。2012 年，广义丝绸之路经济带的地域面积为 4 907.38 万平方千米，占世界陆地面积的 32.94％；总人口为 40.71 亿，占世界人口总数的 57.42％；GDP 总量为 40.24 万亿美元，占全世界 GDP 总量的 55.55％。由此可见，广义丝绸之路经济带具有无与伦比的市场规模和发展空间。如果广义丝绸之路经济带可以建成，它将实现亚欧大陆经济一体化，促进整个世界繁荣发展。

三、 理论与现实依据

（一）理论依据

自从人类有了国家的概念，国际经济交往活动就伴随发展起来。随着生产力水平的不断提高，国际分工日益细化和深化，国际经济交往活动的内容不断丰富、范围不断扩大、政府间协调的力度不断加大。从国际经济交往发展的历史视角分析，人类社会在国家之间产生经济交往活动后，经历经济国际化，区域经济一体化、经济全球化，以及全球经济一体化三大阶段。[①]这是国际经济发展的历史规律，是不以人的意志为转移的。在这三大阶段，国际经济交往将对应地表现为三个层次：初级层次、中级层次及高级层次。在不同的层次上，国际经济交往的主要平台、内容、组织化程度及对世界的影响会有显著的不同（见表1－3）。

---

① 本段中，经济国际化指的是，商品和生产要素突破国界障碍，在国家间流动与配置，国家间经济交往日益紧密，并趋于实现商品和生产要素在全球范围内流动与配置的状态和历史过程；区域经济一体化指的是，具有一定地缘关系的两个或两个以上的国家或地区，通过签订某种条约或协定，拟定共同的行动准则和协调一致的政策，形成相互之间协作与支持的经济制度和市场；经济全球化指的是，生产要素在全球范围内流动、配置，生产力和生产关系在全球范围内日益融合，并趋于连接为一个整体的状态和历史过程；全球经济一体化指的是，生产要素在全球范围内自由流动与配置，人类经济活动和生产关系在相关制度保证下已真正成为一个整体，世界经济在一个超国家组织协调下的和谐、有序、公平、高效的市场环境中顺畅运行的状态和历史过程。

表 1-3　国际经济交往的层次

国际经济交往层次	国际经济交往主要平台	国际经济交往主要内容	国际经济交往组织化状况	国际经济交往世界影响
初级层次	国际货物贸易	以各国资源禀赋为主要依据的传统货物贸易	组织化程度低，缺乏制度性的合作机制	影响范围有限，影响程度低
中级层次	区域经济一体化及经济全球化	国际贸易（货物贸易与服务贸易），国际投资，国际经济合作	组织化程度较高，区域性组织蓬勃发展，各国经济交融度较高，主要国家全面介入	影响范围较大，影响程度较高，贸易、投资的自由化及便利化程度较高
高级层次	全球经济一体化	涵盖国际贸易、国际投资、生产要素流动在内的全方位经济交往与合作	组织化程度很高，各国在全球统一的组织机构下交往，制度性合作机制健全，基本涵盖世界所有国家和经济体	影响全球整体经济发展，影响程度很高，贸易、投资在全球范围实现了自由化及便利化

1. 初级层次

在人类生产力发展水平较低的情况下，社会分工及国际分工相应地处于较低的水平。在简单的物物交换基础上发展起来的传统国际货物贸易，对分工的要求相对较低，因而也就成为国际经济交往的最初形式。

在该层次上，国与国之间以各自资源禀赋的丰裕程度及劳动生产率的高低为主要依据进行具体项目的贸易活动。总体判断，在该层次上，国际贸易在世界经济中所占比重不高；跨国界的生产经营活动基本没有或相当有限；国家间总体缺乏制度性的经济交往机制；协调国际经济交往活动的国家机构及国际经济合作组织很少；对世界经济发展的影响范围有限，影响程度较低。

回顾人类发展历史,在奴隶社会,随着剩余产品的增多及货物交换跨越国界,简单的国际贸易出现,但总体处于零星状态。进入封建社会后,以丝绸之路为代表的国际贸易有所发展,在局部区域还呈现出繁荣的特点,但远没有形成世界性市场。15世纪末至16世纪初地理大发现后,随着西方国家资本主义的大发展,国际贸易的规模和领域不断扩大,各国经济通过国际贸易平台在世界范围内有机地联系在了一起,世界性市场开始形成。随着西方资本主义的大发展,在国际贸易基础上发展起来的国际投资活动于18世纪末开始出现并得到了一定发展,但两次世界大战的爆发使得国际投资活动陷于停顿甚至倒退,国际上也缺乏协调国家之间经济交往活动的组织和机构。

学术界形成的共识是:第二次世界大战以前,在传统的国际分工格局中,国际经济交往最主要的形式是商品贸易。据此,我们认为,自国际贸易出现至第二次世界大战,国际经济交往处于以传统国际货物贸易为主要交往平台的初级层次。

2. 中级层次:以区域经济一体化及经济全球化合作为主要平台

随着人类生产力水平的不断提高,社会分工及国际分工的水平也在不断提高,生产要素的跨国界流动与配置变得频繁,并使得国际投资等国际交往活动的重要性开始超越国际贸易,尽管国际贸易也在以远比以往高的速度向前发展。国际分工的日益深化对国际经济协调提出了高要求,既推动着以政府为主导的区域经济一体化的快速发展,也推动着经济全球化的快速发展。区域经济一体化合作及经济全球化合作成为推动世界经济发展的主要形式。与此相对应,区域经济一体化及经济全球化合作取代传统国际货物贸易,成为国际经济交往的主要平台,国际经济交往进入中级层次。

在该层次上,国际投资包括服务贸易在内的国际贸易,以及相关的国际经济合作活动频繁而活跃。与此相适应,国际区域性经济合作组织及世界贸易组织等蓬勃发展；国际经济交往的组织化程度不断提高；世界主要国家全面介入国际经济交往活动；国际经济交往对世界经济的发展影响范围较大、程度较高；国际贸易与投资活动的自由化及便利化程度较高。

从现实情况看，第二次世界大战后，以欧盟为代表的区域经济一体化合作在全球范围内蓬勃发展，世界就此进入区域经济一体化时代。20世纪90年代初，中西方冷战的结束则标志着世界经济正式进入经济全球化时代。在这样的时代背景下，人类生产力取得了飞跃式发展，国际分工的程度不断提高，国际经济交往无论在广度还是深度方面都大大超过了以往的国际经济交往，国际经济合作的重要性日益凸显。国际经济合作强调，不同主权国家政府、国际经济组织和超越国家界限的自然人与法人为了共同的利益，要在生产领域中以生产要素的移动与重新配置为主要内容进行较长期的经济协作活动。当前的国际经济交往正处于这样一个区域经济一体化和经济全球化并行发展的时代。根据当前的发展趋势，我们判断，中级层次的国际经济交往尚需发展50年左右的时间。也就是说，自第二次世界大战结束至2065年左右，人类将处于国际经济交往的中级层次。

3. 高级层次：以全球经济一体化合作为主要平台

随着人类生产力的高度发展，区域经济一体化及经济全球化的程度也将不断提高。从理论上讲，经济全球化和区域经济一体化的发展起点和最终归宿都是相同的，即二者的发展起点都是经济国际化，最终归宿都是全球经济一体化。当前，二者处于并行发展状态。其中的逻辑关系是：随着经济全球化的不断发展，世界经济会更紧密地联系在一起，阻碍一体化的因素将在市场作用和政府努力下不断消除，世界经济将最终实现全球经济一体化；随着区域经济一体化的不断发展，区域经济组织将在成员国数量逐渐增多的基础上不断扩大规模，不同的区域经济组织将合并为范围更广的区域经济组织并最终成为一个全球性的一体化组织，世界经济也将就此实现全球经济一体化。与此相对应，全球经济一体化合作将取代区域经济一体化合作及经济全球化合作，成为国际经济交往的主要平台，国际经济交往进入高级层次。该层次也是人类国际经济交往的终极层次。

在该层次上，国际经济交往高度繁荣，并实现世界所有国家参与（不排除有极个别经济小国和地区被排除在外）、涉及面广、组织化程度高、影响大的效果。具体讲：全球经济一体化将对世界经济的整体发展产生重大影响；贸易、投资等活动将在全球范围实现高度的自由化及便利化；国际经济交往活动将处于由全球统一协调组织及世界各国共同营造的一个简化的、协调的、透明的、可预见的环境之中。根据当前的发展趋势，我们判断，大约在2065年以后，人类将处于国际经济交往的高级层次。

根据以上对国际经济交往三个层次的理论分析，可以看到，当前的国际经济交往处于中级层次，推进区域经济一体化是当前世界各国重要的时代主题。据此，大力推进丝绸之路经济带建设有充分的理论依据。

（二）现实依据

中亚五国（哈萨克斯坦、乌兹别克斯坦、吉尔吉斯斯坦、塔吉克斯坦、土库曼斯坦）是中国古丝绸之路沿线的重要国家，占据着重要的地缘位置并拥有丰富的能源、矿产资源。毫无疑问，从中国的角度出发，当前建设丝绸之路经济带的重点和关键是加强与中亚国家的经济合作。对处于经济繁荣的欧洲经济圈和亚太经济圈之间，经济发展相对滞后的中亚和中国西部地区这一"经济凹陷带"而言，建设丝绸之路经济带不仅具有紧迫的现实意义，而且具有良好的发展基础。

1. 具有一定的组织化合作基础

2001 年 6 月，中国、俄罗斯、哈萨克斯坦、吉尔吉斯斯坦、塔吉克斯坦、乌兹别克斯坦六国共同成立上海合作组织。该组织的宗旨：加强成员国之间的互相信任与睦邻友好；鼓励成员国在政治、经济、科技、文化、教育、能源、交通、环保和其他领域的有效合作；联合致力于维护和保障地区的和平、安全与稳定；建立民主、公正、合理的国际政治经济新秩序。这与建设丝绸之路经济带的构想并行不悖。上海合作组织尽管不是一个以经济合作为主要目标的组织，但在推动成员国之间经济合作方面也发挥着卓有成效的作用。它强调了丝绸之路核心地区共同的利益和安全诉求，促进了成员国合作共识与机制的不断增多和完善，有助于夯实及拓展丝绸之路的合作基础。欧亚经济共同体的运作也有助于夯实丝绸之路经济带建设的基础，它通过俄罗斯独联体政策下联合地区各国的关税协调机制，提高了俄罗斯、白俄罗斯和中亚之间经济合作的组织化程度。此外，经过 20 多年的建设，中国与俄罗斯及中亚五国已全部成为重要的战略合作伙伴，沿线国家间良好的政治、文化交往关系对于建设丝绸之路经济带具有重要的助推作用。

2. 具有一定的产业合作基础

尽管"中亚—中国西北"这一区域经济发展水平低，人均 GDP 远远落后于欧洲和东亚发达经济体，但这一带却蕴含着世界上最丰富的矿产资源、能源资源、土地资源、人力资源，以及由古丝绸之路沿线众多的历史文物、古迹，壮丽的自然风光和多民族文化构成的宝贵旅游资源，经济增长潜力巨大。2004 年以来，中亚五国和中国的经济增速平均保持在 5％以上，各国相互间的经济依存度不断提高。中俄两国作为对世界经济政治格局有重大影响的幅员辽阔的大国，从1991 年苏联解体后保持了健康平稳的战略协作伙伴发展关系。中俄双边贸易额近年来不断攀升，相互间投资呈现良好发展势头。目前，中国是俄罗斯最大贸易伙伴，俄罗斯是中国主要的贸易伙伴之一。中国与中亚五国自 1992 年初相继建交以来，经贸合作迅速发展，双边贸易规模逐年扩大，中国现已成为哈萨克斯坦、土库曼斯坦的第一大贸易伙伴，乌兹别克斯坦、吉尔吉斯斯坦的第二大贸易伙伴，塔吉克斯坦的第三大贸易伙伴。随着"上合组织"的发展，中国与中亚地区在能源、交通等各方面开展广泛合作。采矿业、建筑业、制造业、批发和零售业、金融业、航空运输业等产业，是中国企业对中亚五国直接投资的主要产业。[①] 可以预计，中国与俄罗斯及中亚等国的经济交往在现有的产业合作基础上，将不断提高经济合作质量并扩大合作领域，这对推动丝绸之路经济带建设具有积极作用。

3. 具有一定的软硬件设施基础

近年来，在联合国"丝绸之路复兴"计划等多种国际计划的引导下，丝绸之路沿线国家加大了在基础设施方面的投资力度。相比过去落后的基础设施状况，欧亚大陆通道在公路、铁路、港口、入关等软硬件方面的条件已经或即将发生重大改善。目前，新亚欧大陆桥沿桥综合交通基础设施建设已取得重要进展。从中国的视角看，连云港—霍尔果斯等公路干线竣工、精河—伊宁—霍尔果斯等铁路工程稳步推进，基本形成了点线协调、交通顺畅的中亚运输网络。在通信领域合作方面，中国同中亚国家具有较强的互补性。中国有着国际先进水平的通信设备和技术，而处于经济转型过程中的中亚国家正在全面推进电信行业的私有化和现代化进程，中国与中亚国家在通信领域、信息服务领域的成功合作必将进一步推动彼此经贸的往来和发展。中国与中亚国家在石油天然气管道铺建工程等方面的建设也取得了重大进展。

---

① 冯宗宪：《中国向欧亚大陆延伸的战略动脉——丝绸之路经济带的区域、线路划分和功能详解》，《人民论坛·学术前沿》，2014 年第 2 期（下），第 79—85 页。

可以说，以铁路为主体，包括公路、航空、管道、通信和口岸设施在内的连接中国—中亚的交通走廊硬件设施已经初显规模。[①] 随着基础设施的改善，经由中亚地区的欧亚大陆桥将不断显现其比欧亚海洋运输成本低、时间短、风险低的优势，并有力推动丝绸之路经济带所涵盖区域的经济社会发展。

四、重点任务与支持体系

建设丝绸之路经济带是一项复杂的系统工程，涉及经济、社会、政治、文化、生态环境等多个层面的内容。从经济视角来看，丝绸之路经济带建设是中国经济发展和对外开放的重大举措，其建设目标是通过开展更大范围、更高水平、更深层次的区域合作，形成区域经济一体化新格局。

（一）重点任务

丝绸之路经济带要形成区域经济一体化新格局，必须通过中心城市建设构建区域经济合作的战略支点和空间载体，同时需要通过产业分工合作构建丝绸之路经济带区域经济协同发展的产业载体；要加强中心城市建设和产业分工合作，还应以区域范围内的贸易投资便利化为条件，促进商品和生产要素有序自由流动、资源高效配置和市场深度融合。为此，我们把中心城市建设、产业分工合作、贸易投资便利化作为丝绸之路经济带建设的重点任务。

---

① 杨恕，王术森：《丝绸之路经济带：战略构想及其挑战》，《兰州大学学报》（社会科学版），2014年第1期，第23—30页。

1. 中心城市建设

中心城市是丝绸之路经济带建设的重要支点和空间载体，通过加强丝绸之路经济带沿线的中心城市建设，提升中心城市之间的分工合作水平，可以为丝绸之路经济带的顺利实施提供有力支撑。近年来，西部地区的重庆、西安、成都、兰州、乌鲁木齐、西宁、银川等大城市发展较为迅速，以西安为中心的关中城市群、以重庆和成都为中心的成渝城市群初具规模，这对带动西部经济社会发展起到了积极作用。但与此同时，西部中心城市之间、城市群之间缺乏合理分工，区域中心城市对周边中小城市的辐射带动效果不显著，并且尚未建立起以工促农、以城带乡、工农互惠、城乡一体的新型城乡关系，这不利于西部城镇化的健康发展，难以有效支撑丝绸之路经济带区域经济一体化的推进。[1]

在建设丝绸之路经济带过程中，首先必须大力加强丝绸之路经济带国内段的中心城市建设。具体而言，西部地区应把重庆、西安、成都、乌鲁木齐、兰州等城市打造成面向丝绸之路经济带沿线国家的国际化大都市，加快形成以西安为中心的关中城市群、以成都和重庆为中心的成渝城市群、以兰州和西宁为中心的兰白西城市群、以乌鲁木齐为中心的天山北坡城市群、以银川为中心的银川平原城市群，同时积极发展中小城市和小城镇，增强城乡空间经济联系。随着大城市自身发展能力的逐步提高，大城市对周边中小城市、小城镇及广大农村地区的辐射带动作用将不断增强，中心城市之间、城市群内部及城市群之间逐步实现合理分工，从而全面提升西部城镇化发展水平。

除了加强丝绸之路经济带国内段中心城市建设之外，还应进一步

---

① 王颂吉，白永秀：《丝绸之路经济带建设与西部城镇化发展升级》，《宁夏社会科学》，2015年第1期，第51—59页。

加强国内段中心城市与中亚及周边国家中心城市之间的分工合作关系，尤其要加强西安、兰州、乌鲁木齐与阿拉木图（哈萨克斯坦最大城市）、塔什干（乌兹别克斯坦首都）、阿什哈巴德（土库曼斯坦首都）等区域中心城市之间的分工合作，构建丝绸之路经济带城市发展轴，充分发挥丝绸之路经济带沿线中心城市的增长极带动作用，以点带面，从线到片，逐步实现丝绸之路经济带的大合作、大发展、大繁荣，推进丝绸之路经济带区域经济一体化。

2. 产业分工合作

产业是丝绸之路经济带建设的载体，丝绸之路经济带主体区域具备良好的合作基础、广阔的市场空间和层级互补的产业体系，这为丝绸之路经济带相关国家加强产业分工合作、构建区域价值链创造了良好条件。以工业为例，改革开放以来中国工业经济保持了持续快速增长，成为推动经济社会发展的强大引擎。经过三十多年的发展，中国工业产值跃居世界第一位，主要工业产品产量均居世界前列，成为名副其实的工业大国。但从工业各行业在全球价值链中所处的位置和国际竞争力水平来看，中国尚处于工业化中期后半阶段，面临着工业产业结构转型升级的艰巨任务。当前，中国经济进入中高速增长的"新常态"，要在"新常态"下推动工业结构转型升级，必须把"大规模走出去"与"高水平引进来"结合起来，通过建设丝绸之路经济带全面推进国际产能合作。

作为"丝绸之路经济带"的重要组成部分，中亚及周边国家的工业化尚处于初级阶段，工业产业体系与中国存在很强的互补性，并且具有丰富的能源资源和广阔的市场潜力，强烈希望搭乘中国发展的快车促进本国经济发展。通过与"丝绸之路经济带"沿线国家加强工业产能合作，向"丝绸之路经济带"沿线国家输出优势产能，中国可以把产业、资金优势与相关国家的市场需求结合起来，这不仅有助于中国工业产业结构转型升级，而且可以加快相关国家的工业化进程，进而提升"丝绸之路经济带"区域经济融合水平。

基于丝绸之路经济带相关国家的工业现状及其发展趋势，我们认为应积极构建以中国东部沿海地区为"龙头"、以中国中西部地区为"枢纽"、以中亚及周边国家为重要组成部分的丝绸之路经济带工业价值链，各经济体通过分工合作实现协同发展。[1] 具体设想如下：中国东部沿海地区应向外转移劳动密集型生产工序，积极发展技术、知识密集型生产工序，在丝绸之路经济带工业价值链中发挥"龙头"引领作用；中国中西部地区应向外转移过剩的能源化工、钢铁、纺织等产能，积极承接中国东部沿海地区转移出的劳动密集型生产工序，同时承接国际范围内转移出的技术、知识和资本密集型生产工序，争当丝绸之路经济带工业价值链的"枢纽"；中亚及周边国家的工业基础相对薄弱，应积极承接中国转移出的部分劳动密集型生产工序，同时大力发展资源开采及初加工、能源化工、棉毛纺织等工业产业，充分发挥自然资源尤其是油气资源富集的比较优势，提升工业经济发展水平。随着丝绸之路经济带工业价值链的形成与拓展，相关国家的产业合作将更为紧密，逐步建成利益共同体和命运共同体。

3. 贸易投资便利化

贸易投资合作是丝绸之路经济带建设的重点内容，同时是丝绸之路经济带沿线中心城市建设和产业分工合作的重要条件。相关研究认为，贸易投资便利化是由封闭经济向开放经济转变的过程，是经济全球化和区域经济一体化对贸易投资领域的必然要求。[2] 通过合作解决贸易投资便利化问题，有助于消除丝绸之路经济带相关国家的投资和贸易壁垒，在丝绸之路经济带区域范围内构建良好的营商环境，深化

---

① 白永秀，王颂吉：《价值链分工视角下丝绸之路经济带核心区工业经济协同发展研究》，《西北大学学报》（哲学社会科学版），2015年第3期，第41—49页。

② 郭飞，李卓，王飞等：《贸易自由化与投资自由化互动关系研究》，人民出版社，2006年，第3页。

中国同丝绸之路经济带沿线主要国家的贸易投资合作，提升丝绸之路经济带区域经济一体化水平。

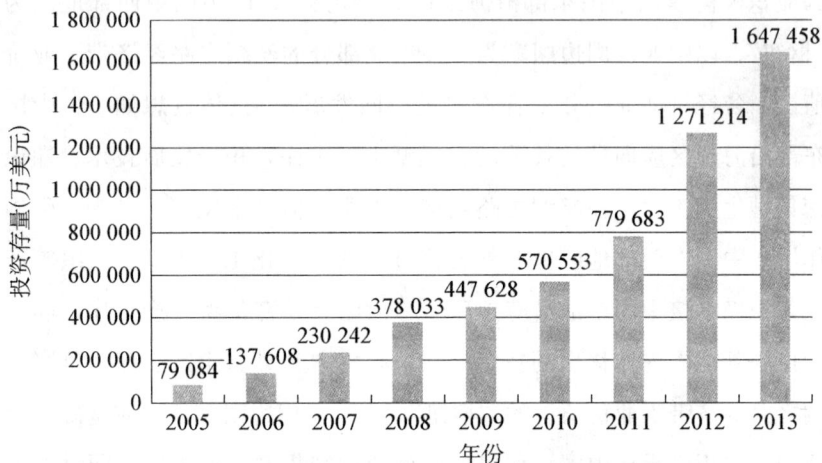

图 1-3　2005—2013 年中国对俄罗斯和中亚五国的投资存量情况

资料来源：《2013 年度中国对外直接投资统计公报》，中国统计出版社，2014 年，第 46—50 页。

　　近年来，中国与丝绸之路经济带沿线主要国家的贸易投资合作不断加强，已成为多个国家最重要的贸易伙伴或投资来源国。通过图 1-3 可以看出，2005 年以来中国对俄罗斯和中亚五国的投资额不断增加，投资存量从 2005 年的 79 084 万美元提升至 2013 年的 1 647 458 万美元，增加了 20 倍。但受经济发展水平、社会制度、法律法规等因素的影响，丝绸之路经济带相关国家的贸易投资壁垒仍然较多，不利于各国之间经贸合作水平的提升。我们认为，应从以下三方面采取措施，推进丝绸之路经济带贸易投资便利化：一是协调丝绸之路经济带相关国家的贸易投资法规及政策，建立符合相关国家共同利益、有助于贸易投资便利化的制度法规；二是建立丝绸之路经济带贸易投资争端协调机构，处理丝绸之路经济带相关国家在贸易投资领域存在的利益纠纷问题；三是建立应对贸易投资风险的管控机制，及时向丝绸之路经济带相关国家通报可能出现的贸易投资风险，提高丝绸之路经济带贸易投资风险应对能力。

（二）支持体系

在推进丝绸之路经济带重点建设任务、实现区域经济一体化的过程中，面临诸多风险和挑战，必须构建有效的支持体系。具体而言，丝绸之路经济带沿线国家只有加强基础设施互联互通，才能提供有效的设施保障；只有统筹发展战略，才能朝着区域经济一体化的目标相向而行；只有建立有效的合作机制，才能为相关国家共同推进合作项目提供平台；只有辨识和防范区域合作过程中可能出现的风险，才能使区域经济一体化平稳有序地推进。为此，我们从设施互联互通、发展战略统筹、合作机制构建、风险辨识与防范四个方面，构建丝绸之路经济带区域经济一体化倡议实施的支持体系。

1. 设施互联互通

健全的基础设施有助于实现生产要素跨区域优化配置和提升市场效率，对于经济增长、社会进步和区域协调发展具有重要意义。丝绸之路经济带东边始于活跃的东亚经济圈，西边直达发达的欧洲经济圈，中间以中亚为中心的泛中亚经济圈具有巨大的发展潜力。在如此广袤的地域范围内，基础设施网络承担着连接沿线国家的纽带作用。基础设施互联互通，有助于促进中国中西部地区及泛中亚经济圈的经济发展，熨平丝绸之路经济带的经济凹陷区域，同时有助于带动整个丝绸之路经济带乃至全世界的经济增长。

从中国、俄罗斯及中亚五国基础设施发展现状来看，世界经济论坛《2014—2015 年全球竞争力报告》显示，俄罗斯基础设施状况全球排名第 71 位，哈萨克斯坦排名第 62 位，吉尔吉斯斯坦排名第 96 位，塔吉克斯坦排名第 107 位，中国和乌兹别克斯坦也位居中游，这表明丝绸之路经济带沿线主要国家的基础设施建设大都滞后于经济社会发展的需要，必须通过建设丝绸之路经济带加快基础设施互联互通工作。在丝绸之路经济带建设过程中，既要建设以航空、高压电网、信息传输为重点的"空中丝绸之路"，又要建设以客运铁路专线、货运铁路专线、高等级公路为重点的"地面丝绸之路"，还要建设以原油管道、天然气管道、成品油管道为重点的"地下丝绸之路"。通过立体综合基础设施网络，丝绸之路经济带可以把沿线城市群及中心城市连为一体，建成世界上距离最长、面积最大、人口最多、市场规模和发展潜力最广的区域经济一体化大走廊。

2. 发展战略统筹

《推动共建丝绸之路经济带和 21 世纪海上丝绸之路的愿景与行动》指出："'一带一路'建设是一项系统工程，要坚持共商、共建、共享原则，积极推进沿线国家发展战略的相互对接。"我们认为，丝绸之路经济带发展战略统筹涉及以下三个层次的内容：一是"丝绸之路经济带"与"21 世纪海上丝绸之路"战略之间的统筹协调；二是丝绸之路经济带沿线不同国家、地区之间发展战略的统筹兼顾；三是丝绸之路经济带国内段建设过程中，相关省份之间发展战略的统筹对接。在上述三个层次的内容之中，丝绸之路经济带沿线不同国家及地区之间的发展战略统筹最为关键。

丝绸之路经济带倡议与俄罗斯"欧亚经济联盟"战略、哈萨克斯坦的"光明之路"战略的统筹对接工作进入操作阶段，我们认为上述发展战略统筹可以为丝绸之路经济带相关国家之间的战略统筹提供示范。一方面，做好"丝绸之路经济带"倡议同俄罗斯"欧亚经济联盟"建设战略的统筹对接。欧亚经济联盟是由俄罗斯、哈萨克斯坦、白俄罗斯、塔吉克斯坦、吉尔吉斯斯坦等国家为加强经济、政治合作而建立的合作组织，战略目标是推进该区域的经济一体化。加强"丝绸之路经济带"倡议同俄罗斯"欧亚经济联盟"战略之间的统筹对接，有助于深化中俄两国之间的全面战略协作伙伴关系，促进"丝绸之路经济带"与"欧亚经济联盟"相关国家的经济社会发展，加快区域经济一体化进程。

另一方面，做好"丝绸之路经济带"倡议同哈萨克斯坦"光明之路"战略的统筹对接。哈萨克斯坦地处欧亚大陆交接的枢纽位置，为发挥优越的地理区位优势，哈萨克斯坦总统纳扎尔巴耶夫在 2014 年的国情咨文中提出了"光明之路"经济发展战略，力图通过加强国内的物流、交通、通信等领域的基础设施建设，打造欧亚大陆交通枢纽，发展过境物流产业，促进本国经济发展。"丝绸之路经济带"倡议与"光明之路"战略高度吻合，加强两者之间的统筹对接，有助于深化和拓展中哈两国的经贸合作，实现共同发展繁荣。此外，中国还应与丝绸之路经济带其他主要国家就经济发展战略进行对接，保障丝绸之路经济带区域经济合作的有序推进。

3. 合作机制构建

"丝绸之路经济带"沿线国家众多，并且各国在历史文化、民族宗教、社会制度等方面具有明显差异，要深化这些国家之间的经贸合作，必须充分借助现有的双边和多边合作机制，协调推进丝绸之路经济带合作项目的顺利实施。

第一，构建有效的双边合作机制。目前，中国已与巴基斯坦建立起全天候战略合作伙伴关系，与俄罗斯、哈萨克斯坦等国建立起全面战略合作伙伴关系，与乌兹别克斯坦、土库曼斯坦、吉尔吉斯斯坦、塔吉克斯坦等国建立起战略合作伙伴关系。依托业已建立的紧密的双边合作关系，有助于协调推进丝绸之路经济带合作项目的实施。例如，中国与巴基斯坦就共建"丝绸之路经济带"达成广泛共识，提出把中巴经济走廊建成"丝绸之路经济带"的旗舰项目，这为丝绸之路经济带双边合作机制的构建提供了范例。

第二，完善多边合作机制。上海合作组织成立于 2001 年 6 月 15日，其宗旨是致力于加强成员国之间的全方位合作，截至 2013 年底，拥有 6 个成员国、5 个观察员国和 3 个对话伙伴国，这些国家均是参与丝绸之路经济带建设的主要国家，并且已通过上海合作组织框架建立了良好合作关系。通过进一步发挥上海合作组织的作用，可以加快推进丝绸之路经济带建设。此外，还可以发挥中阿合作论坛、中亚区域经济合作等现有多边合作机制的作用，探讨构建新的多边合作机制，共同推进丝绸之路经济带区域经济一体化。

第三，搭建国际间合作平台。在丝绸之路经济带建设过程中，可以依托欧亚经济论坛、中国国际投资贸易洽谈会、中国-阿拉伯博览会、中国西部国际博览会、中国-俄罗斯博览会等平台，广泛开展贸易、投资等交流活动，并且可以合作建立丝绸之路经济带国际高峰论坛，探讨建立其他新的国际合作平台，充分发挥国际间合作平台在丝绸之路经济带建设中的积极作用。

4. 风险辨识与防范

丝绸之路经济带涉及亚欧非三大洲数十个国家，面临的国际环境复杂多变，必须科学识别经济带区域经济一体化过程中可能诱发的经济风险、政治风险和社会风险，并制定行之有效的预警机制和响应方案。[1] 其中，丝绸之路经济带建设中的经济风险主要是指一国经济运行的脆弱性和经济危机发生的可能性；政治风险主要反映一国政权的稳定性、腐败情况以及政府管理的有效性；社会风险主要反映一国的社会冲突、法律健全水平和种族宗教矛盾。

要保障丝绸之路经济带建设的顺利实施，必须建立风险评估、预警和响应机制。在风险未发生时，对可能出现的各类风险进行评估；在风险即将发生时，对即将出现的风险进行预警；在风险发生之后，通过响应机制来管控风险，有效降低风险带来的损失。通过识别和防

---

① 董锁成，黄永斌，李泽红：《丝绸之路经济带经济发展格局与区域经济一体化模式》，《资源科学》，2014 年第 12 期，第 2451—2457 页。

范丝绸之路经济带建设中的各类风险，有助于支撑区域经济一体化的顺利推进。

五、 建设步骤

丝绸之路经济带建设是一个涵盖区域广泛的庞大的系统性工程，实现其构想目标需要稳步而长期的推进。杨恕等认为，丝绸之路经济带的建设至少要制定一个 30 年的分期分段做大的战略部署。大致来讲，第一个 10 年，把主要精力放在国内，继续稳步推进西部大开发战略，搞好西北尤其是新疆的建设，同时做好与国外的沟通，建立"共建"的共识；第二个 10 年，进一步推进与中亚国家的经贸合作，进一步完善该地区的基础设施建设；第三个 10 年，统筹推进中国、中亚和欧洲三个地区的联系，使其真正成为横贯亚欧大陆的经济增长带。[①]

我们认为，从构建全球经济一体化重要合作平台的长远目标看，丝绸之路经济带倡议的实现可用大约 50 年的时间，以实现中国-中亚-俄罗斯经济一体化、搭建欧亚经济一体化基本框架和形成全球经济一体化战略平台的三个阶段性目标，分起步阶段、扩展阶段和完善阶段三大阶段有序推进。

（一）起步阶段： 中国-中亚-俄罗斯经济一体化 （2015—2025 年）

中亚地区是丝绸之路经济带的重点合作区域。同时，中国、中亚

---

① 杨恕，王术森：《丝绸之路经济带：战略构想及其挑战》，《兰州大学学报》（社会科学版），2014 年第 1 期，第 23—30 页。

五国与俄罗斯之间有着千丝万缕的经济联系，且具备较为成熟的合作基础。因此，实现中国-中亚-俄罗斯经济一体化是丝绸之路经济带建设的起步阶段。这一阶段也是确保丝绸之路经济带健康发展最重要的夯实基础的阶段，可按 10 年时间来规划。

这一阶段，在中国-中亚-俄罗斯经济一体化整体框架下，中国-中亚经济一体化、俄罗斯-中亚经济一体化及中俄经济一体化要同时推进。为实现这一阶段的目标，深化中国与俄罗斯的战略互信与合作关系至关重要。其中一个问题是努力化解"中国＋中亚国家一体化"与"俄罗斯＋中亚国家一体化"的矛盾，争取两种机制合作谋发展，而不是相互排斥。① 为此，加强上海合作组织及俄罗斯主导的欧亚经济共同体的经济协调功能就成为一项重要任务。

从中国的视角看，这一阶段应在"五通"（政策沟通、道路联通、贸易畅通、货币流通、民心相通）理念的指引下，强化与中亚国家及俄罗斯的政策沟通工作，营造良好的政策环境；在继续改善铁路与公路交通条件的同时，提高区内空中航线、能源管道及信息网络等基础设施水平，打通从太平洋到波罗的海的海上运输大通道，形成高效、便利的互联互通网络；加强在能源产业、工业制造业、建筑业、高新技术产业及旅游业等方面的贸易和投资活动，并不断提高自由化和便利化程度；加强在本币结算方面的合作，降低对美元结算的依赖程度，增强区内经济国际竞争力及整体抵御金融风险的能力；进一步加强人民友好往来，增进相互了解和传统友谊，为中国-中亚-俄罗斯经济一体化合作奠定坚实的民意基础和社会基础。同时，中国在国内应继续大力推进西部大开发战略，尤其要加强"西兰乌"产业带②及黄河流

---

① 王海运：《建设"丝绸之路经济带" 促进地区各国共同发展》，《俄罗斯学刊》，2014 年第 1 期，第 5—10 页。

② "西兰乌"产业带，是设想以西安、兰州、乌鲁木齐为三大节点，形成以点连线、以线带面，联通西北、西南，辐射华中、华北，连接东部与西部的带状经济走廊。

域经济带①的建设，以形成丝绸之路经济带中国区域发展的支撑体系。

（二）扩展阶段：欧亚经济一体化基本框架（2025—2045 年）

中国-中亚-俄罗斯经济一体化的实现，将为东亚经济与西亚、南亚及欧盟经济对接打下良好的基础和条件。自此，丝绸之路经济带建设将进入扩展阶段，目标是实现欧亚经济一体化。这一阶段是实现丝绸之路经济带构想的承上启下的重要阶段，可按 20 年时间来规划。

这一阶段，丝绸之路经济带将向东扩展至韩国、日本，向西扩展至地处亚、非、欧三洲交界地带的阿富汗、伊朗、土耳其、沙特阿拉伯等西亚国家及欧盟国家，向南扩展至东盟以及印度、巴基斯坦等南亚国家。欧亚经济交往的经济壁垒基本消除，欧亚经济一体化基本框架确立。

从中国的视角看，这一阶段应在东亚经济合作既有基础上继续加强与日本、韩国及东盟各国的经济合作，提升东亚经济整体一体化水平；在金砖国家及 G20 合作机制的基础上，强化与印度、巴基斯坦等国的一体化合作；在能源矿产、先进制造业、高新技术等重点领域加强与西亚国家的一体化合作；切实利用成熟的欧亚大通道强化与欧盟国家的全方位经济合作。

---

① 黄河流域经济带，是设想以黄河和陇海-兰新铁路为纽带，在黄河中上游开发优势能矿资源，发展能源深加工产业；在黄河中下游，依托中原经济区，发展现代农业，打造全国粮食生产基地；发展现代物流业，打造全国综合交通枢纽；在黄河三角洲地区，依托环渤海经济圈发展高效生态经济区，促进区域可持续发展。

（三）完善阶段： 全球经济一体化战略平台 （2045—2065 年）

欧亚经济一体化基本框架的确立，将使全球经济联系的紧密度得到极大提高。自此，丝绸之路经济带建设将进入完善阶段，目标是形成全球经济一体化的合作平台。这一阶段是丝绸之路经济带倡议的全面实现阶段，可按 20 年时间来规划。

这一阶段，丝绸之路经济带将深刻影响非洲地区，亚、非、欧三洲的经济一体化程度大为提高。澳大利亚、新西兰等大洋洲国家也将深入融合到丝绸之路经济带之中。同时，丝绸之路经济带在跨太平洋经济合作、跨大西洋经济合作深入发展的基础上，将从东、西两个方向，进一步密切与包括美国、加拿大等发达国家在内的北美洲、南美洲经济的联系。世界各国在经济全球化与区域经济一体化高度发展的基础上开始推进全球经济一体化合作。丝绸之路经济带成为推动全球经济一体化发展的合作平台，丝绸之路经济带倡议全面实现。

在推动全球经济一体化发展的进程中，各类区域经济一体化组织及各国政府相互之间的制度化合作将变得十分重要。通过全球性的制度合作，世界各国将开始探索建立一个统一引导全球经济发展的世界性组织。国际经济交往中存在的各类经济壁垒将从根本上得到消除，各国经济将在一个公开、公平、公正的全球统一大市场中运行。全球经济也将在一个新的起点上向前发展。

六、 重大意义

丝绸之路经济带是顺应区域经济一体化潮流而提出的亚欧大陆带状经济合作构想，它对于加强区域经济合作、促进世界经济发展、保障中国战略安全、推动中国经济重心西移、优化中国城市和人口布局具有重大意义。

第一，有助于构建新的区域经济合作组织，形成国际经济新格局。随着生产社会化和国家之间经济联系的加强，区域经济合作方兴未艾。在区域经济合作过程中，相关国家通过消除贸易壁垒，有助于扩大进出口规模、优化区域资源配置，并且可以增强区域大国的国际竞争力。基于此，世界大国均积极参与区域经济合作，目前已在世界范围内形成了欧盟、北美自由贸易区、东盟等区域经济合作组织。这些区域经济合作组织对内推进经济一体化，对外开展经济竞争与合作，成为推动经济全球化和参与国际活动的重要力量。近年来，尽管中国积极参与区域和双边经贸合作，但东盟与中国（10＋1）合作机制仍不够紧密，中日韩自由贸易区进展缓慢。在此背景下，中国除了巩固东盟与中国（10＋1）合作机制外，还应加快向西强化区域经济合作。在中亚及其周边区域，上海合作组织和欧亚经济共同体的成员国、观察员国、对话伙伴国已经建立了全方位联系，以这两个组织为基础推进区域经济合作，能够进一步提升相关国家的发展空间。假定把狭义丝绸之路经济带（核心区＋扩展区）建成新的区域经济合作组织，通过表1－4可以看出，狭义丝绸之路经济带将成为世界范围内面积最大、覆盖人口最多、经济总量位居第三的区域经济合作组织，并且其经济总量有很大的增长空间。更为重要的是，狭义丝绸之路经济带这一区域经济合作组织建成之后，可以与欧盟、北美自由贸易区形成"三足鼎立"的态势，有助于加快形成国际经济新格局。此外，狭义丝绸之路经济带、欧盟、北美自由贸易区、东盟等区域经济组织之间加强合作，将对亚欧经济一体化和经济全球化产生深远影响。

表 1－4　狭义丝绸之路经济带与主要区域经济合作组织比较　（2012 年）

组织名称	成员国数量	面积/万 km²	人口/亿	GDP/万亿美元
北美自由贸易区	3	2 158.11	4.70	19.24
欧　盟	28	432.48	5.09	16.69
狭义丝绸之路经济带	16	3 962.12	31.47	13.42
东　盟	10	477.76	6.08	2.32

资料来源：人口和 GDP 数据来源于世界银行数据库；国土面积数据来源于世界银行 2009 年世界发展报告《重塑世界经济地理》附表（清华大学出版社，2009 年，第 332—334 页）。

　　第二，有助于形成世界新兴增长区域，摆脱经济低迷状态。近年来，受美国次贷危机、欧洲债务危机等因素的影响，世界经济增长乏力，急需通过建设新兴增长区域带动世界经济走出困境。通过图 1－4 可以看出，丝绸之路经济带东侧是经济繁荣的东亚经济圈，日本和韩国 2012 年人均 GDP 高达 40 056.50 美元；西侧是经济发达的欧盟经济圈，2012 年人均 GDP 为 32 789.78 美元；中间是经济发展水平相对较低的中国和泛中亚经济圈，2012 年中国人均GDP 为 6 091.78 美元，中

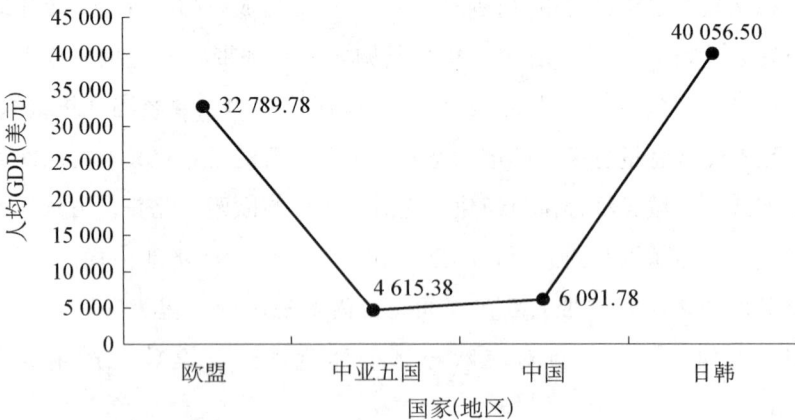

图 1－4　丝绸之路经济带沿线国家（地区）2012 年人均 GDP

数据来源：依据世界银行数据库的 GDP 和人口数据计算。

亚五国为 4 615.38 美元。由此可见，丝绸之路经济带在中间形成了一个经济凹陷区域。近年来，日本、韩国及欧盟经济增长乏力，而处于凹陷区域的发展中国家却保持较为强劲的发展势头。建设丝绸之路经济带，一方面可以促进中国中西部地区及泛中亚经济圈的经济发展，熨平丝绸之路经济带的凹陷区域；另一方面可以形成世界新兴增长区域，有助于带动丝绸之路经济带乃至全世界的经济增长。作为丝绸之路经济带核心区和经济凹陷区域的重要组成部分，中亚地区具有广阔的经济发展潜力。从自然资源禀赋来看，中亚地区矿产资源丰富，尤其是石油、天然气、贵金属和有色金属储量较大，这为经济发展提供了良好的资源条件；从经济发展基础来看，中亚地区采矿业、冶金业和加工业发达，乌兹别克斯坦等国家农业发展条件优越，这为经济发展奠定了良好的产业基础；从国外投资情况来看，中亚地区的自然资源和产业基础对外资的吸引力日益增强，2009—2012 年引进外资数额较 2000—2005 年增长逾 5 倍，这为中亚经济发展提供了充足的资金支持。由此可见，中亚地区经济增长空间广阔，通过中国与中亚及其周边国家加强经贸合作，有望形成世界新兴经济增长区域，带动丝绸之路经济带联动发展，助推世界经济摆脱低迷发展状态。

第三，有助于保障国家战略安全，拓展中国战略空间。西部地区是关系我国战略安全的重要区域，建设丝绸之路经济带有助于加快西部地区发展，对于维护国防安全、拓展中国战略纵深、化解民族和宗教矛盾、稳定能源供应、保障经济安全具有重大意义。从维护国防安全来看，西部是我国国防力量布局的重心，我国在西部地区与多个国家接壤，存在边界争端等不稳定因素；通过与中亚及周边国家共建丝绸之路经济带，可以加强政治互信、经贸往来和文化交流，保障国防安全和边疆稳定。从拓展中国战略纵深来看，随着中国经济的崛起，美国及其同盟国加紧构筑针对中国的战略围堵，通过钓鱼岛问题、南海问题从东部沿海挤压中国的生存空间；建设丝绸之路经济带可以使我国形成沿海、内陆、沿边全方位开放新格局，提升我国向西发展和开放水平，极大地扩展我国的战略空间。从化解民族和宗教矛盾来看，西部是少数民族和信教群众的主要聚居区，同时也是民族分裂势力、宗教极端势力、暴力恐怖势力的主要活动区域，中国、俄罗斯及中亚各国深受其害；共建丝绸之路经济带，可以协调各国共同打击"三股势力"，消灭"三股势力"存在的土壤，维护民族团结和社会稳定。从稳定能源供应来看，2012 年我国石油对外依存度达到 56.4%，① 能源安全已成为影响我国经济健康发展的重要问题；丝绸之路经济带建设，可以加强与油气资源丰富的中亚、西亚、俄罗斯的联系，形成以油气管道运输为主的"地下丝绸之路"，提高中国能源安全水平。从保障经济安全来看，我国经济主要集聚在东部沿海一带，对海上交通的依赖性过大，近年来海上货运风险不断升高，在此背景下建设丝绸之路经济带，可以提升西部内陆地区的经济总量和经济份额，扩展陆上运输通道，保障中国经济安全。

第四，有助于培育中国新的经济增长极，推动经济重心西移。西北五省区作为古丝绸之路中国段的主体，是中国与中亚国家开展经贸合作的桥头堡，同时也是丝绸之路经济带中国段建设的重点区域。1999 年西部大开发战略实施以来，国家不断加大对西北地区的扶持和投入力度，西北基础设施建设和经济社会发展水平有了明显进步。通过图 1-5 可以看出，2000—2012 年西北五省区的年均经济增长速度都高于全国平均水平，有望成为中国新的经济增长极，推动中国经济重心西移。但与此同时，西北地区整体发展水平与东部发达地区仍存在较大差距，尤其是受偏居内陆等因素的影响，西北各省（区）经济外向化程度长期处于较低水平，这不仅阻碍了区域经济协调发展，而且对于我国整体经济增长造成了消极影响。中国与亚欧国家共建丝绸之

---

① 黄烨：《原油对外依存度十年提高 9 倍》，《国际金融报》，2013 年 2 月 5 日。

路经济带，可以形成"横贯东中西"的对外经济走廊，有助于全面提升西北地区的对外开放和经济发展水平。今后，西北地区不仅可以与国内的东部、东北和中部地区加强经济联系，向东承接产业转移，而且可以向中亚及其周边国家扩大开放，大力发展面向中亚及周边国家的外向型经济，在更大的空间范围内促进生产要素自由流动和优化配置，助推西北地区成为中国新的经济增长极。2011年以来，我国经济增长存在下行压力，尤其是东部沿海地区经济增长乏力。在丝绸之路经济带建设过程中，西北经济发展水平的提升一方面可以缩小与东部发达地区的差距，促进区域经济协调发展；另一方面可以弥补东部地区经济增长乏力所造成的缺口，保障经济持续较快发展，推动我国经济重心西移。

图 1-5　2000—2012 年西北与全国经济增速对比

数据来源：全国及西北五省（区）历年国民经济和社会发展统计公报。

第五，有助于提高西部城镇化水平，优化中国城市和人口布局。改革开放以来，随着沿海地区经济发展水平的快速提升，西部人口向东部大量迁移，东部地区城镇化水平不断提高，在此背景下，东西部地区城市和人口分布不平衡日益加剧。目前，东部地区城镇化水平较高，人口密集，大城市和城市群发育较为完善，2012 年珠三角、长三角和京津冀三大城市群以 2.8％的国土面积集聚了 18％的人口；[①] 而西部地区大城市较少，城镇化水平和城市群发育程度较低，57％的国土面积上仅聚集了 23％的人口。[②] 城市和人口在区域之间分布不平衡，不仅影响区域经济协调发展，而且不利于中国的战略安全。大城市和城市群是经济带的重要支点，通过丝绸之路经济带建设，可以促进大城市和城市群发育，提升西部尤其是西北地区的城镇化水平，这对优化中国城市和人口的区域空间布局具有重大意义。在丝绸之路经济带建设过程中，西北地区可以重点打造以西安为中心的关中城市群、以乌鲁木齐为中心的天山北坡城市群、以银川为中心的银川平原城市群、以兰州和西宁为双中心的兰白西城市群、河西走廊的酒嘉玉城市群，同时把西安建设成为国际化大都市和丝绸之路经济带的龙头城市，把兰州、乌鲁木齐等城市建设成为特大城市，把西宁、银川等城市建设成为区域性中心城市。随着上述城市群和大城市的建成，西部地区的城镇化水平将得到显著提高，这一方面可以为丝绸之路经济带提供有力支撑，使城镇化进程与丝绸之路经济带建设良性互动；另一方面可以优化西北地区的经济发展环境，提高西北地区的人口承载力，吸引其他区域的人口到西北地区就业，优化城市和人口的空间布局。

---

① 黄伟，曾妮，何又华：《珠三角城市群，离世界级有多远》，《南方日报》，2013 年 10 月 31 日。

② 胡鞍钢，马伟，鄢一龙：《"丝绸之路经济带"：战略内涵、定位和实现路径》，《新疆师范大学学报》（哲学社会科学版），2014 年第 2 期，第 5 页。

第 二 章

互联互通建设

丝绸之路经济带的互联互通建设，包括基础设施、规章制度、人员交流等方面。互联互通不仅是丝绸之路经济带建设的重要内容，而且为丝绸之路经济带的全方位合作提供了基础条件。

一、 丝绸之路经济带互联互通建设的内容及其相互关系

2014 年 11 月，习近平同志在题为《联通引领发展，伙伴聚焦合作》的讲话中提出，丝绸之路经济带的互联互通建设不仅仅是单纯意义上的交通设施建设，而更应当是基础设施、规章制度、人员交流三位一体的互联互通，最终实现丝绸之路经济带沿线国家政策沟通、设施联通、贸易畅通、资金融通、民心相通的全方位自由联通。[①]

巴尼斯特（Banister）和波瑞希曼（Berechman）通过对发达国家的研究发现，经济外部性、投资因素、制度和政策形势是基础设施拉动经济增长三个不可或缺的前提条件。[②] 从丝绸之路经济带互联互通建设的三个方面来看，政治互信、制度规章的沟通合作是丝绸之路经济带各国走向共同发展、共同富裕的第一步；同时政治合作及国家间的友好互信，使得丝绸之路经济带沿线国家基础设施改善尤其是道路能够互相连接彼此，催生更为密切和频繁的政治经济文化交往，也将

---

① 习近平：《联通引领发展，伙伴聚焦合作》，《人民日报》，2014 年 11 月 9 日。

② Banister D，Berechman J. *Transport Investment and the Promotion of Economic Growth* [J]. Journal of Transport Geography, 2001，9（3）：209‐218.

会带来各国更加具有诚意的规章制度合作和政治交往。

当前，丝绸之路经济带沿线国家政治制度不同，经济发展水平差异巨大，受民族矛盾、地区恐怖势力、国际霸权主义、地缘政治等各种复杂因素的影响，国家之间深化合作交流的顾虑很多。对此，采用类似于欧盟以竞争力为导向的区域一体化将不符合丝绸之路经济带沿线国家的实际需求。丝绸之路经济带沿线国家巨大的政治、经济、文化差异决定了"丝绸之路经济带"是根据以合作共赢为导向的一体化而开展的区域经济一体化。丝绸之路经济带提倡不同资源禀赋、不同政治体制、不同经济发展水平、不同民族文化的国家能够通过各自优势的相互衔接来形成区域发展的合力，而各国之间均能共享发展成果，最终实现区域经济的发展，熨平亚欧大陆中部巨大的经济凹陷带。

丝绸之路经济带即是以"路"为纽带，实现亚欧大陆互联互通、促进亚欧大陆经济一体化的一个合作构想。所谓的"路"，便是以现代化公路、电气化铁路、民用航空、输油气管道、输电电网、洲际光缆、通信卫星为手段，促进亚欧大陆多维、立体化的道路、能源、信息互联互通，实现亚欧大陆内陆国家东出太平洋、南下印度洋、西达大西洋的美好愿望。亚欧大陆基础设施建设，能更好发挥中亚国家的资源优势、贯通亚欧的地理位置优势，实现亚欧大陆国家在货物、人员、信息等方面的自由往来，真正促成泛亚欧范围更为广阔的自由经济合作区。

丝绸之路经济带互联互通建设中，基础设施、制度规章、人员交流三个领域互联互通建设之间的相互关系如图 2-1 所示。基础设施的互联互通建设为人员交流提供了更为便利的物质基础，而人员交流的互联互通建设又为制度规章互联互通建设打下良好的社会基础。与此同时，制度规章的互联互通建设又是丝绸之路经济带基础设施的互联互通建设的制度基础。丝绸之路经济带制度合作、基础设施建设带来的互联互通的一个共同目的是实现各地区之间人员更好的往来交流，基础设施建设保证了人员交流的物质载体和沟通桥梁。不论是从高层政府间公务人员政治往来还是商务人士贸易经济往来来讲，或是对寻求更好发展的各类专业人才、搜索世界美景奇观以及处于求学阶段的莘莘学子而言，都期待着亚欧大陆各国之间增加政治互信，交通更加便利，信息更加畅通。丝绸之路经济带人文领域的合作夯实经济带的社会基础。通过人员相互交往、相互学习，增进沿线国家人民间的沟通，实现民心相通。

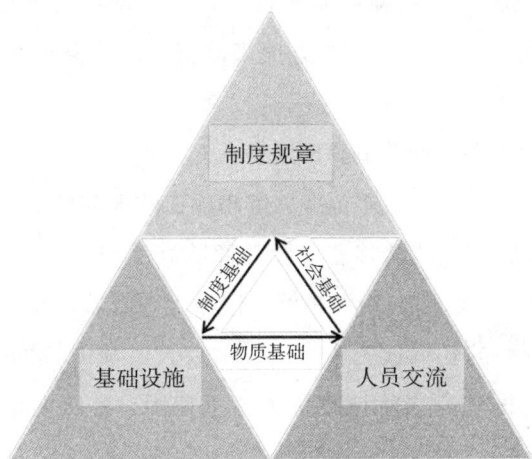

图 2-1 丝绸之路经济带互联互通建设的内容和相互关系

二、 丝绸之路经济带基础设施建设研究

（一）丝绸之路经济带基础设施建设的内涵与重要性

1. 丝绸之路经济带基础设施建设的内涵

根据《1994 年世界银行发展报告》的定义，基础设施包括经济基础设施和社会基础设施两部分，其中，"经济基础设施"即一般意义上

的道路、电信、能源网络、桥梁等为地区经济生产和居民生活提供服务的设施;"社会基础设施"指的是文化教育、社会保障等方面的软设施。

丝绸之路经济带的基础设施建设,更加偏重于经济基础设施的建设。从本质上来讲,丝绸之路经济带的基础设施建设,目的是为了实现整个经济带区域内人员、生产资料、产品、技术以及信息等生产要素更加畅通和自由地流动。具体来看,主要是从铁路、公路、管道、航空等交通运输系统,油气管道、供电网络等能源动力系统,以及电信网络等通信系统三个方面来改善丝绸之路经济带基础设施条件。

2. 丝绸之路经济带基础设施建设的重要性

传统意义上所讲的丝绸之路是指北部亚欧大陆的商路,通过这条贯穿亚欧的商路,一队队挂着驼铃的商队满载绚丽夺目的丝绸制品,踏上了前往中亚和欧洲的漫漫长路。恺撒大帝身着丝绸在罗马大剧院受到热捧,绚丽的丝绸成为古罗马、古埃及上流人群的宠儿。因此,盛产丝绸的中国理所当然地被称为赛里斯国,中国人也被称为赛里斯人。

后来,史学家把沟通中西方的商路统称为丝绸之路。从历史跨度上讲,丝绸之路延续 2 000 多年,按中国朝代划分可分为先秦、汉唐、宋元、明清四个时期;同时因其涉及陆路与海路,又可分为陆上丝绸之路和海上丝绸之路。陆上丝绸之路因其地理走向不一,分为"北方丝绸之路"与"南方丝绸之路";同时根据其所经地区的地理景观差异,又可细分为草原森林丝绸之路、高山峡谷丝绸之路、沙漠绿洲丝绸之路,我们一般所讲的丝绸之路即为横穿中国新疆、中亚地区的"沙漠绿洲丝绸之路"。

古代丝绸之路上最负盛名的商品莫过于中国的丝绸,因而这条贯穿东西的古代商路被冠以"丝绸之路"之名,享誉古今。除此之外,我国的四大发明也大多沿着丝绸之路向西方传播。作为丝绸输出的回报，玉石珠宝、香料等物产沿着这条商道被运往东方世界。因此，丝绸之路又被称之为"皮毛之路""玉石之路""香料之路"。

丝绸之路沿线上被中国称为西域的中亚地区，因丝绸之路而兴，又伴随着丝绸之路的萎缩而衰落。当历史的篇章翻到 15 世纪，奥斯曼土耳其帝国的崛起一度阻碍了这条贯通东西方的商路，同时新航路的开辟使得世界进入航海时代，古老的陆上丝绸之路慢慢地被一条条航海线代替。远洋的风帆带着西方殖民者的黄金梦驶向大洋彼岸的中国，这个被马可·波罗称为"黄金遍地的国度"。

时至今日，这条曾经盛极一时的国际贸易通道萧条许多。不管是中国的西部还是以哈萨克斯坦、吉尔吉斯斯坦、塔吉克斯坦、乌兹别克斯坦、土库曼斯坦五国为代表的中亚地区，丰富的石油、天然气、矿产资源并未给这些地区带来经济长足稳健的发展。缺乏海运得天独厚的优势，同时陆上交通设施建设也滞后，严重制约了当地社会经济

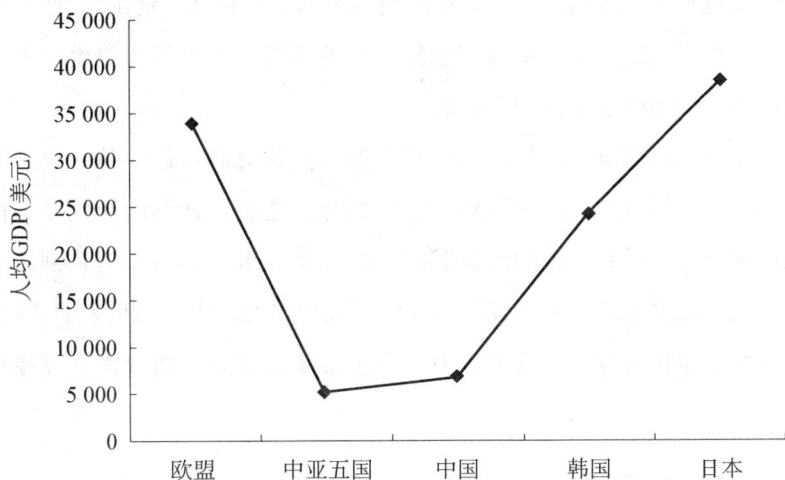

图 2-2　亚欧大陆经济凹陷带

数据来源：根据 2013 年世界银行数据库中的人口和 GDP 数据计算。

的繁荣发展，曾经辉煌一时的中亚各国由于交通的不便日渐衰落，同世界其他发达国家的差距愈拉愈大。改革开放的浪潮使得中国东部沿海地区逐渐富裕，中国东西部差距越来越大。同时，沿着同一纬线，从中国东部沿海城市到西欧，各地的经济发展状况呈现出一个明显的"U"形线，在亚欧大陆的腹地形成了一个巨大的"经济凹陷带"。

交通基础设施对经济增长的促进作用一直是经济学领域所关注的话题。亚当·斯密（Adam Smith）认为，完善的内陆航运是农业和制造业发端较早的主要原因，最早的产业分工改良往往在航运发达的沿河、沿海地区开始，国家应当修建道路、桥梁、港口等公共设施以带动产业分工、促进经济增长；[1] 德国历史学派代表人物李斯特（Liszt）同样指出，交通运输以及其他社会制度均是生产增长的源泉。[2]

20世纪40年代，发展经济学界对于交通等基础设施同经济增长的关系研究有了新的进展。罗丹提出"大推进"发展战略，他将基础设施视为先行资本，应当优先投资，同时把交通运输等基础设施视为工业化过程中的决定性因素；纳克斯（Nurkse）在其"贫困恶性循环"理论中指出不发达国家要改变恶性循环的困局，就必须大规模投资于包括基础设施行业在内的全行业。

在实证研究范式兴起之前，经济学家们就交通运输等基础设施对经济增长的影响的认识多停留在定性的分析之上，并不能提供令人信服的证据。在世界银行的帮助下，阿绍尔（Aschauer）（1989）创新性地运用实证方法研究基础设施对经济增长的作用，实证结果表明20世纪七八十年代美国全要素生产力下降主要是由基础设施投资下降导致

---

[1] 亚当·斯密著，王大力、王亚南译：《国民财富的性质和原因研究》，商务印书馆，1983年，第17—18页。

[2] 弗里德里希·李斯特著，杨春学译：《政治经济学的自然体系》，商务印书馆，1997年，第45—46页。

的，并计算出交通等基础设施产出弹性为 0.39；[①] 荷兹-埃金（Holtz-Eakin）（1994）在把基础设施投资（资本）从总投资（资本）中分离出来的基础上，单独估计基础设施资本对经济增长的影响，结果表明基础设施对经济增长有着重要、显著的影响；[②] 巴尼斯特与波瑞希曼（2001）对发达国家的研究表明，一方面，由于乘数效应基础设施投资会扩大产出，在其投入使用后能增加通行能力，形成空间的扩散等经济效益；另一方面，交通基础设施会通过聚集效应等促进经济增长。[③]

在国外学者研究的基础上，国内众多学者也利用有关理论研究国内交通等基础设施同中国经济增长的关系。例如，范九利、白暴力（2004）[④] 测算出基础设施投资对中国西部地区人均 GDP 的产出弹性达到 0.1423，并远高于全国平均水平；郭庆旺和贾俊雪（2006）[⑤]、王任飞和王进杰（2007）[⑥] 分别运用 VAR 方法分析基础设施同经济增长之间的关系，研究结果表明我国基础设施投资无论是总体水平还是具体构成均对产出具有较强、持续较长的正影响且时滞相对较短，并由此认为基础设施投资是实现经济快速持续增长的一个重要推动力；刘生龙、胡鞍钢（2010）[⑦] 利用中国 1988—2007 年的省级面板数据来验证交通、能源和信息基础设施对我国经济增长的溢出效应，研究结果发现交通基础设施和信息基础设施对我国的经济增长有着显著的溢出效

---

① Aschauer D A. Is Public Expenditure Productive? ［J］. Journal of Monetary Economics, 1989, 23（2）: 177-200.

② Holtz-Eakin D. Public Sector Capital and the Productivity Puzzle ［J］. Review of Economics and Statistics, 1994, 76（1）: 12-21.

③ Banister D, Berechman J. Transport Investment and the Promotion of Economic Growth ［J］. Journal of Transport Geography, 2001, 9（3）: 209-218.

④ 范九利，白暴力：《基础设施投资与中国经济增长的地区差异研究》，《人文地理》，2004 年第 2 期，第 35—38 页。

⑤ 郭庆旺，贾俊雪：《基础设施投资的经济增长效应》，《经济理论与经济管理》，2006 年第 3 期，第 36—41 页。

⑥ 王任飞，王进杰：《基础设施与中国经济增长：基于 VAR 法研究》，《世界经济》，2007 年第 3 期，第 13—21 页。

⑦ 刘生龙，胡鞍钢：《交通基础设施与经济增长：中国区域差异的视角》，《中国工业经济》，2010 年第 4 期，第 14—23 页。

应，能源基础设施对我国经济增长的溢出效应并不显著；张学良（2012）[1] 研究认为，在计量模型中考虑到空间溢出效应后，交通运输对区域经济增长的产出弹性值仍在 0.05 左右，带动作用仍十分明显；李忠民等（2011）选取"新丝绸之路"交通大动脉陇海、兰新铁路沿线最重要的 17 个城市，基于多维要素空间面板数据模型，并在考虑交通基础设施的空间溢出效应的情况下，分析得出"新丝绸之路"地区的经济增长得益于交通运输能力提高带来的运输成本降低。

从卢卡斯（Lucas）开始，众多学者将基础设施与全要素生产率相联系，考察其对经济的外溢效应。中国学者刘秉镰等（2010）[2] 发现，在 1997 至 2007 年间中国的交通基础设施改善对于全要素生产力存在显著的带动作用；张光南等（2013）[3] 则从微观企业角度发现，中国的制造业分布与基础设施的空间分布具有很强的一致性，并对此做出解释，认为这是由于基础设施空间溢出带来的降低当地制造业企业的生产平均成本和边际成本导致的。

不管是从发达国家还是欠发达国家的历史经验来看，基础设施在国民经济的起飞和发展过程中都起到了至关重要的作用。从微观角度企业来看，基础设施建设和投资能够起到降低企业成本、促进企业集聚的作用；在中观（地区）层面上看，同一国家不同地区的经济水平发展差异很大程度上是由基础设施建设和投资的差异所导致的；而当我们的观察角度上升到国家宏观经济层面时，我们能够发现主要的基础设施建设和投资表现为经济增长的长期原因。此外，基础设施对于提高经济增长的质量（TFP 全要素生产率）也有着显著的促进作用。

---

① 张学良：《中国交通基础设施促进了区域经济增长吗：兼论交通基础设施的空间溢出效应》，《中国社会科学》，2012 年第 3 期，第 60—77 页。
② 刘秉镰，武鹏，刘玉海：《交通基础设施与中国全要素生产率增长：基于省域数据的空间面板计量分析》，《中国工业经济》，2010 年第 3 期，第 54—64 页。
③ 张光南，洪国志，陈广汉：《基础设施、空间溢出与制造业成本效应》，《经济学（季刊）》，2013 年第 10 期，第 285—304 页。

同世界其他国家相比，包括中国、俄罗斯和中亚五国在内的7国基础设施建设仍落后于世界发达国家和部分发展中国家。世界经济论坛《2014—2015年全球竞争力报告》显示，俄罗斯基础设施发展状况排名从2013年的第93位跃升至第71位；哈萨克斯坦排名第62位，较2013年提升2位；吉尔吉斯斯坦排名位列第96位；塔吉克斯坦基础设施建设情况排名最后，位于107位；而中国也仅位居中游位置。加快丝绸之路经济带沿线国家基础设施建设，一方面可以促进丝绸之路经济带沿线国家和地区的经济发展，熨平亚欧大陆腹地的经济凹陷带；另一方面可以形成世界新兴增长区域，有助于带动丝绸之路经济带乃至全世界的经济增长。[①]

（二）丝绸之路经济带基础设施现状分析

1. 丝绸之路经济带沿线核心区国家交通设施存量现状

作为新丝绸之路经济带处于核心地理位置的7个国家，中国、俄罗斯和以哈萨克斯坦为代表的中亚五国在基础设施建设方面已经取得了很大成就，这对当地经济发展起到了巨大的推动作用，促进了国家间经济贸易的增长。但同世界其他国家相比，基础设施的相对落后又成为制约这些国家进一步加强地区合作、促进地区经济一体化的重要阻碍。

中国作为最大的发展中国家，近年来在推动国家基础设施建设方面取得了巨大的进步。截至2012年底，中国公路总的通车里程数达423.8万千米，其中高速公路里程数居世界第一；铁路方面，铁路总里程数突破12万千米，其中高铁总运营里程达11 028千米，在建高铁

---

① 白永秀，王颂吉：《丝绸之路经济带的纵深背景与地缘战略》，《改革》，2014年第3期，第64—73页。

规模 1.2 万千米，成为世界上高速铁路投资运营里程最长、在建规模最大的国家;[1] 航空领域，2013 年全国民航运输飞机数量达 2 179 架，2013 年民航完成运输总周转量 673 亿吨千米，旅客运输量 3.54 亿人次，货邮运输量 557 万吨。其中，中国航空客运量位居全球第二。[2]

俄罗斯是世界上国土面积最大的国家，对交通等基础设施需求巨大。铁路方面，截至 2006 年，俄罗斯铁路里程达 8.52 万千米，但其铁路修建主要集中于欧洲部分;公路建设方面，俄罗斯公路建设里程 98.2 万千米，位居世界第 6 位;航空运输方面，2010 年俄罗斯航空运输货运量为 100 万吨，比重仅占所有货运形式货运总量的 0.01%，[3] 同时，俄罗斯航空运输仍然是使用本国制造的已经老化的飞机，航空运输条件较差。

中亚五国当中，哈萨克斯坦作为独联体中除俄罗斯之外国土面积最大和经济状况最好的国家，其基础设施建设状况较好。哈萨克斯坦拥有铁路 1.42 万千米（其中电气化线路 3 700 千米，占总长度的 27%），公路 9.68 万千米，但哈国内仅有极少的高速公路，其高速公路建设近年来才刚刚兴起。[4] 塔吉克斯坦的交通以公路为主，占全国运输总量的 85%，公路总长 1.37 万千米;铁路方面，塔国铁路线使用长度 621 千米，其中 114 千米已超期服役。[5] 乌兹别克斯坦交通基础设施状况较好，公路总长 184 896 千米，其多项指标均符合现代国际标

---

① 《中国高铁总里程达世界一半》，《人民日报（海外版）》，2014 年 3 月 6 日，第 4 版。

② 《盘点 2013 年民航新亮点：旅客运输量达 3.54 亿人次的背后》，新华网，2013 - 12 - 23. http: //news. xinhuanet. com/fortune/2013 - 12/23/c_ 118675010. htm.

③ 《俄罗斯航空货物运输市场调查》，对外经贸—东北网，2011 - 8 - 19. http: //commerce. dbw. cn/system/2011/08/19/000391803. shtml.

④ 《哈萨克斯坦基础设施概况》，商务部网站，2008 - 1 - 1. http: //kz. mofcom. gov. cn/aarticle/zxhz/zzjg/200801/20080105321063. html.

⑤ 《塔吉克斯坦交通出行》，中国领事服务网，2013 - 12 - 5. http: //cs. mfa. gov. cn/zggmcg/ljmdd/yz_ 645708/tjkst_ 647508.

准；铁路总长 4 393 千米，铁路网分布水平高于俄罗斯和其他中亚四国。[1] 土库曼斯坦交通以铁路、公路和油气管道为主，有铁路 2 300 千米，公路 1.36 万千米。[2] 作为典型的内陆国家，公路运输是吉尔吉斯斯坦最重要的运输方式，吉现有公路总长度 3.4 万多千米，连接吉境内各州首府和主要城镇，承担着吉境内大部分的客、货运输量，其铁路里程仅有 417 千米。[3]

2009 年丝绸之路经济带核心区国家陆上交通设施存量情况见表2-1。

表 2-1 2009 年丝绸之路经济带核心区国家陆上交通设施存量

	中国	俄罗斯	哈萨克斯坦	塔吉克斯坦	吉尔吉斯斯坦	乌兹别克斯坦	土库曼斯坦
公路总里程/千米	386.08 万	98.2 万	9.68 万	1.37 万	3.4 万	1.85 万	1.36 万
铁路总里程/千米	6.55 万	8.52 万	1.42 万	621	417	4 227	3 115
机动车保有量/（辆·千人⁻¹）	47	199	271	38	59		106

数据来源：全球宏观经济数据. 新浪财经，2015 - 1 - 2. http：//finance. sina. com. cn/worldmac.

经过数十年的发展，当下丝绸之路经济带已初步形成由铁路、公路、民航等方式组成的综合交通运输基本框架。

铁路方面，从我国新疆的阿拉山口和霍尔果斯铁路口岸换装出境，接哈萨克斯坦铁路，经阿斯塔纳（哈萨克斯坦）、莫斯科（俄罗斯），

---

① 《中亚矿业投资指南——乌兹别克共和国》，中国矿业网，2014 - 4 - 11. http://www. chinamining. org. cn/index. php？m= content&c= index&a= show&catid= 99&id= 8009.

② 《土库曼斯坦努力发展对外交通合作》，商务部网站，2014 - 7 - 11. http://tm. mofcom. gov. cn/article/jmxw/201407/20140700659468. shtml.

③ 《吉尔吉斯坦经济概况》，中国贸易促进网，2003 - 10 - 20. http://www. tdb. org. cn/news/21127.

到达欧洲波罗的海（赫尔辛基、鹿特丹），线路全长约 11 000 千米；还可经阿拉木图（哈萨克斯坦）向南，到达中亚、西亚、波斯湾、北非。通道内我国铁路为准轨（1 435 mm），中亚及俄罗斯为宽轨（1 520 mm），西亚、欧洲及北非（埃及）为准轨。

公路方面，在丝绸之路经济带上，自中国新疆、云南经公路口岸出境后，接入亚洲公路网，并分别在莫斯科、保加利亚与欧洲公路网相连通，可到达中亚、西亚、欧洲、北非、印度洋，中亚和中东欧国家公路均可连通但等级较低，中国—巴基斯坦喀喇昆仑公路北段局部路段近年受堰塞湖影响中断。

民航方面，丝绸之路经济带上与中国通航的有哈萨克斯坦的阿拉木图、阿斯塔纳、阿克秋宾斯克，吉尔吉斯斯坦的奥什、比什凯克，塔吉克斯坦的杜尚别、胡占德，土库曼斯坦的阿什哈巴德，乌兹别克斯坦的塔什干，巴基斯坦的伊斯兰堡、卡拉奇，印度的新德里、班加罗尔、金奈、加尔各答、孟买，孟加拉国的达卡、吉大港，缅甸的曼德勒、仰光，捷克的布拉格，匈牙利的布达佩斯。

2. 丝绸之路经济带主要通道建设

中国科学院地理所提出，按照纬度的高低来看，丝绸之路经济带在空间走向上可形成以亚欧大陆桥为主的北部通道、以石油天然气管道为主的中部通道和以跨国公路为主的南部通道。[①] 具体而言，北部通道大致沿着第二亚欧大陆桥铁路线，从中国新疆阿拉山口口岸出发，穿过阿斯塔纳（哈萨克斯坦），经叶卡捷琳堡（俄罗斯南部），再经过明斯克（白俄罗斯）进入北欧，通过华沙（波兰）直抵柏林（德国），进入西欧，最终抵达世界第一大港鹿特丹港（荷兰）。中部通道大致沿着中亚油气管道一线，从中国新疆伊尔克什坦口岸出发，经过吉尔吉

---

① 《全面解读"丝绸之路经济带"》，人民论坛网，2014 - 329. http://www.rmlt.com.cn/eco/caijingzhuanti/special/sichouzhilu.

斯斯坦、塔吉克斯坦、乌兹别克斯坦等中亚国家后抵达土库曼斯坦，沿着里海南岸，经伊朗、土耳其，抵达欧洲。南部通道大致沿着泛亚公路线穿过阿富汗、巴基斯坦等国，经伊朗进入西亚及波斯湾地区，然后经埃及进入北非。

3. 丝绸之路经济带铁路互联互通建设现状与存在问题

（1）建设现状

相比第一亚欧大陆桥①，第二亚欧大陆桥是丝绸之路经济带沿线国家铁路互联互通的主要方式。第二亚欧大陆桥东起中国江苏省连云港市，途经徐州、商丘、开封、郑州、洛阳、西安、宝鸡、天水、兰州、乌鲁木齐等城市，由中国新疆境内的阿拉山口口岸换装进入哈萨克斯坦、俄罗斯、白俄罗斯、波兰、德国，西至荷兰的鹿特丹港，全长 10 900 千米。第二亚欧大陆桥沿线较第一亚欧大陆桥无论是自然条件还是经济条件都要好，从运输距离上讲，第二亚欧大陆桥比第一亚欧大陆桥近 2 000 多千米，并且以此建立起了中国与中亚国家的联系。

2011 年 12 月 2 日，中国与哈萨克斯坦第二条铁路"霍尔果斯—阿腾科里"的开通，成为中国除阿拉山口铁路线以外的另一条向西的国际铁路线。自中国新疆霍尔果斯口岸换装后，经阿拉木图（哈萨克斯坦），塔什干（乌兹别克斯坦），马雷（土库曼斯坦），马什哈德、德黑兰（伊朗），到达伊斯坦布尔（土耳其），接入欧洲铁路网。渝新欧国际铁路联运大通道是在原新亚欧大陆桥的基础上进一步优化完善的国际物流大通道。渝新欧国际铁路从重庆西始发，经西安、兰州、乌鲁木齐，在中国边境阿拉山口口岸进入哈萨克斯坦，再转俄罗斯、白俄罗斯、波兰，至德国的杜伊斯堡，全程11 179千米。2012 年，这条国际大通道将继续西进，从德国的杜伊斯堡西延至比利时的安德卫普——整

---

① 第一亚欧大陆桥又称西伯利亚大陆桥，以西伯利亚铁路为主线，东起符拉迪沃斯托克（海参崴），西抵荷兰鹿特丹港。

整延长202千米，将欧盟总部所在国比利时与重庆直接相连。[1]

"丝绸之路经济带"主要国际铁路经过的国家及城市见表2-2。

表2-2 "丝绸之路经济带" 主要国际铁路经过的国家及城市

铁路名称	铁路经过的国家及城市
第二亚欧大陆桥	连云港—徐州—商丘—开封—郑州—洛阳—西安—宝鸡—天水—兰州—乌鲁木齐—阿拉山口—阿克斗卡（哈萨克斯坦）—阿斯塔纳（哈萨克斯坦）—叶卡捷琳堡（俄罗斯）—明斯克（白俄罗斯）—布列斯特（白俄罗斯）—华沙（波兰）—柏林（德国）—鹿特丹（荷兰）
渝新欧国际铁路联运大通道	重庆—西安—兰州—乌鲁木齐—阿拉山口—多斯特克（哈萨克斯坦）—伊列茨克（俄罗斯）—克拉斯诺耶（俄罗斯）—布列斯特（白俄罗斯）—马拉舍维奇（波兰）—杜伊斯堡（德国）—安德卫普（比利时）

(2) 存在问题

第一，铁路建设部分路段缺失，骨干通道不贯通。由于复杂的国际政治关系和国家的经济实力问题，丝绸之路经济带多数铁路存在道路缺失段，未能实现全线贯通。如中吉乌铁路（330千米）自20世纪90年代讨论至今仍未开建；中国—印度、中国—巴基斯坦、中国—吉尔吉斯斯坦、中国—阿富汗至今仍未实现铁路连通，"丝绸之路经济带"铁路的互联互通在经济带沿线所有国家中并未实现。

第二，铁路通道各段技术标准不一致、换轨复杂、运输效率低下。以第二亚欧大陆桥为例，大陆桥所通过的国家中，中国同德国、荷兰等欧盟国家的轨道标准为1 435 mm的准轨，俄罗斯和哈萨克斯坦等独联体国家的轨道标准采用1 520 mm的宽轨，列车在第二亚欧大陆桥通道内运行需经过多次换轨工作，增加了列车运行时间，运输效率低下。此外，印度、孟加拉及巴基斯坦等南亚国家的铁路轨道标准为

---

[1]《渝新欧国际铁路联运大通道》，渝新欧（重庆）物流有限公司官方网站，2015-3-6. http://www.yuxinoulogistics.com.

1 676 mm，伊朗、土耳其等国采用 1 435 mm 的准轨体系。从中国出境的货物运抵西欧目的地时，需要经过至少两次换装，货运运输成本高昂。[①]

第三，经济带沿线诸多国家经济落后，铁路等交通基础设施建设滞后。丝绸之路经济带沿线国家大多是经济欠发达国家，有些甚至处于极度不发达状态，例如阿富汗等。这些国家在本国的基础设施建设方面技术落后，建设所需资金远超本国经济实力，难以独立自主开展本国铁路等交通设施建设。同时基础设施投资回报率较低、回报周期过长，造成国际融资困难，现行多数项目建设缓慢或停滞。

第四，丝绸之路经济带铁路运输由欧洲返程的货源不足，空载率较高，列车盈利不足。除德国、荷兰等少数国家外，第二亚欧大陆桥现有客户主要集中在中亚地区的哈萨克斯坦和乌兹别克斯坦，但这些国家向东出口的货物中能源货物居多，大多依赖于管道运输，造成第二亚欧大陆桥的东行货物少，货运列车空载率高，列车盈利不足。

4. 丝绸之路经济带公路互联互通建设现状与存在问题

（1）建设现状

与丝绸之路经济带铁路的互联互通建设相比，公路互联互通建设成效更为显著。从中国国内公路网出发，向西可以延伸到中亚、西亚、欧洲大部分地区，"丝绸之路经济带"的公路网络已经基本成型。

北线公路：由中国新疆阿拉山口口岸出境，沿着 AH68、AH7、E30 等公路，经哈萨克斯坦、俄罗斯、白俄罗斯、波兰公路线进入西欧，穿过德国抵达荷兰。

中线公路：由中国新疆伊尔克什坦口岸出境，沿着 AH65、AH66、AH1 等公路经吉尔吉斯斯坦、乌兹别克斯坦、土库曼斯坦、

---

① 《中欧铁路货运货源不足运价高昂，返程跑空车》，网易财经网，2014 - 8 - 10. http：// money. 163. com/14/0810/21/A3AMPJVT00252605. html.

伊朗、土耳其接入欧洲公路网,经保加利亚、塞尔维亚、匈牙利、奥地利、捷克到达德国柏林。

南线公路:南线公路大致与中线公路相同,由中线公路抵达伊朗后,一条路可向西南方向经伊拉克抵达约旦后,穿过埃及到达北非;另一条路则经伊朗,沿着 AH72、AH75 等公路直抵波斯湾。

此外,哈萨克斯坦政府已开始设计和建设"中国西部—欧洲西部"公路,预计 2015 年全线开通。这条公路东起中国新疆霍尔果斯口岸,穿越哈萨克斯坦、俄罗斯进入欧洲,将成为连接亚欧的又一条公路干道。①

(2) 存在问题

一方面,现存公路网等级较低。在泛欧亚公路网中,与我国相邻的中亚、南亚等国家公路设施状况普遍较差,道路技术等级低,通行能力不足,有的公路仅相当于我国的县级公路水准。

另一方面,公路运输未形成统一通行标准。公路运输过程中,各个国家关于公路运输的制度法规并不相同,跨国公路运输在通过别国时往往会受到车辆荷载、污染物排放标准的限制,未形成多国统一的公路通行标准。

5. 丝绸之路经济带航空互联互通建设现状与存在问题

(1) 建设现状

同铁路、公路交通设施建设相比,丝绸之路经济带航空互联互通发展最为迅速。目前,丝绸之路经济带涉及的国家中有 28 个与中国签订双边协定,18 个国家的协定得到执行。丝绸之路经济带主要国家中,中国与俄罗斯的主要直飞航线有中国北京、广州、上海、乌鲁木齐直飞莫斯科和北京—圣彼得堡 5 条航线;中国与哈萨克斯坦已经建

---

① 《道路互联互通支撑丝绸之路经济带建设》,国际在线网,2014 - 3 - 14. http: //gb. cri. cn/42071/2014/03/14/6871s4464170. htm.

成乌鲁木齐—阿斯塔纳、乌鲁木齐—阿拉木图直飞航线；中国与塔吉克斯坦建成北京—杜尚别直飞航线；中国与乌兹别克斯坦建成北京—塔什干和乌鲁木齐—塔什干两条直飞航线；中国与吉尔吉斯斯坦建成北京—比什凯克直飞航线；中国与土库曼斯坦建成北京—阿什哈巴德和乌鲁木齐—阿什哈巴德两条直飞航线。在南亚方向上，中国同印度、巴基斯坦、孟加拉等国均已开通直飞航班，其中国内飞往印度的有北京、广州、上海直飞新德里和昆明直飞加尔各答的航班；中国与巴基斯坦有北京—伊斯兰堡直飞航线；中国与孟加拉有昆明—达卡直飞航线。此外，中东地区中，中国与伊朗、沙特、阿联酋等国也已建立起直飞航线；欧洲国家中中国与西欧主要国家普遍建成直飞航线，中东欧 16 国中已有 10 国与中国签订航空运输双边协定。

整体而言，丝绸之路经济带的航空交通网已经基本构建完毕，各个主要国家均已建立起直航线路，航空互联互通发展突飞猛进。中国的北京、上海、乌鲁木齐，俄罗斯的莫斯科，哈萨克斯坦的阿拉木图以及德国的法兰克福成为丝绸之路经济带航空互联互通中至关重要的航空节点，在沟通整个丝绸之路经济带航空的发展中地位突出。

（2）存在问题

一方面，中亚国家现有机场多建于苏联时期，机场配套设施较为落后，不能完全满足当前及未来民航发展的需求，且这些国家大多属于欠发达经济体，国家财力难以支持大规模的基础设施维护更新建设。

另一方面，当前中国同中东欧等地区的国家经贸交往发展程度较低，因而同这些国家的直飞航班开通较少，且已经开通的航班由于人员往来较少导致了直航航线运营困难较大。

6. 丝绸之路经济带电信互联互通建设现状与存在问题

（1）建设现状

随着互联网技术的发展，丝绸之路经济带核心区国家的互联网用户数均在逐年增加（如图 2-3 所示）。其中，哈萨克斯坦互联网用户数增长幅度最大，达到年均超过 50％的增长率；俄罗斯、中国、哈萨克斯坦 3 国的互联网用户数在近年来均超过世界同期水平，塔吉克斯坦、吉尔吉斯斯坦、乌兹别克斯坦和土库曼斯坦 4 国互联网用户数低于世界同期水平，土库曼斯坦的互联网用户数在 2013 年时仅占世界平均水平的25.17％，其互联网发展严重滞后。

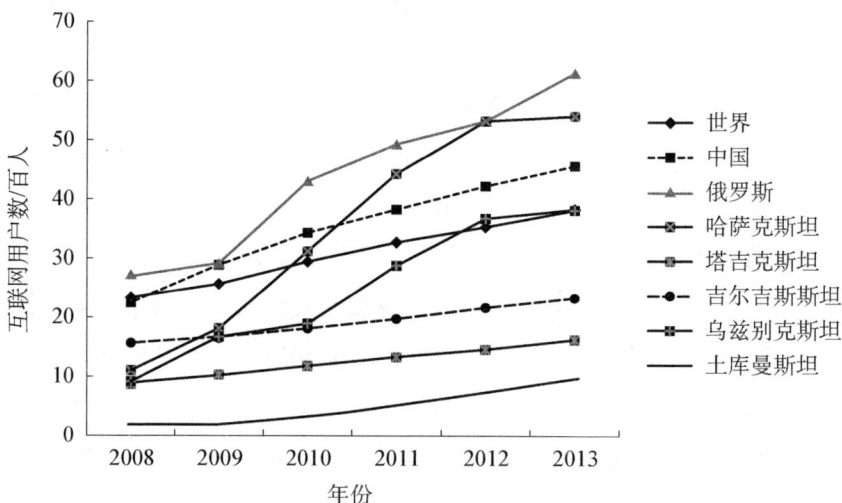

图 2－3　丝绸之路经济带主要国家历年互联网用户数①

　　在世界经济论坛发布的《2014 全球信息技术报告》② 中，哈萨克斯坦的网络就绪指数在独联体国家内居首位，排名第 38 位，俄罗斯排名第 54 位，中国排名第 62 位。③ 总体而言，以中国和俄罗斯为代表的新兴国家和发达经济体之间在信息化领域仍存在着巨大的"数字鸿沟"，不过这些国家正在努力迎头赶上。1992 年，由中国发起的亚欧陆地光缆（TAE）建设项目得到了沿途各国的积极响应。该光缆东起中国上海，途经中国南京、徐州、郑州、西安、兰州、乌鲁木齐等城市，并在中国霍尔果斯口岸向西出境经过哈萨克斯坦、吉尔吉斯斯坦、波兰、乌克兰等国家，最终抵达德国法兰克福，全长2.7万千米，是迄今为止全球最长的陆地光缆系统。[①] 1998年10月14日亚欧陆地光缆正式开通，成为丝绸之路经济带沿线国家之间电信互联互通合作开始的重要标志。2004年4月14日，中国首条大容量采用数字同步传输的系统（SDH）亚欧陆地光缆网络正式开通，这条陆地光缆全长7 500千米，从中国境内出发，经由蒙古国到达俄罗斯，并辐射延伸至多个欧洲国家，极大地推动了亚欧大陆网络信息的互联互通建设。[②]

在与中亚各国光缆直接连接方面，2007年中国与哈萨克斯坦正式开工铺设中国—哈萨克斯坦国际光缆互通工程国内延伸段传输系统工程，总长110千米，直接连接中国新疆库尔勒与和硕地区。2012年5月22日，中国电信集团与哈萨克斯坦电信公司在哈萨克斯坦就在中哈边境"阿拉山口-多斯托克"地区建设第二个光缆对接站签署协议，该协议的签署也成为中哈两国深化电信领域合作的又一里程碑；2009年，中国与吉尔吉斯斯坦铺设了首条中国—吉尔吉斯斯坦国际光缆，这也标志着中吉两国实现了电信领域的直接互联互通。

目前，除了亚欧陆地光缆外，中国同丝绸之路经济带沿线国家中俄罗斯、哈萨克斯坦、吉尔吉斯斯坦等国实现了直接的光缆连接，中国—印度、中国—巴基斯坦国际光缆也即将开通，中国同丝绸之路经济带各个国家在电信领域的互联互通也将变得更加畅通起来。

（2）存在问题

第一，丝绸之路经济带并未实现全区域覆盖的光缆连接。当前，

① 曹书贤：《欧亚陆地光缆全线开通》，《信息系统工程》，1998年第12期，第31页。
②《我国首条大容量欧亚陆地光缆网络正式开通》，新华网，2004 - 4 - 14. http://news.xinhuanet.com/newscenter/2004-04/14/content_ 1419616. htm.

中国尚未实现与部分周边国家及不相邻的第三国的光缆的连接，光缆过境仍存在国家间协调问题。目前仅仅建成欧亚陆地光缆主干线，并未实现覆盖全区域的信息光缆网。

第二，部分沿线国家电信基础设施建设薄弱。以中亚五国为核心的丝绸之路经济带沿线国家电信产业仍然处在初级阶段，电信网络基础设施建设薄弱，投资不足，电信普及率低，急需资金、技术进行电信网络投资。

第三，丝绸之路尚未实现统一的通信标准。丝绸之路经济带沿线国家电信网络技术标准不统一，协调困难，增加了电信网络互相衔接组网困难，信息传输效率低，信息传输成本高。

7. 丝绸之路经济带油气管道互联互通建设现状与存在问题

（1）建设现状

丝绸之路经济带沿线地区和国家油气资源储量十分丰富，中东、中亚及俄罗斯是最为主要的油气产区。从石油探明储量来看，中东地区石油储量约占世界总储量的一半，中亚-里海地区石油储量多达 328 亿吨，约占世界石油储量的 8％，俄罗斯的石油储量约占世界石油储量的 6％；从天然气储量来看，丝绸之路经济带沿线国家中俄罗斯、伊朗及土库曼斯坦等国天然气资源储量最为丰富，2012 年俄罗斯天然气探明总储量达 68.4 万亿立方米，占世界总储量的比重达 25％以上，伊朗和土库曼斯坦的天然气资源世界排名也分别位居第 2 位和第 4 位。但与此同时，丝绸之路经济带沿线油气资源产区和消费区严重不匹配，其主要的消费市场集中在西欧以及东亚、东南亚地区，且这些地区石油加工能力较强，丝绸之路经济带沿线国家的能源合作潜力巨大。

中国与中亚国家合作领域最深的是能源领域。在中国与俄罗斯及中亚三国油气管道开通之前，主要通过公路与铁路运输石油和液化天然气。从 2004 年开始，俄罗斯沿铁路向中国供油大约为 640 万吨，2006 年则超过 1 500 万吨，并有通过铁路运输扩大运油数量的趋势。

自油气管道规划、建设和通气之后，这种局面得到了一定改善，未来管道运输将成为中国从俄罗斯及中亚国家油气进口主要的运输方式。

目前，中国已经建成的跨国油气管道共有四条，分别为：中哈石油管道、中国—中亚天然气管道、中俄原油管道、中俄天然气管道（详见表 2 - 3）。

中哈石油管道： 中哈石油管道西起里海的阿特劳，途经阿克纠宾，终点为中哈边界阿拉山口，全长 2 798 千米，分三期工程：前期工程阿特劳—肯基亚克段，长 448.8 千米，2003 年底建成投产，年输油能力为 600 万吨。一期工程阿塔苏（哈萨克斯坦）至阿拉山口（中国）段，长 962.2 千米，2006 年 7 月投入商业运行。二期一阶段工程肯基亚克至库姆科尔段，长 761 千米，2009 年 10 月投入商业运营，至此实现哈萨克斯坦西部到中国新疆的全线贯通；二期二阶段是对全线的站场进行改扩建，2015 年底中哈石油管线达到 2 000 万吨/年的输油能力。中哈原油管道自投产以来，已经累计向中国输油超过 7 000 万吨。①

中国—中亚天然气管道： 中国—中亚天然气管道是中国修建的第一条跨国长输天然气管道，共分为 A、B、C、D 四线，四线并行，单线长 1 833 千米，起于阿姆河右岸的土库曼斯坦（188 千米）和乌兹别克斯坦边境的格达伊姆，经乌兹别克斯坦中部（525 千米）和哈萨克斯坦南部（1 293 千米），由新疆霍尔果斯口岸进入中国境内，成为中国"西气东输二线"工程的一部分。当前 A、B、C 三线已经全面投产运行，到 2015 年末将会实现 550 亿立方米/年的输气能力，而 D 线建设工作正稳步向前推进。

中俄原油管道： 中俄原油管道起自俄罗斯远东原油管道斯科沃罗

---

① 《中亚油气管道点亮丝路经济带》，《经济参考报》，2014 - 11 - 17. http://jjckb.xinhuanet.com/2014 - 11/17/content_527523.htm

季诺分输站，从漠河进入中国至大庆末站，全长 999.04 千米，俄罗斯境内为 72 千米，中国境内为 927.04 千米，2011 年 1 月开通。合同期为 20 年，年供原油能力为 1 500 万吨，并在双方协议下，可增至 3 000 万吨。[①]

中俄天然气管道： 中俄天然气管道分为东线和西线，东线是从俄罗斯东西伯利亚科维克金气田（伊尔库兹克）—赤塔—布里亚特—北京（终点），合同期 30 年，预计到 2018 年供气，供气能力为最大 380 亿立方米/年；西线是从俄罗斯西西伯利亚克拉斯诺亚尔斯克戈尔诺—阿尔泰斯克—新疆轮南，全长 2 800 千米，最终和中国的"西气东输"管道连接到达上海，供气能力为 300 亿立方米/年。

2014 年的亚信峰会期间，中国与吉尔吉斯斯坦、塔吉克斯坦分别签署《成立落实两国间关于中吉天然气管道建设运营合作协议的协调委员会谅解备忘录》《关于成立实施中塔天然气管道项目管理委员会协议》。这些协议的签署，开启了中国与吉尔吉斯斯坦及塔吉克斯坦能源合作的大门。

表 2-3　丝绸之路经济带重要跨国石油天然气管道

名　称	长度/千米	类　型
里海沿岸石油管道（哈萨克斯坦）	1 580	石　油
巴库—第比利斯—杰伊汉管道（阿塞拜疆—格鲁吉亚—土耳其）	1 768	石　油
中国—哈萨克斯坦原油管道	2 798	石　油
中国—俄罗斯原油管道	999	石　油
俄罗斯—土耳其天然气管道	1 213	天然气
阿拉伯天然气管道	1 200	天然气
中亚—中国天然气管道	1 833	天然气

资料来源：清华大学中国与世界经济研究中心网站，http：//www.ccwe.tsinghua.edu.cn.

---

① 《中俄原油管道正式投产输油》，搜狐新闻，2011-1-1.http：//news.sohu.com/20110101/n278633950.shtml.

作为石油和天然气生产的重要产地，管道运输在中亚五国和俄罗斯占据着重要地位。目前，哈萨克斯坦境内已建成并投入运营的石油运输管道总长达 11 000 千米（包含中哈原油管道 2 798 千米）；土库曼斯坦的油气管道以天然气为主，建设长度约为 8 000 千米，其中包含出口的天然气管道 5 条，输油管道 280 千米；乌兹别克斯坦的天然气管道运营里程位居中亚五国之首，总长超过 13 000 千米的输气管道能够实现 550 亿立方米的输气能力，这不仅能满足本国的天然气出口运输需求，还能确保土库曼斯坦的天然气过境运输。2011 年 6 月 30 日，中亚"西气东输"二线东段工程在广州竣工，标志着这条总长度超过 10 000 千米，世界最长的天然气管道全线贯通，这也成为丝绸之路经济带沿线国家加强能源互联互通建设的一个里程碑事件。

（2）存在问题

第一，现有部分油气管道使用超限，运力低下。作为苏联的加盟国，中亚五国的油气运输管线多是在 20 世纪修建，许多管线使用时间已经达到了其设计寿命，实际运力远低于设计运输水平，新的大口径大容量油气管道建设迫在眉睫。

第二，产油国的油气管道尚未实现全面贯通。当前，中亚五国尚未实现与包括伊朗、伊拉克等中东油气生产大国油气管道的全面贯通，丝绸之路经济带也并未实现亚欧大陆能源富集地的能源互联互通，管道运输优势仍未全面发挥。

8. 丝绸之路经济带电网互联互通建设现状与存在问题

（1）建设现状

中亚地区拥有丰富的水力、煤炭等发电能源资源，发电潜能十分巨大。其中吉尔吉斯斯坦和塔吉克斯坦两国以水电为主，吉尔吉斯斯坦水电开发总潜力达 1 421 亿 kW·h，水电占其全国总装机的 80％；塔吉克斯坦可实际开发的水电发电量约为 2 635 亿 kW·h，位居世界第 8 位，水电装机容量占全国总装机的 94％。哈萨克斯坦发电以火电为主，占到本国总装机容量的 88% 左右，水电装机则仅占 10%。除此之外，土库曼斯坦以天然气发电为主，预计到 2020 年，中亚地区的总装机容量将达到 8 100 kW，成为丝绸之路经济带中十分重要的电力供应基地。

中亚五国现行的电网系统是基于苏联的电网系统改建而成的，沿纬度由低到高呈现长链分布，主电网运行电以 500 kV 和 220 kV 为主。自中亚国家 20 世纪 90 年代相继独立以来，中亚五国的电网互联功能得到削弱，尤其是 2003 年 5 月后土库曼斯坦断开同乌兹别克斯坦的 500 kV 和 220 kV 电网连接，中亚地区的电网连通作用进一步弱化。[①] 哈萨克斯坦的电网系统在中亚五国中建设情况较好，由哈国国家电网公司直属的 110 kV 以上高压输电网共计拥有 2.44 万千米（1 150 kV 总长 1 420 千米，500 kV 总长 6 420 千米，220 kV 总长 1.6 万千米，110 kV 总长 560 千米），但是哈国的电网却存在着国内分布不均、三大区域电网不能实现相互连接的问题。哈萨克斯坦现有的国内三大电网系统中，包括阿拉木图市在内的哈南部地区电网与塔吉克斯坦、土库曼斯坦、乌兹别克斯坦的电网组成中亚电力联合系统；包括阿特劳州在内的哈西部地区电网则与俄罗斯电网相连；而集中哈 70% 以上电力装机容量的东部和北部地区则拥有独立的电网系统。

截至目前，吉尔吉斯斯坦拥有 110 kV 以上的输电线路 6 600 余千米，35—500kV 的变电站 495 个，总变电容量 10 368 MW。[②] 2012 年 8 月 1 日，中国特变电工股份有限公司在吉尔吉斯斯坦承建的该国南北输变电大动脉工程"达特卡至克明 500 kV 输变电"项目正式开工，该

---

① 姚建刚，唐捷，李西泉等：《发电侧电力市场竞价交易模式的研究》，《中国电机工程学报》，2004 年第 5 期，第 78—83 页。

② 吉尔吉斯斯坦能源简介，中华人民共和国国土资源部网站，2010‐8‐29. http://www.mlr.gov.cn/zljc/201008/t20100828_754253.htm.

项目建成后将极大缓解吉尔吉斯斯坦南部电力极度匮乏的状况；[①] 同哈萨克斯坦情况极为类似，塔吉克斯坦由于国内地形阻隔，全国电网被分为杜尚别至瓦赫什南部电网、索格德北部电网和巴达和尚自治州电网三大地区电网，且互不相连，各自负担当地的电力供应。[②] 2009年9月8日由中国特变电工股份有限公司承建的塔吉克斯坦500 kV国家主电网工程顺利竣工，使得塔吉克斯坦告别了没有国家独立电网的历史，同时也将缓解塔国南部冬季枯水期电力紧张问题，提高全国输变电效率。[③] 土库曼斯坦现有多条输变电线路，110 kV以上主输电线路总长度10 349千米，其中110 kV输电线总长度7 600千米，220 kV输电线总长度2 000千米；500 kV输变电线路共有两条：马雷—卡拉库尔（370千米）和谢津—达绍古兹（379千米），合计749千米。[④] 乌兹别克斯坦的电网系统在中亚地区的电网中发挥着关键作用，一方面乌国的发电设备占到中亚地区电力总装机容量的50%；另一方面乌国的输电线路总长接近24万千米，同其余中亚四国的电网都有连通，在中亚地区的电力调配中起到了中转站的关键作用。在2009—2014年的6年间，乌兹别克斯坦总投资约37亿美元，对本国的37个电力设施进行改造和重建，当前已经有6处大型电网改造完成，12处仍处在施工建设当中。

中国与俄罗斯的电力合作起源于20世纪90年代。1992年7月1日，从俄罗斯布市到中国黑河的输电线路正式合闸送电；1996年7月

---

① 《中国与中亚国家或加强电网建设合作新疆将成落脚点》，新疆能源网，2012 - 9 - 10. http: // xjny. ts. cn/content/2012 - 09/10/content_ 7222580. htm.

② 《塔吉克斯坦电网现状及未来规划》，国际电力，2005 - 12 - 8. http: // www. chinapower. com. cn/newsarticle/1027/new1027422. asp.

③ 《塔吉克斯坦拉赫蒙总统按下送电电钮，特变电工总承包的500 kV输变电工程提前一年正式投运》，中国电力网，2009 - 9 - 9. http: //www. chinapower. com. cn/companyproduct/ viewenterprisenews. asp? newsid= 1000040864.

④ 《土库曼斯坦能源简介》，中华人民共和国国土资源部网站，2010 - 7 - 16. http: // www. mlr. gov. cn/zljc/201007/t20100716_ 154954. htm.

20 日，中俄第二条跨国输电线"锡十"线（俄罗斯锡瓦基至中国大兴安岭十八站）正式投运送电。2006 年 3 月 21 日，中国国家电网公司与俄罗斯统一电力系统股份公司签署了《中国国家电网公司与俄罗斯统一电力系统股份公司关于全面开展从俄罗斯向中国供电可行性研究》的协议，预计到 2015 年底俄罗斯向中国供电量将达 380 亿kW·h。[①]

从表 2－4 中可以看出，2009 年中国电力生产同电力消费已基本持平，而中亚五国和俄罗斯国家仍有相当数量的电力剩余。2013 年，中国用电量已达到 5.3 万亿 kW·h，电源装机增长到 12.5 亿 kW，成为全球电力装机规模最大的国家，同时近年中国的电力需求也继续保持一个较高的增长速度。从当前中国改善能源消费结构的基本面来看，中国不仅要从俄罗斯和中亚地区进口石油、天然气等一次能源，还需要加大清洁电力的引进力度，以实现能源的清洁、低碳和可持续发展。中亚与中国电力联网将具有显著效益。实现中亚与中国西北地区电力联网，可充分发挥电网的资源优化配置功能。塔吉克斯坦和吉尔吉斯斯坦与中国新疆接壤，两国水电装机比重高、夏季电量富余、冬季电量短缺，而中国西北电网以煤电装机为主，与中亚电力联网，尤其是与塔、吉两国电力联网，可实现冬夏季间的跨国水火互济，提高清洁能源利用水平，促进区域节能减排。

表 2－4　2009 年丝绸之路经济带核心区国家总发电量和耗电量

	中国	俄罗斯	哈萨克斯坦	塔吉克斯坦	吉尔吉斯斯坦	乌兹别克斯坦	土库曼斯坦
总发电量/亿 kW·h	37 000	9 900.45	787.1	161.27	111	499	159.8
人均耗电量/kW·h	2 631.4	6 132.98	4 448.07	1 985.29	1 385.77	1 635.91	2 445.94

---

① 何靖华：《中俄两国电力经贸合作思考》，《北方经贸》，2015 年第 2 期，第 127—129 页。

（续表）

	中国	俄罗斯	哈萨克斯坦	塔吉克斯坦	吉尔吉斯斯坦	乌兹别克斯坦	土库曼斯坦
人口总量/亿人	13.57	1.43	0.170 375	0.067 834	0.053 833	0.277 674	0.049 797
总耗电量/亿 kW·h	35 708.1	8 770.161	757.839 9	134.670 2	74.600 16	454.249 7	121.800 5

数据来源：《全球宏观经济数据》，新浪财经，2015-1-2. http：//finance. sina. cn/worldmac.

（2）存在问题

第一，中亚国家现有供电网络仍然遗留着苏联时期的格局，哈萨克斯坦、塔吉克斯坦等多国并未建立起本国独立的国家电网，国家内部仍是分地区供电，未形成全国供电协调机制。

第二，中亚国家现有电网系统电力传输技术工艺落后，电网老化，电力输送损耗大，效率低下。其中电力输送运载损耗占总损耗比例高达50%以上，电力网络急需优化升级。

第三，中亚统一电网系统不能适应现有中亚国家之间的电力协调与供给，中亚国家之间仍存在着很大的供电矛盾，需要建设新的跨国和国际输电线路。

第四，中亚国家中现有的电力产能无法满足当前和将来经济社会发展所需的电力消费需求，这需要建设新的电力基础设施。

第五，中俄、中国与中亚之间在电力领域的贸易规模小，跨国输电系统输电能力有限，电力合作仍停留在核电和水电等很小的领域。

（三）丝绸之路经济带基础设施建设实施方案探究

1. 设施建设，资金先行

丝绸之路经济带沿线国家中发展中国家居多，基础设施建设水平普遍较差，提升空间很大，但这些国家经济较为落后，并无足够的财力支撑大规模的道路交通和信息、能源设施等基础设施建设。对此，应寻求各种国内外的资金来源，建设资金池，支持丝绸之路经济带基础设施的建设。一是要充分利用好丝路基金、亚洲基础设施开发银行的建设资金，同时金砖国家及上合组织成员国也应积极磋商加快金砖国家开发银行及上合组织开发银行的运营和筹建工作；二是积极探索共同出资建设基础设施、共同受益的资本运作新模式；三是要积极引入社会资本参与丝绸之路经济带的基础设施建设，以债权、股权等形式吸引民间投资；四是要积极推动丝绸之路经济带沿线国家双边本币结算，在适当时机推动丝绸之路经济带多边结算体系，并扩大各国货币互换规模，深化丝绸之路经济带沿线国家的金融合作，为加快基础设施建设提供更为便捷的金融服务。

2. 积极筹组"亚欧第二大陆桥国际货物联运公司"

在实际运营中，由于在轨时间长、运费高等问题，亚欧第二大陆桥同亚欧第一大陆桥以及海运相比劣势明显，运营效率低下。筹建多国联合经营的"亚欧第二大陆桥国际货物联运公司"是提高大陆桥运营效率的有效手段之一。建议由中国、哈萨克斯坦、俄罗斯联邦、白俄罗斯、波兰、德国和荷兰等亚欧第二大陆桥过境国为主要股东，吸纳吉尔吉斯斯坦、乌兹别克斯坦等其他中亚国家为成员股东，共同组建"亚欧第二大陆桥国际货物联运公司"，具体负责大陆桥的运输业务，实施一次付款、一票到底式的新型运营方式，简化报关、代理等中间环节，从而达到提高运输效率、降低运输成本的目的。

3. 抓住关键工程建设

当前，丝绸之路经济带沿线道路、油气管道、电网、光缆等基础设施运行效率不高，尚未实现全域的互联互通，关键在于关键路段和关键工程建设的不完善。对此，应重点加快部分区域关键部位的基础设施建设，加快"丝绸之路经济带"基础设施的互联互通。在铁路建设领域，加快推动中吉乌铁路、中国—印度、中国—巴基斯坦、中国—阿富汗等国家的铁路规划和建设，实现中国到南亚、西亚的铁路贯通。在能源设施建设领域，一方面要加快中亚国家与伊朗、伊拉克等油气生产大国的油气管道连通，以实现从波斯湾经中亚、中国西部到中国东部的油气贯通；另一方面要改造升级中亚国家的现有供电网络，规划设计新的中亚跨国供电系统，推进中国与中亚国家尤其是吉尔吉斯斯坦、塔吉克斯坦两国的电网连通，实现电力资源跨季节调配。在光缆等信息设施建设方面，加快推进中国—乌兹别克斯坦、中国—塔吉克斯坦、中国—土库曼斯坦等陆上邻国的光缆连接，加快中国—中亚—西亚—北非的光缆连通，以实现亚洲东部与西亚、北非的陆上光缆直接连接。

4. 统一基础设施设计标准，提升设施技术水平

实现第二亚欧大陆桥全路段轨距的标准化、一致化，是解决第二亚欧大陆桥运输效率低下的一个重要的手段。在不改变中亚国家及俄罗斯等独联体国家 1 520 mm 宽轨系统的情况下，充分利用原有车站、货物集散中心、维修站等设施，在第二亚欧大陆桥的中段路线中新修 1 435 mm 的标准宽度铁轨，实现第二亚欧大陆桥全线 1 435 mm 的准轨线路运营，同时中国要加快同哈萨克斯坦修建霍尔果斯口岸—阿拉木图的准轨铁路协商和谈判，早日实现阿拉木图—比什凯克—塔什干—阿什哈巴德的准轨铁路的通车。其次，第二亚欧大陆桥的中间段及中亚国家、俄罗斯的东部铁路要加快电气化升级，完善车站、维修站等铁路配套设施；筹划建设亚欧高速铁路，大大缩减从太平洋西岸到大西洋东岸的运输时间。

三、 丝绸之路经济带制度互联互通研究

（一）铁路交通运输领域

1. 现状描述

道路交通方面的互联互通是建设"丝绸之路经济带"的重要前提和有效保障。目前，连通欧亚大陆的铁路交通主要有三条：第一亚欧大陆桥以俄罗斯的符拉迪沃斯托克（海参崴）为起点，经过西伯利亚铁路，最终到达欧洲的鹿特丹港。第二亚欧大陆桥以我国的连云港为起点，经过欧亚国家，最终到达欧洲的鹿特丹港。第三条欧亚之间的大通道是 2013 年才正式开通的"渝新欧"铁路。第二条亚欧大陆桥本来被寄予厚望，但是由于协调不力和制度方面的原因，一直没有发挥其应有的作用。第三条欧亚之间的大通道相比第二亚欧大陆桥有了很大的改进，其特点是该线路虽然要穿越欧亚多个国家，但是一次性就可以完成申报、查验和放行等方面的工作，并且中途不需要调运换装，这大大提高了运输的效率和安全性，为欧亚之间的货物流通提供了一条快捷的国际通道。不仅如此，2012 年武汉开通的"汉新欧"国际班车、2013 年成都开通的"蓉欧"国际班车，以及 2013 年底西安开通的"长安号"国际班车都为欧亚之间开辟了新的国际货运铁路物流通道。此外，还有多条丝绸之路经济带的铁路在规划或建设之中，将为欧亚之间的沟通交流提供更加丰富的选择。

2. 存在问题

第一，欧亚之间运输线路的通关手续十分复杂，提升了运输成本，导致铁路运输的竞争优势下降。欧亚各国的通关制度会对欧亚之间铁路运输的成本和所需要的时间产生巨大的影响。俄罗斯为了保护其国内的第一亚欧大陆桥在国际铁路运输上的竞争优势，实行贸易保护主

义，对第二亚欧大陆桥采取不同于其国内第一亚欧大陆桥的待遇，这使得第二亚欧大陆桥的通关手续要比第一亚欧大陆桥复杂得多，收费标准也大大超过第一亚欧大陆桥，运输成本和运输时间大幅度增加。再加上沿线各国的腐败问题十分突出，海关人员对过境列车经常勒索卡要，导致国际运输线路上存在大量的灰色成本。[①] 正是由于这些因素的存在，导致第二亚欧大陆桥的运输时间和成本存在诸多的不确定性，其竞争力也大大下降。

第二，国际铁路沿线各国在铁路交通运输方面的法律规章制度存在很大差异，协调难度大大增加。跨国物流运输涉及许多方面，而每一个国家都有一套关于交通工具、通关以及检验检疫方面的法律规章制度，这些制度之间不可避免地会存在一些矛盾和冲突，从而影响国际物流运输的效率。此外，第二亚欧大陆桥沿线的国家并没有签署统一的国际货物运输条约。[②] 由于没有统一的多边条约，难以运用统一的规则，通关手续和通关程序大大增加，物流成本不断提高。

3. 解决对策

第一，丝绸之路经济带沿线各国要加强信息交流，建立信息共享平台，积极推动多边统一条约的签署。及时进行信息的交流共享是国际物流通道畅通的必要保障，目前"丝绸之路经济带"交通物流领域涉及的法律主体、法律关系以及法律规则纷繁复杂，条约公约众多，并且各国加入的是不同的公约，协调难度巨大。最优的解决办法是丝绸之路经济带各国签订统一的多边协议，建立统一的规则，但是这种方法在短期内难以实现。当前各国能做的就是加强信息的沟通交流，搭建高效便捷的信息共享平台，不断增强各国政策制度的透明度，促进各国加强合作，逐步推进某些方面规则制度的统一，为最终达成全

---

① 罗钢：《"丝绸之路经济带"建设中交通物流制度协同与推进探讨》，《开发研究》，2014 年第 2 期，第 45—49 页。

② 陈云东：《第三亚欧大陆桥构建的法律思考》，《学术探索》，2008 年第 2 期，第 67—71 页。

面统一的多边协议铺平道路。

第二，丝绸之路经济带沿线各国要建立并不断完善纠纷解决机制。丝绸之路经济带沿线国家制度不一、利益不同，在交通运输线路的建设和运营过程中不可避免地会产生矛盾纠纷。如果没有一个高效快捷的纠纷解决机制，没有一个公平正义的司法环境，那么一旦出现矛盾，则会对各国之间的合作产生巨大的阻力。因此，建立争端解决制度是"丝绸之路经济带"交通物流顺畅以及经济合作的重要保障。只有这样才能逐步消除国家之间的贸易障碍，减少不必要的相互猜忌，促进丝绸之路经济带的发展。

（二）贸易投资领域

1. 现状描述

中国与中亚国家之间经贸合作具有很强的互补性。从贸易结构方面来看，中亚国家的产业结构普遍比较单一，出口的商品大多数是能源、矿产资源和农副产品。中国出口到中亚国家的商品则显得较为均衡，不仅有大型的机械设备和劳动力密集型产品，而且还有部分高科技产品。由此可以看出，中国与中亚国家在资源禀赋、比较优势产品上具有较强的互补性。自新亚欧大陆桥开通以来，中国与中亚的经贸合作发展迅速，在贸易结构和贸易层次上都有较大的改善。2013年中国与哈萨克斯坦、土库曼斯坦、乌兹别克斯坦、吉尔吉斯斯坦以及塔吉克斯坦等中亚国家之间的贸易额达到502亿美元。[1] 中国成为哈萨克斯坦、土库曼斯坦最大的贸易国。同时，中国成为乌兹别克斯坦、吉尔吉斯斯坦第一大投资国，塔吉克斯坦第二大投资国。[2] 中国与中亚

---

[1] 《中国统计年鉴2014》，中国统计出版社，2014年。

[2] 惠宁，杨世迪：《丝绸之路经济带的内涵界定、合作内容及实现路径》，《延安大学学报》（社会科学版），2014年第4期，第60—66页。

国家在经贸合作方面取得的巨大成就，在一定程度上推动了中国西部地区经济的快速发展。

中国与欧洲国家之间的经贸合作具有坚实的基础。欧洲国家具有先进的技术、突出的创新能力，处于产业链的高端。中国经济快速发展，经济实力不断提升，再加上中国拥有十分广阔的市场，并且当前正面临经济结构调整升级的巨大压力。因此，中欧之间经贸合作基础广泛。自中欧建立全面战略合作伙伴关系以来，中国与欧洲国家的经贸合作规模不断扩大。2013 年中国与欧洲国家的贸易额达到 7 811 亿美元，[①] 成为彼此的重要贸易伙伴。

20 世纪 90 年代以来，中国与中亚及相关国家签订了一系列的法律文件，内容涵盖了经济贸易、投资保护等方面的内容。在经贸合作机制方面也取得了一定的进展，目前设立的合作机构主要有中哈政府间经贸和科技合作委员会、中哈合作委员会、中吉政府间经贸合作委员会、中乌政府间经贸合作委员会以及中土政府间经贸合作委员会等，这为中国与中亚国家进行经贸合作提供了良好的平台。[②] 这些法律制度与合作机制平台的建设，为丝绸之路经济带国家间的经贸合作提供了法律基础和制度保障。

2. 存在问题

第一，中国与相关国家签署的法律条文内容简单、陈旧过时并且约束力不强。20 世纪 90 年代中国与中亚国家之间签订的经贸协定，其主要目的是在进出口商品、关税以及办理其他海关手续方面相互给予最惠国待遇。但是，目前中国以及一些中亚国家已经加入了世界贸易组织，另一些国家也在积极谈判为入世做好准备，因此，中国与中亚国家签署的条约中关于最惠国待遇方面的内容就没有存在的必要性，

---

① 《中国统计年鉴 2014》，中国统计出版社，2014 年。
② 吴宏伟：《中国与中亚国家政治经济关系：回顾与展望》，《新疆师范大学学报》，2011 年第 2 期，第 39—46 页。

并且大多数条约内容简单、缺少实施和执行方面的内容，导致达成的协议难以落实。此外，缔约方的行为缺少法律约束力，各国在遵守和履行条约规定的义务方面有较大的自由空间。[①]

第二，丝绸之路经济带沿线国家的法律制度差异较大，政策法规存在多变性，执法环境较差。中亚地区各国的法律法规繁多，缺乏透明性、连贯性和可预见性。在这些国家，总统令、内阁文件常常会代替法律制度对经济活动进行干预。这种法律制度和政策法规的多变性对经贸合作产生了十分不利的影响。在办理工作签证制度方面有许多的限制，对外国员工提出了受教育水平、工龄、工作经验等方面的要求，并且劳务许可证的办理审批手续十分繁杂，这会增加双方合作的成本，对各国企业之间的交流形成障碍。在投资方面，各国制定了对外资严格的审批制度。不仅对外资设立各种市场准入门槛和经营上的苛刻条件，而且政府有很大的权限可以对私人投资和其财产进行征收，企业的投资风险很大。

3. 解决对策

第一，要加强政府间政策法规的沟通交流，继续加强经贸合作。一国的法制水平与其国内的政治、经济、社会环境密切相关，在短时间内不会有太大的变化。因此，我们需要对这些国家的政策法规、法律制度进行跟踪分析，加强政府部门之间的谈判交流，逐步改善现状；推进区域内在关税互惠、资金和信息领域的合作，逐步建立区域经贸合作机制，为区域内逐步消除贸易投资壁垒打下基础。

第二，中国要在区域条约谈判中发挥主导作用，推动各国制定约束力较强的国际条约。约束力较强的国际条约，可以在短时间内削减国家间经贸合作的制度壁垒，对于改善各国的法制环境发挥重要的作

---

① 袁利华：《"丝绸之路经济带"次区域经济合作法律保障探析》，《兰州商学院学报》，2014 年第 4 期，第 28—35 页。

用。与此同时，要建立国际条约的实施机制，真正发挥条约的实际效力。设立监督各国实施条约的专家委员会，督促各国履行义务，发现条约实施过程中的困难和问题，并商讨各国解决问题的对策。

（三）技术交流合作领域

1. 现状描述

在经济发展的过程中，科技进步所发挥的重要作用逐渐凸显。随着丝绸之路经济带建设的逐步深入，相关各国将有更多的机会在科技领域进行交流合作。近年来，中国与亚欧国家在科技领域的合作交流发展迅猛。在科技部的支持下，新疆启动了中国-中亚科技合作中心，该项目内容涉及科技信息交流、技术输出、学术交流、人才培训等诸多方面，建成后将会对中亚地区国际科技合作发挥重要作用。2011年，首届"中国—亚欧博览会科技合作论坛"在中国新疆召开，这成为中国与亚欧各国进行科技合作与交流的重要平台。[1] 在农业科技合作领域，相关国家各有优势和不足，技术交流合作空间较大。在能源科技合作领域，中方具有明显的优势，中亚各国则拥有丰富的能源资源；中方向中亚各国提供技术，中亚各国向中国提供能源，双方的能源科技合作极具意义。在气候环境科技领域，改善恶劣气候、保护环境是中国与中亚国家面临的共同挑战，并且中国与中亚国家在改善气候和保护环境方面签订了一系列的规则和协议，明确表达了加强气候环境领域的科技合作和共同应对挑战的决心。[2] 欧盟拥有先进的科技和强大的创新能力，中国进口的技术和设备很多都来自欧盟，随着

---

[1] 惠宁，杨世迪：《丝绸之路经济带的内涵界定、合作内容及实现路径》，《延安大学学报》（社会科学版），2014年第4期，第60—66页。

[2] 马莉莉，任保平：《丝绸之路经济带发展报告2014》，中国经济出版社，2014年，第502—505页。

"丝绸之路经济带"的建设，中国将与欧盟在信息技术、生物技术、清洁能源技术、能源开发技术、高科技制造业技术等诸多方面加强合作。

2. 存在问题

第一，中国与中亚之间的技术交流合作还比较少，缺乏政策支持。中国与中亚国家在技术交流上取得了一定的成就，但是总体来看，双方的技术交流合作的规模仍然比较小，大多是一些小项目，大型技术合作项目比较缺乏，并且技术交流合作的效益较差。双方的技术交流合作缺乏政策支持，没有进行合理规划，技术的交流合作也没有针对性，并且由于双方的政策多变，缺乏一致性和连贯性，导致有些政策之间产生冲突，技术的交流合作也就难以顺利进行。

第二，中国与中亚国家的技术交流合作机制不完善，技术交流形式较单一。中国与中亚国家进行技术交流与合作的形式基本以科技考察和学术会议为主，技术交流合作的力度不够深入，深层次的交流合作十分有限，自然技术交流合作的效益不高。中亚国家的法律制度普遍不完善，导致中国与这些国家的技术交流合作机制不完善，技术交流合作不规范。没有良好的技术交流合作机制，许多合作项目无法顺利展开，大大增加了双方进行技术交流合作的阻力，并且各国政策前后不一、标准不同，大大限制了双方交流合作的空间。

3. 解决对策

第一，增加技术交流合作的广度和深度。中国与中亚国家的技术交流合作应该更多关注交通、教育、通信、基础设施等非资源、社会民生领域的合作。拓展该区域在公路、铁路、通信、信息和电力等基础设施方面的技术交流合作。加大在信息、生态、通信和化工领域的投入，挖掘高科技领域的合作空间，促进双方技术交流合作项目的发展和提升。另外，双方要建立联合实验室与研发中心，设立共同的目标，整合双方的优势资源，实现人才、资本、技术的高效整合，以此来共同解决面临的技术难题，提高劳动生产率和科技竞争力。

第二，充分发挥政府的引导作用，加强制度合作，推动合作机制的完善。政府是技术交流合作的重要推动力量。因此，政府应该从双方的长远利益和共同利益出发，制定长远的战略性发展规划，通过上海合作组织等区域性组织对各国政府加强引导，规范其行为，保障技术交流合作顺利展开。此外，还要借鉴其他区域先进的合作机制，不断修补现有合作机制的漏洞，促进技术交流合作机制的不断提升和完善。最后，还要善于运用国际法律制度，充分发挥国际法律的约束力，促进技术交流合作机制的规范化与国际化。[①]

（四）人文交流领域

1. 现状描述

总体来看，我国与丝绸之路经济带沿线国家高层交往密切，民间交流频繁，人文合作交流领域日益扩大，合作平台不断拓展深化，合作机制不断完善，发展前景广阔。

政府是推动人文交流的主力军。2013 年中国与中亚国家都签署了建立或深化战略伙伴关系的联合宣言，对人文合作做出了战略部署和规划。2013 年在塔吉克斯坦总统访华期间，中国与塔吉克斯坦签署了《中华人民共和国和塔吉克斯坦关于建立战略伙伴关系的联合宣言》（简称《联合宣言》）。《联合宣言》指出，人文合作对于加强中塔友谊具有十分重要的意义，双方将会在文化、教育、旅游、卫生和体育等方面进一步加强交流与合作，扩大新闻媒体、学术机构、文艺团体和青年组织的交流来往，并且还指出双方将互相举办"文化日""文化节"等活动。随后中国国家主席习近平在访问中亚国家期间，分别与土库曼斯坦、乌兹别克斯坦、塔吉克斯坦和吉尔吉斯斯坦签署了《中

---

① 马莉莉，任保平：《丝绸之路经济带发展报告 2014》，中国经济出版社，2014 年，第 507 页。

华人民共和国和土库曼斯坦关于建立战略伙伴关系的联合宣言》《中华人民共和国和乌兹别克斯坦关于进一步发展和深化战略伙伴关系的联合宣言》《中华人民共和国和哈萨克斯坦关于进一步深化全面战略伙伴关系的联合宣言》《中华人民共和国与吉尔吉斯斯坦关于建立战略伙伴关系的联合宣言》。[①] 这些宣言都强调人文合作对于发展双边关系的重要意义，并指出双方将在文化、教育、科学、艺术、体育、旅游、档案、广播影视、新闻出版、社会科学等领域继续扩大交流合作，互相举办"文化日"，不断推进互派留学生、语言教学等方面的合作。

区域合作机制不断深化。目前，在上海合作组织、中国-东盟合作框架、中国-中东欧国家合作框架、东亚峰会、亚欧会议、金砖机制、中巴经济走廊、孟中缅经济走廊、大湄公河次区域机制等多边合作平台下，教育、文化、科技、卫生等领域的合作内容不断丰富，合作领域不断拓展，合作机制不断完善。上海合作组织将人文领域的务实合作视为"三大支柱"之一，建立了文化部长、紧急救灾部长、教育部长会议机制，成立了环保、卫生、旅游专家组，协商建立环保等部门负责人会议机制。成员国还签署了救灾互助、教育、文化、卫生等合作文件，成立了虚拟运行的上海合作组织大学，并多次举行联合救灾演练、文化艺术节、大学生联欢、广电媒体论坛等活动。

2. 存在问题

虽然中国与丝绸之路经济带相关国家在人文交流领域取得了不小的成就，但是各国对中国的了解仍然不足，对中国的疑虑依然存在，人文领域的交流合作依然面临不少问题。

一是文化交流活动的受众面比较窄，缺乏品牌影响力。中国在中亚地区的文化交流活动基本都是由政府主导的，在这些国家的演出场

---

① 孙力，吴宏伟：《中亚黄皮书：中亚国家发展报告（2014）》，社会科学文献出版社，2014年，第258页。

次并不多,主要是为社会精英阶层服务的,巡演活动十分少,普通民众很少有机会能接触到这些演出。这些国家的普通民众对中国文化都有浓厚的兴趣,希望能够更加深入地了解中国文化。孔子学院在教学的同时也会举办一些小型的文化交流活动,但是这些依然无法满足中亚地区人们更加广泛、深入了解和体验中国文化的需求,多数中亚地区的民众对中国文化的理解和认识依然只局限在中国功夫和中华美食等简单的层面。[①] 此外,中国的剧团在当地没有品牌影响力,知名度并不高,尽管节目精彩,但是依然没有号召力。

二是中国在中亚地区的汉语教学没有大学作为支撑,教学水平有待提高。当前,包括俄罗斯、美国、土耳其在内的许多国家都在中亚地区合办了大学,其中俄罗斯、土耳其两国合办的大学最多。中国虽然是地区教育大国,并且中国的许多大学在国际上也有很大的影响力,但是中国在中亚地区一直没有设立一所大学。孔子学院的教学依然只停留在学习汉语的层面上,不能与专业有效结合起来,阻碍了汉语的进一步推广。中亚各国开设的许多孔子学院和孔子课堂由于中方准备不足,出现了教材短缺的情况。此外,教材编写的本土化水平不高,并没有针对中亚地区的文化、历史以及中国与中亚交往的历史进行相应调整,影响了汉语教学水平的提高。

三是旅游交流合作领域发展缓慢。旅游既是经济交流活动也是人文交流活动。中国与中亚地区各国的旅游合作仍然处于起步阶段。2012 年 5 月 29 日,出席"2012'丝绸之路'城市市长会晤"的各城市代表在西安签署了《2012"丝绸之路"城市市长会晤宣言》(简称《会晤宣言》)。《会晤宣言》称,"丝绸之路"沿线城市将加强在商贸、文化、旅游、科技等领域的交流与合作,并创立"丝绸之路国际旅游合

---

① 孙力、吴宏伟:《中亚黄皮书:中亚国家发展报告(2014)》,社会科学文献出版社,2014 年,第 264 页。

作联盟"。^① 但是由于缺乏进一步的细化工作，各方的旅游合作并没有取得实质性的效果，各国相互以旅游为目的的人员往来仍然比较少。

3. 解决对策

第一，在人文交流中，要扩大文化活动的受众面，树立品牌意识。现有的"欢乐春节"活动应该由一次性出访转变为多国巡演，向品牌化的方向发展。借助"欢乐春节"在各国的巡演，打造家喻户晓的剧团品牌和节目品牌。只有将剧团节目品牌化，才能实现商业化的演出，文化交流活动才能真正离开政府的扶持，开辟市场，走进民间。只有当中国的文化交流活动在中亚地区有了广泛的群众基础，才能够使中亚地区的人们对中国以及中国文化有深入和正确的理解，才能培养出中亚人民对中国人民的友好感情。

第二，中国应该加强与中亚国家在教育领域的合作。在教育领域的合作对于文化交流具有重要意义，也是培养中国—中亚年轻人之间感情的重要方式。目前，在中亚地区，许多国家的精英阶层将子女送往中国留学，中亚地区也出现了"汉语热"，我们应该抓住这个机会在中亚地区办大学，让更多的人能够接受中国的教育。

第三，加强中国与中亚国家在旅游领域的交流合作。旅游是人文和经济的交叉领域，不仅能够促进经济的交流合作，对于人文领域的交流合作也会起到至关重要的作用。中国与中亚各国要大力推进旅游领域的互联互通，简化人员往来手续，扩大旅游来往规模。鼓励我国丝绸之路沿线省份与中亚五国开展以"丝绸之路经济带"为主题的合作，共同打造旅游线路和产品。加强旅游安全合作，制定相应的规章制度，建立突发事件处理机制，为我国与中亚各国的旅游来往提供制度保障和良好的环境，推动跨境旅游业的蓬勃发展。

---

① 2012 "丝绸之路"城市代表签署《会晤宣言》，国际在线，2012 - 5 - 29. http://gb.cri.cn/27824/2012/05/29/595153704333.htm.

四、 丝绸之路经济带人员互联互通研究

2013 年 11 月 8 日，中国国家主席习近平在北京举行了关于"加强互联互通伙伴关系"的对话，并且在会上发表了题为《联通引领发展伙伴聚焦合作》的重要讲话。[①] 在会上，习近平对"互联互通"的内涵进行了全新的诠释：互联互通应该是基础设施、规章制度、人员交流三位一体，应该是政策沟通、设施联通、贸易畅通、资金融通、民心相通五大领域齐头并进。[②] 从这"五通"的关系来看，要实现"政策沟通、设施联通、贸易畅通、货币流通"这"四通"，民心相通的作用非常重要，必须以丝路沿线各国人民的广泛支持为基础，通过加强丝路沿线各国人民之间的友好往来，来提升基层之间的相互了解和友谊，从而为开展区域各方面友好合作打下坚实的基础。国之交在于民相亲，习近平主席在这次会议上强调"以人文交流为纽带，夯实亚洲互联互通的社会根基"，具有重要意义。

民心相通是要尽量消除丝绸之路经济带沿线各国人民之间沟通的障碍，增进各国人民相互之间的了解，在包容和尊重各自的风俗习惯、信仰等基础上，和谐相处，增进理解，最大限度地减少合作的阻力，从而使各国在政治经济等方面的合作能取得最大的成功。民心相通的实现，则依赖于各种形式的人员交流。通过减少人员流动的限制和障碍，建设人员交流方面的"互联互通"，以广泛的人员交流，来增进各国人民的相互认识与了解，加深各国人民的友谊和感情。

高志刚（2014）提出，只有加强中国与中亚各国之间的教育合作

---

① 韩洁，谭晶晶，吴夏等：《五点建议凸显亚洲互联互通新图景》，《新华每日电讯》，2014 年 11 月 10 日。

② 崔景明，王建：《"一带一路"：中国外交大战略》，《时事报告》，2015 年第 1 期，第 26—29 页。

与文化交流，在感情上双方才能相互亲近，在文化上才能相互接受，从而一方面可以增加中亚各国对中国的了解，进一步消除其对中国存在的隔阂和误解；另一方面也能起到加深各国之间友谊的作用，进而为开展以"丝绸之路经济带建设"为主题的各国间区域合作打下坚实基础。[①] 李琪（2014）认为，人文交流与合作是"五通"的重要组成部分，以此为前提和基石，丝路沿线各国人民才能在多元文化、信仰和价值观中，真正做到尊重彼此差异，协调彼此立场，巩固深化彼此关系，互利互信，才能顺利开展区域各方面的合作。[②]

在习近平主席提出"三位一体"的互联互通建设后，很多专家学者将互联互通建设分解为"硬、软、人"三方面，即"硬联通"对应基础设施方面的互联互通，"软联通"对应规章制度方面的互联互通，"人联通"对应人员交流的互联互通，这充分体现了人员交流对于互联互通建设的重要作用。因此，丝绸之路经济带的互联互通建设，需要采取积极的态度和务实的举措，减少人员流动的限制和障碍，提高人员交流的便利化程度，实现人员交流方面的"人联通"，不断增进丝路沿线各国人民的了解与友谊，夯实亚洲互联互通的基础。

（一）丝绸之路经济带人员交流现状分析

自从中亚各国家独立起，中国与中亚国家就建立外交关系，建交20多年来，国家间的关系发展良好，逐步取得一系列重要成果。这些年来，中国与中亚各国的人员交流，规模上不断扩大，层次上不断提高，领域上不断扩展，政府间、媒体间、团体组织间双边及多边人员

---

① 高志刚：《新疆参与新丝绸之路经济带建设面临的问题与政策建议》，《区域经济评论》，2014年第2期，第92—94页。

② 李琪：《中国与中亚创新合作模式、共建"丝绸之路经济带"的地缘战略意涵和实践》，《陕西师范大学学报》（哲学社会科学版），2014年第4期，第5—15页。

交流力度不断提升，交流频率显著增加。从具体内容上来看，中国与
中亚国家开展的人员交流活动主要在政治访问、科技合作、教育合作、
文化交流等方面。

　　在政治访问方面，中国与中亚各国高层互访密切，逐步与各国建
立了战略伙伴关系，签订了一系列在政治、经贸、金融、文化、教育
等领域的合作文件。2001 年 6 月 15 日，中国、中亚四国、俄罗斯等六
国元首签署《上海合作组织宣言》，成立了上海合作组织。2008 年 8 月
26—27 日，时任中国国家主席胡锦涛对塔吉克斯坦进行国事访问，并
与塔吉克斯坦元首签署了政治、经贸、金融、文化等多方面的合作文
件。① 2014 年 5 月 18 日，习近平主席同吉尔吉斯斯坦总统在上海举行
了会谈。双方对中吉各领域合作所取得的成果进行了高度评价，强调
坚持友好互信互利共赢，深化中吉战略伙伴关系，共同维护地区的和
平与稳定。②

　　在科技合作方面，中国与中亚国家的科技交流与合作主要在农业、
能源和气象领域。在农业科技领域，中亚各国农业科技水平普遍较低，
粮油加工、仓储设施匮乏，油料加工设备技术相对落后，粮食种植机
械化水平低，水利设施修建不足。而中国是传统的农业大国，近年来
农业现代化水平不断提高，在节水灌溉、病虫害防治、水利工程、农
产品深加工等方面科技水平不断提高，与中亚的农业科技合作可以实
现互利共赢。在能源科技领域，近年来，中国能源对外依存度越来越
高，与中亚开展能源科技合作，是中国实施能源多元化战略的重要措
施。1994 年 12 月 30 日，中国驻哈萨克斯坦大使与哈科学部部长代表
本国政府签署了科学技术合作方面的文件。③ 哈萨克斯坦的肯基亚克

　　① 胡锦涛开始对塔吉克斯坦进行国事访问并出席上海合作组织峰会。人民网，2008 - 8 -
27. http: //world. people. com. cn/GB/1024/773081. html.

　　② 杜尚泽，裴广江：《习近平同吉尔吉斯斯坦总统会谈》，《人民日报》，2014 年 5 月 19 日。

　　③ 时政—人民网: http: //politics. people. http: //www. chinanewe. com/gn/news/2010/06 - 08/
2329828. shtml.

油田油藏埋深在地下 4 000 多米，中间 3 000 多米是盐膏层，其开发堪称世界级难题，苏联、欧美等国石油公司先后放弃了对其的开发。中石油从国内调集了优秀的钻井、开发专家，进行系统研究、联合攻关，最终成功攻克了难关。2008 年，中石油技术开发公司和中国机械工业集团向乌兹别克斯坦提供超过数亿美元的油气勘探钻井设备。[①] 在气象合作领域，1996 年 4 月 15—22 日，中国气象局局长率团访问哈萨克斯坦，双方对落实中哈气象领域方面的合作进行了讨论，并决定开展气象领域的多方面合作，包括天气预报、区域气候等。[②] 中哈又在2009 年就短期天气预报、卫星资料、沙尘暴防治等方面进行合作。[③]

在教育合作方面，中国与中亚的合作主要以开办孔子学院、互派留学生、签订教育合作协定、举办学术研讨会等形式进行。截至 2015年 8 月，中国在中亚五国的孔子学院共有 10 所：哈萨克斯坦 4 所，吉尔吉斯斯坦 3 所，乌兹别克斯坦 2 所，塔吉克斯坦 1 所。[④] 在帮助中亚地区提升汉语教育水平、传播中国文化、增进中国与中亚各国友谊等方面作用显著。1996 年 6 月 10—17 日，哈萨克斯坦教育部长率团访华，与中方签署了教育合作方面的协议文件。[⑤] 1999 年 9 月 27 日，哈萨克斯坦与中国驻哈使馆联合举办了国际研讨会，对两国历史、现状、未来进行了深入探讨。[⑥] 从中亚来华留学生的数量来看，中亚青年对中国表现出极大的认知兴趣。自 2005 年以来，中亚来华留学生每年以25％左右的速度增长，不少中亚留学生获得了中国政府提供的各类奖

---

① 马莉莉，任保平：《丝绸之路经济带发展报告 2014》，中国经济出版社，2014 年，第 504 页。

② 时政—人民网：http://politics.people.http://www.chinanews.com/gn/news/2010/06-08/2329828.shtml.

③ 马莉莉，任保平：《丝绸之路经济带发展报告 2014》，中国经济出版社，2014 年，第 505 页。

④ 国家汉办官网：http://www.hanban.edu.cn/confuciousinstitutes/node_10961.htm.

⑤ 时政—人民网：http://politics.people.http://politics.people.com.cn/GB/8198/4013304.html.

⑥ 时政—人民网：http://politics.people.http://www.fmprc.gov.cn/ce/ceka/chn/Zhgx/Zhgxgk/.

学金。①

在文化交流方面，中国与中亚各国的交流活动包括：互办文化节、文化周、文化日，建立文化中心，歌舞团、艺术团跨境演出，举办"国际音乐节"、文化艺术交流等大型文化交流活动，开展文化合作计划。1998年8月31日至9月9日，随土库曼斯坦总统尼亚佐夫访华的歌舞团在北京、乌鲁木齐和吐鲁番进行了演出。2001年9月22—29日，应中国文化部邀请，哈萨克斯坦文化代表团访华，双方文化部长共同签署关于文化合作计划的文件。② 2007年8月24—28日，时任中国文化部副部长周和平率团访问乌兹别克斯坦，并出席撒马尔罕建城2 750周年庆祝活动和"东方旋律"国际音乐节。2011年9月25—30日，由吉尔吉斯斯坦政府、中国新疆维吾尔自治区政府和中国驻吉使馆联合举办的"中国文化周"大型文化交流活动在吉举行。这些文化交流活动深受各国人民的喜爱，拉近了中国与中亚各国人民之间的距离，从而使得各国人民之间的认识与了解大幅加深，进一步深化了各国人民之间的友谊。

（二）丝绸之路经济带人员交流存在的问题及阻碍因素

虽然中国与中亚各国的人员交流日益频繁，规模不断扩大，层次不断提高，领域不断扩展，但是在交流的各个领域还存在许多不足，突出表现在以下几个方面。

在教育合作方面，中国与中亚各国的教育合作形式虽然多样，但是中国与中亚的高等教育合作深度不够，具体表现为中国在中亚没有

---

① 海力古丽·尼牙孜，李丹：《"丝绸之路经济带"的建设基础——人文合作》，《新疆大学学报》（哲学·人文社会科学版），2013年第6期，第28—30页。

② 时政—人民网：http://politics.people. http://www.mfa.gov.cn/ce/ceka/chn/Zhgx/Zhgxgk/t/1041814.htm.

设立大学教育机构。目前，俄罗斯、美国、土耳其等都在中亚地区合办了大学，其中俄、土两国最多，而中国虽然已是地区教育大国，中国的很多大学具有国际影响力，甚至超越了俄罗斯，但是中国在中亚一直没有设立一所大学，[①] 这对中国与中亚各国的教育合作很不利。首先，缺乏高等教育机构，中国与中亚各国的高等教育合作只能依靠留学生进行，相比于美、俄等国家来说，中国与中亚国家的教育合作就会落后于这些国家，这样中亚各国会倾向于和美、俄等国开展其他领域的合作。其次，中国在中亚没有设立大学，教育仅停留在汉语教学领域和文化交流领域，不利于中亚学生未来的就业，这样反过来会降低中亚学生学习汉语的积极性，长此以往会影响孔子学院功能的发挥。最后，在高等教育领域合作的不足，同样不利于中国与中亚各国人员交流方面的互联互通。推动中国与中亚各国人员交流方面的互联互通建设，就是要消除交流方面存在的障碍，提高人员交流的便利化程度，而中国在中亚没有设立大学教育机构，不利于开展更高层次的人员交流活动。

在科技合作方面，中国与中亚国家的能源合作领域有限，主要在农业、油气资源、气象领域，合作的深度也不够。中亚国家虽然油气资源丰富，但是地区分布不均衡，从而导致能源的地区供应也不均衡；中亚国家的能源生产以传统化石能源为主，而新能源在其能源生产与消费中所占比重极低，因此中国与中亚各国的能源合作在新能源领域有广阔的合作空间。同时，中国西北地区和中亚地区都处于亚欧大陆内部，降水稀少、地区生态环境脆弱，在环境治理和生态建设方面，中国与中亚各国有着共同的目标，进行这方面的科技合作符合各国的共同利益、存在广阔的合作前景，需要中国与中亚各国的进一步合作

---

① 孙力，吴宏伟：《中亚黄皮书：中亚国家发展报告（2014）》，社会科学文献出版社，2014年，第265页。

与开发。

在文化交流方面，中国与中亚各国的文化交流活动大多由官方举办，交流的方式主要是互办文化节、文化周、文化日，建立文化中心，歌舞团、艺术团跨境演出等，而由民间自主进行的交流活动较少，使交流涉及的人数有限，这对于加强中国与中亚各国人民友好往来、增进相互之间的了解和友谊、夯实亚洲互联互通的群众基础等来说远远不够。文化交流只有让民众成为主体，才能富有活力、持续发展，保持强大的生命力；只有真正让广大人民群众成为文化交流的主体，消除民众进行自由交流与对话的诸多障碍，搭建交流平台，深化交流层次，才能逐步提高相互的信任与友谊，打下坚实的互联互通建设的社会根基。

中国与中亚各国的人员交流除了在上述领域存在不足以外，还存在一些阻碍因素，不利于中国与中亚各国人员交流的互联互通建设，具体包括以下几点。

第一，人员跨境交流存在较多限制。中亚国家普遍存在通关效率低的问题。[①] 具体表现为通关手续复杂、程序繁多、效率低下，极大地降低了民众进行人员交流活动的积极性，也阻碍了中国与各国人员的交流。同时，中亚各国在外来员工入境方面也有较多限制，如学历、工作经验限制，在外资企业中要求本地员工在企业占极高比例等。制度方面的限制，是阻碍中国与中亚各国人员交流互联互通建设的主要因素。

第二，安全问题是阻碍人员交流的一个重要因素。中亚地区是欧亚大陆的接合部位，存在多种文化、宗教、社会制度，使得地区间的矛盾十分复杂，贫困问题、部族矛盾、社会矛盾频发，而且民族

---

① 凌激：《中国与中亚国家经贸合作现状、问题及建议》，《国际观察》，2010 年第 5 期，第 17—22 页。

分裂势力、宗教极端势力、恐怖势力这"三股势力"活动猖獗，长期在中亚地区肆虐；境内反动势力与境外恐怖分子勾结，进行各种恐怖活动；毒品等跨境犯罪问题尚未得到根治；中亚各国之间也存在诸多矛盾和冲突，很容易引发对抗和军事冲突等。诸多的不和谐因素严重影响着周边各国的地区安全，中国在部分中亚国家的油气投资曾受到恐怖分子的袭击，甚至造成了人员伤亡。因此安全问题是进行人员交流的一个重要方面，解决不好很可能使得互联互通建设难以开展。

第三，中亚各国人民对与中国进行人员交流存在不信任。由于中国与中亚国家在政治、经济体制、文化信仰等方面存在较大差异，部分国家对与中国进行人员交流活动有所质疑，认为中国和中亚进行人员交流活动的目标是通过消除语言文化障碍来实现经济利益；而中国举办的人员交流活动大多是通过官方渠道而非民间自主交流，这就使得中国对中亚的人员交流活动带有政府特色，加剧了中亚各国对与中国人文合作的不信任。同时"中国威胁论"对这些国家也存在不同程度的影响，得到了部分官员、民众的支持，加大了中国与其进行人员交流的阻力。

（三）促进丝绸之路经济带人员交流的措施

要建设人员交流方面的"互联互通"，最主要的是要减少人员流动方面的限制和障碍，同时弥补目前各领域人员交流存在的缺陷。

在教育交流领域，应在现有合作的基础上，加深中国与中亚各国教育合作的深度，在高等教育合作领域加大合作力度。中国应根据实际情况，完善与中亚各国教育合作机制，填补中国在中亚没有大学这一空缺。进行政府层面的沟通，与中亚各国合办大学、中国知名高校走进中亚，使中亚各国学生可以不通过留学就能接受更高程度的中国教育，这一方面减少了中亚学生的教育成本，另一方面也增加了中国与中亚各国的教育合作受益群体，同时可以提升中国与其他国家在中亚竞争的"软实力"。

在科技交流领域，应全面挖掘中国与中亚各国在各个领域科技合作的需求，如新能源开发、环境治理和生态建设等可持续发展领域的科技合作项目，拓宽中国与中亚各国科技交流的领域，寻求广泛的共同利益，加深科技合作的程度。充分发挥科技合作的作用，深入、广泛开展各领域科技创新交流合作活动，增加科研人员交流的频率与深度，实现科技人员高层次的交流。

在文化交流领域，应积极发挥旅游的作用。旅游具有经济和文化传播双重作用。加强民间旅游往来，有助于促进人员往来和文化交流，促进各国人民了解相互之间的传统文化、风土人情、文化习俗，加深对民间的相互了解与认识。这对于加大中国民间参与人员交流的力度，消除中国文化交流中的政府特色，消除中亚各国对与中国进行人员交流的不信任感，具有无可替代的作用。加强民间旅游往来，发展旅游业，可以从放宽游客签证限制、简化通关程序、联合开发旅游资源、完善基础设施互联互通等方面入手。通过放宽游客签证限制、简化通关程序，以减少跨境旅游的限制和障碍；通过联合开发旅游资源，打造新的旅游景点和旅游品牌，可以增加游客的规模；通过完善基础设施的互联互通，可以提高游客旅游的便利化程度。

在制度层面，中国政府应与中亚各国政府签订相关协议，积极交流，创新理念，建立健全人员跨境流动管理体制机制，制定完善人员跨境流动管理的相关制度与法律，放宽人员跨境流动签证限制，简化通关手续，减少乃至消除人员流动中的限制和障碍，从制度领域促进人员流动的互联互通建设。

在地区安全方面，需要中国与中亚各国之间的共同合作与努力。

以上海合作组织为依托，打击"三股势力"，维护地区的安全与稳定，为地区经济发展和人员交流创造良好的环境；建立地区争端协商机制，协调各国因资源、文化、社会生活、宗教信仰等引起的矛盾与冲突，积极调解中亚国家间的矛盾，防止其演变为政治对立甚至军事冲突。

第 三 章

贸易投资便利化

贸易投资便利化是通过简化国际贸易投资中的相关程序，协调相关国家（地区）以及相关部门的合作，降低贸易投资成本，促进贸易投资活动的开展。贸易投资便利是丝绸之路经济带建设的重要内容，对于丝绸之路经济带构建良好的营商环境、实现贸易畅通具有重要意义。

一、 贸易投资便利化的概念界定及理论基础

（一）贸易投资便利化的概念界定

1. 贸易投资便利化

经济全球化背景下，世界各国贸易往来不断加强，不同地区都在积极设法将贸易投资便利化作为地区发展的重要措施。关于贸易投资便利化的理论定义，已有的研究并没有准确和完整的定论。李婷等（2014）根据贸易投资便利化的直观内容对其进行了简单定义。[①] 通俗地讲，贸易投资便利化就是要让国际经济交往中的贸易方面和投资方面更加方便，这样就有利于区域之间的货物、劳务、资本和人力资源

---

① 李婷，杨丹萍：《贸易便利化对我国出口贸易的影响研究》，《科技与管理》，2014 年第 5 期，第 111—115 页。

的流动。目前，界定贸易投资便利化较多地参考了亚太经济合作组织（APEC）的相关文件，有的观点对于贸易投资便利化的界定是，除去贸易关税方面的措施之后其他多数有利于国家地区间贸易与投资活动的行为。方晓丽等（2013）从商务人员的流动方面进行解释，认为那些能够让商务人员更加便利地流动，让商品和服务更加容易进行交易的一切行为都是便利化。[①] 也可以从贸易投资的程序角度对其进行解释，就是要简化程序、减少交易成本，有关通过加强市场力量，减少行政干预的行为可以看作贸易投资便利化。综合上述观点，可以形成更加本质上的贸易投资便利化的定义，根据廉晓梅（2004）的概括，可以认为贸易投资便利化就是要通过各种措施，解决、简化或者协调那些不利于国际贸易中各种要素流动的基础设施、政策措施或程序法规等问题。[②] 该研究将贸易投资便利化分成基础设施、程序性规定及政策三大类内容，具体包括标准化、一致化、海关程序、知识产权保护、鼓励竞争政策、政府采购行为、放松管制以及原产地规则、调解争议、商务人员流动、信息收集与分析等领域。

2. 贸易领域的便利化

贸易便利化频繁出现于各种文献研究报告当中。世界贸易组织（WTO）（1998）对其的定义是国际贸易流通交易全过程的所有相关手续、服务、运输、交易手段、制度的简化和效率的提高。经济合作与发展组织（OECD）关于贸易便利化的表述是国际货物与服务在买卖双方之间流通过程中的相关程序的简化与标准化，以及流动障碍的消除。联合国（UN）对于贸易便利化的定义：用简便标准化的方法减少贸易中的复杂性和成本，在保证符合国际普遍规章准则的前提下，保证贸易活动有效、透明地开展。尽管各自的表述有所不同，但是这些

---

① 方晓丽，朱明侠：《中国及东盟各国贸易便利化程度测算及对出口影响的实证研究》，《国际贸易问题》，2013年第9期，第68—73页。

② 廉晓梅：《APEC区域合作模式与发展前景研究》，吉林大学博士学位论文，2004年。

描述都具有共同点，即简化贸易程序、促进各种贸易要素的跨境流通。近年来，人们开始从更广范围来进行定义，广义的定义考虑整个贸易环境对贸易便利化的影响，包括贸易手续的简化、相关贸易法律法规的限定、相关基础设施的升级更新与完善、经济税收政策的支持、贸易制度等，甚至包括保险、运输、海关、防疫、支付手段、金融系统的发展，涉及影响贸易相关的方方面面的整个环境系统。

3. 投资领域的便利化

投资便利化的范畴也是比较广泛的，包括了东道国的措施和投资方母国为方便资本输出所采取的措施。

根据卢进勇（2006）的研究，将投资方面的便利化措施概括为七个方面：[①] 第一，在制定和执行与投资相关的政策时提高开放性和透明度，加强工商企业的投资信心，帮助其进行商业决策；第二，提高投资环境的稳定性，对于投资和财产的保护，目的是为了降低投资方的非商业风险，增加企业对于一国法律体系的信心，为企业提供公正的争端解决渠道；第三，加强投资相关政策的可预测性和一致性，简化交易环节，降低腐败程度；第四，提高投资方的相关手续的办理效率即简化投资审批程序，缩短审批过程；第五，建立建设性的利益相关者关系，加强政府与投资者之间的沟通和交流，形成合作伙伴关系，对于问题能够迅速解决；第六，采用新科技来改善投资环境，改善软硬件的服务，提高电子商务的安全性；第七，对于投资政策实施的检测和评估的机制。

（二）贸易投资便利化的发展

随着国际贸易投资活动的不断发展，国际经济活动更为密切频繁

---

① 卢进勇：《国际直接投资便利化的动因、形式与效益分析》，《国际贸易》，2006 年第 9 期，第 51—54 页。

地合作，世界各主要贸易大国也开始不断加快贸易投资便利化的进程。具体来看，欧盟从 2001 年开始提高海关的管理效率，统一欧盟内各成员国之间的海关管理程序与标准，减少欧盟内部成员国之间贸易障碍与成本；同时不断引入电子海关管理系统，将进行贸易往来的国家通过计算机链接进行管理，对于风险评估和控制制定统一的标准。2006年，美国建立了商界反恐合作计划，凡是参与此计划的相关企业都能减少通关的时间、检查的次数等，提高合法贸易的安全性和高效性。再比如，日本政府在贸易便利化方面采取了预审制度、关税预先分类制度、延期缴纳关税制度等内容的改进，而且日本海关也形成了 24 小时通关的新制度。

贸易投资便利化已经成为国际贸易不断发展的大势所趋，各个地区和国家实施的具体贸易投资便利化的政策措施不尽相同，归结起来主要的内容和未来方向有以下几方面。

1. 贸易投资审批流程更加高效

贸易程序及手续的便捷化、相关基础设施的升级和完善可以提高贸易的便利性，缩短贸易时间，减少贸易成本，提升商品和服务在国际间的流通效率。主要是海关港口检查时间，手续的办理，运输设施的畅通，兑换汇业务的便利情况，只有减少贸易各环节的复杂性和成本费用，才能提高贸易投资的效率和竞争优势。比如，中国商务部明确表示要简化对外投资审批程序，切实做好政府职能转变的工作，以市场竞争为导向，核心是推动便利化，将审批和核准的范围尽可能地减小，在管理中实行备案制。通过这些措施积极扩大企业及个人的对外投资。

2. 贸易投资的信息化

贸易投资便利化与贸易投资信息化是分不开的，单证的电子化、标准化，报关流程自动化、智能化的运用不仅降低了纸质化、人工化的费用成本和监管成本，而且减少了主观性的操作误差、缩短通关时间、提高效率、加速商品流通、加快商务人员的流动，同时还可以将贸易的相关部门统一联系起来。统一的标准有利于提高各管理部门的效率和透明度，提高国际化水平。贸易投资的信息化有利于企业通过分析相应的信息来制定自身的销售计划，筛选有利于销售的外贸产品种类，与相应的贸易合作伙伴和竞争对手进行对应匹配，加强贸易投资的公开透明性、时效性和竞争性。

3. 贸易投资便利化与贸易壁垒并行

随着国际贸易投资频繁往来、贸易投资便利化的不断推进，极大丰富了各国人民的商品和服务品种，以及生活质量的提高，也有利于国际间比较优势的发挥，推进优势产品的出口和稀缺产品的进口。但这种贸易投资便利化有其两面性，随着国外廉价优质商品和服务的涌入，国内的相关传统劣势行业进一步受到冲击、行业面临生存考验，同时相关行业人员失业问题开始涌现，贸易保护主义抬头，贸易壁垒在欧美发达国家屡次成为限制国外廉价商品和国内非稀缺商品进口的手段。

根据世界贸易组织的统计，WTO 的技术性贸易措施在不断增加，一些欧美发达国家也在推出新的贸易保护措施，这些措施同时具有一定的合理性和内在操作性，商品的技术标准和检验检疫标准日益严格，甚至出现大量的反倾销征税和贸易配额制度，使全球贸易便利化的进程受阻。

以东盟为例，以 2004 年为起点，到 2014 年为止，中国-东盟双方贸易额增长了 5 倍，相互投资扩大了 3 倍。中国工商总局从 2013 年起开始进行企业注册制度改革的相关措施，这一举措旨在为以公司为主要内容的各类市场参与主体创造适合法制规范的、更加便利的经营环境。在东盟，很多国家也同样进行了市场化改革，对外放松贸易投资管制。缅甸政府官员吴温敏表示，当前的缅甸在诸多领域都开始大力改革，开始施行更加宽松自由的贸易管理规章和监管程序，在达到贸易投资便利化和自由化的过程中更加注重平衡，加强贸易过程的推广和贸易教育措施。与此同时，中国与东盟各国努力完善了交通物流、基础设施建设，促进更多的跨国贸易合作。尽管如此，贸易壁垒依然较多，企业在走出去的过程中，仍会受到投资准入制约、税收歧视、外国股权限制等贸易投资壁垒阻碍，众多的合作协议也可能会在执行过程中落空。[①]

从国内企业的境况来看，遭受贸易壁垒的情况也很普遍。早在2010 年国家质检总局对中国出口企业关于受到国外技术性贸易措施的情况进行了问卷调查，这份调查的样本选取了全国 2 598 家出口企业的贸易数据。通过调查发现，能够较大地影响中国出口企业经营的国家和地区，从强到弱依次是欧盟、美国、日本、澳大利亚，这几个国家和地区的贸易限制措施造成的直接损失所占比例依次是37％、27％、6％、5.7％。而国内外贸行业中受到区域贸易技术壁垒影响的分别是机电仪器行业、金属矿业、家具玩具、纺织类行业、橡胶皮革行业，这些行业的贸易限制造成的直接损失占比分别为30％、19％、18％、12％、8％。与此同时，受到技术贸易措施限制影响的地区从强到弱分别是广东省、江苏省、山东省、上海市、浙江省。[②]

4. 实施"贸易投资便利化行动计划"

世界银行、联合国贸易发展会议、亚太经济合作组织（APEC）等组织都开始实施相关行动计划，具体如表 3－1：

---

① http: //news. xinhuanet. com/fortune/2014－09/19/c_ 127004353. html. http. //world. people. com. cn/n/2014/0919/c157278－25693042. html.

② 国家质检总局公布的 2010 年国外技术性贸易措施对中国出口企业影响调查情况显示，三成多出口企业受到国外技术性贸易措施影响，网易新闻，2011－9－6. http: //news. 163. com/11/0906/10/7D8SB9SL00014JB5. html.

表 3-1 贸易便利化行动计划表

相关机构	贸易投资便利化行动内容
世界银行	集中为政府和中介组织提供所需的信息服务和技术方面的支持，目的是为了提升这些机构的投资促进能力
联合国贸易发展会议	集中注意力于 FDI 的趋势及对其发展的影响，帮助发展中国家改善 FDI 相关的政策法规，协助其参与国际投资的谈判，为国际投资提供相关咨询
APEC	制定一套投资的政策工具，为各国在制定投资便利化政策时提供框架参考

资料来源：沈铭辉：《APEC 投资便利化进程——基于投资便利化行动计划》，《国际经济合作》，2009 年第 4 期。

（三）贸易投资便利化的理论基础

从 20 世纪 50 年代开始，西方经济学界开始更多关注区域经济合作问题，并逐渐进行理论化发展，这些研究的一个重要的现实载体是欧盟一体化的实践经验，在这一过程中不断完善形成区域经济合作理论，这可以说是区域贸易投资便利化的一个理论基础。同时，作为解释国家贸易现象中的一个重要问题——交易成本问题而形成的贸易成本理论，也是贸易投资便利化问题的理论基础。

1. 区域经济合作理论[①]

区域经济合作理论与贸易投资便利化密切相关，是贸易投资便利化实践的重要理论基础。区域经济合作指的是若干个地区或国家之间经济方面的聚集特点和互补特点，由于互补性的存在，地区或国家之间就要进行产品和要素流动的优化，有效配置这两者在不同地区之间的存在。区域经济合作既包括国家间的经济合作，也包括地域之间的

---

① 魏后凯：《现代区域经济学》，经济管理出版社，2011 年。

经济合作，而区域经济一体化是区域经济合作的高级形式。

区域经济合作理论的渊源有两大理论派系：一是市场制度学派，以巴拉萨为代表，主张在国家和超国家机构的支持下，将微观层次上的市场经济联合起来，既强调以市场力量为基本，实现各区域一体化的进程，同时也重视国家和超国家机构的协调和干预作用。该理论认为制度化的经济合作可以概括为五个阶段，包括自由贸易区阶段、关税同盟阶段、共同市场阶段、经济联盟阶段、完全经济一体化阶段。二是国家调节派，代表学者为丁伯根，强调对必要的要素实行有意识的协调和统一，从而达到完全的一体化。诺思、科斯、弗农等学者发展了区域经济合作的制度理论，主张制度与经济秩序的作用。

2. 关税同盟理论[①]

早期的区域经济合作理论基本上与关税同盟理论有关。德国经济学家李斯特的贸易保护理论是关税同盟理论的来源，当时的关税同盟是为了达到贸易保护的目的。战后美国经济学家维纳发展了这一理论，认为关税同盟实质上是在同盟内部实行自由贸易，而对同盟外部非伙伴国家实行贸易保护。这种既存在自由贸易又存在贸易保护的特征会产生贸易转移和贸易创造两种结果。实行关税同盟后的经济效益是用贸易创造所带来的收益减去贸易转移造成的损失的最终净效果来进行比较选择的。关税同盟会形成以下几种效应。

（1）贸易创造与贸易转移

建立关税同盟的各个国家之间通过取消关税以及非关税型壁垒能够产生更大的贸易规模。贸易便利化也会随着贸易规模的扩大而加强，也会由于贸易壁垒的消除而导致出口贸易产品价格的下降，并且会带来成员国利益的增加。贸易转移是关税同盟成员国之间由于相互的贸易增强而取代了一部分非关税同盟成员国的贸易往来，也就是贸易方

---

① 黄卫平：《国际经济学教程》，中国人民大学出版社，2012年。

向实现了转移。

（2）关税同盟的动态效应

关税同盟能够给参与国家带来静态的和动态的影响，动态效应往往会对经济增长产生更重要的影响。

第一，市场扩大效应。关税同盟的建立对于非同盟国的产品具有排斥效应，这样顺理成章地给成员国之间的贸易产品创造了有利条件。关税同盟成员国的市场形成了一个统一的区域大市场，市场范围的扩大有利于企业的发展，促进生产者不断扩大企业生产能力，降低企业生产成本得到规模经济的好处，同时增强了同盟内企业对于非同盟区域企业的产品竞争力。因此，关税同盟的结果是市场扩大，市场扩大又导致了同盟内部企业的规模经济。

第二，竞争效应。关税同盟会促进同盟区域国家的企业之间的相互竞争。许多企业在没有形成关税同盟之前已经在国内的经济部门形成了垄断，若干家实力强大的企业长期垄断市场，形成了超额利润，不利于国家的资源配置以及技术进步。关税同盟建立之后，各个国家的市场互相开放，同盟区域内的企业之间可以相互竞争，这样就会提高企业运营效率，加大研发投入力度，加强引进新技术的意识，降低成本，对于同盟内部的好处是提高了效率并促成了技术进步。

第三，外部投资效应。建立关税同盟可以增强区域内吸引外部投资的能力。建立关税同盟后的一个影响是非同盟国家的企业为了消除向同盟国家销售商品的不利影响，会将生产组织迁移到关税同盟内部国家，实现本地生产销售，这样也会绕过同盟区域的关税和非关税壁垒的限制。客观上看，这样实质上是资本的流动，也就是将大量的区外外资引进同盟区域。

（3）消极影响

一方面，关税同盟的形成会促成区域性的垄断企业形成。当关税同盟区域排他性非常强大时，就会形成区域内的新垄断并对垄断企业进行保护，成为技术进步的障碍。如果有新的成员国家不断进入，则有可能产生激励作用，否则会延缓技术进步。另一方面，关税同盟的建立可能会加剧区域不平衡的产生，这是由于区域内部同盟协议的存在，各国的要素流动壁垒减少，资本要素就会流向投资环境优越的地区，除非同盟有应对的政策来防止区域差距的扩大，否则将会不利于区域联盟的稳定发展。

3. 自贸区理论

米德在 1955 年的著作《关税同盟理论》中，在维纳的关税同盟理论的基础上提出了自由贸易区理论。自由贸易区理论同样是实现了区域内部的产品市场一体化，不过仍然采取歧视非成员国的做法，如关税和其他贸易限制。米德的理论认为自贸区由于会产生贸易偏转，因此区内应该实行原产地原则。米德自由贸易区理论为现在的自由贸易区原产地原则提供了理论依据。如果自由贸易区没有原产地原则，实际上等同于关税同盟。建立自由贸易区的优势在于能够降低区域内原先的贸易壁垒。

4. 区际分工贸易理论

有关分工理论最早的论述是针对国际分工与贸易提出的，区域经济学家以此为工具研究区域分工与区域贸易。对于区域分工理论，主要内容有亚当·斯密的绝对优势理论、大卫·李嘉图的比较优势理论、赫克歇尔和俄林的生产要素禀赋理论。

绝对优势理论较早地促进了区域分工理论形成，是由英国经济学家亚当·斯密于 1776 年在《国富论》中提到的。亚当·斯密认为，国际贸易的产生源于不同国家之间产品技术水平的绝对差别，通过国际贸易使各国生产具有自身绝对技术水平优势的商品，通过国际交换实现获益。比较优势理论由大卫·李嘉图提出，他拓展了亚当·斯密的理论，提出了相对优势的概念，认为即使两国之间存在绝对的优势和劣势，只要在某一国内的不同商品具有相对比较优势，仍然会产生国际分工，通过贸易自身更擅长的商品获益。之后，瑞典经济学家赫克歇尔和俄林提出了生产要素禀赋理论，他们认为，各地区或国家拥有的要素资源比例的差异会产生产品比较成本差异，不同地区可以集中于本地要素丰富的产品生产，同样可以通过国际贸易实现获益。波勒斯在 1961 年提出了技术差距理论，他认为技术实际上也是一种生产要素，并且科技水平是动态的、不断进步的，由于不同国家和地区之间的发展速度不同、技术领先水平不同，这意味着比较优势的不同；由于国际贸易中的模仿行为，当进口国成功模仿了一个进口产品后，技术比较优势就消失了，贸易也随之结束。这一理论是对要素禀赋理论的拓展。

（四）贸易投资便利化的意义

贸易投资便利化的重要性被世界各国广泛认可，包括要实现更快的通关、更简化的海关程序、无纸化的贸易、更容易进入政府采购市场、扩大服务贸易市场、商务交流更简便、标准统一化（食品、电子产品、机器和橡胶原料）、更低的贸易成本、减少基础设施投资风险等。具体包含以下几点意义。

第一，贸易投资便利化能够直接促进供应链整合并减少国际贸易中的非关税壁垒。这样的好处是降低贸易成本，促进贸易增长，更进一步的意义是贸易投资的发展能够深化国际分工和产业结构调整，进而增强一个国家或地区的经济水平和国际竞争力。进一步地，贸易便利化能够节约货物价值，这样能带来贸易成本的节约，如果折合成世界的贸易增加，则相当于世界福利收入产生了增长。

第二，对于发展中国家的意义或许更大。由于发展中国家往往交易成本更高，而交易成本高的国家或地区的贸易便利化提升空间较大，收益也会更大。因此贸易投资便利化更有利于发展中国家的经济增长。

第三，对于某一类行业或企业获益较大。例如，在农产品和中小企业方面，就会有较大的获益。因为这些行业和企业在国际贸易的海关程序方面比较特殊，因此通关成本也较高，所以提高贸易便利化后收益会有较大提高；对于中小企业而言，由于本身规模较小、实力较弱，在专业人才方面比较缺乏，造成贸易效率较低，贸易过程中面临更多的壁垒，因此提高贸易便利化之后会有更大的收益。

总之，贸易投资便利化的意义和价值在于其能够促进贸易自由化和经济技术合作。贸易投资自由化方面，两者是相互促进的，贸易投资自由化是便利化的先导条件，在贸易投资自由化的条件下才会进一步考虑贸易投资便利化；而贸易投资便利化会大大地促进贸易投资自由化，因为贸易投资便利化的根本目的是要减小贸易投资中存在的各种阻力；在经济技术合作方面，贸易投资便利化能够很好地促进各地区、各国家之间的经济技术交流合作。

二、 丝绸之路经济带的贸易状况与贸易便利化

为了更好地分析丝绸之路经济带的贸易特点，我们挑选具有代表性的国家，包括核心区[①]的中亚五国和俄罗斯，以及中国、印度、伊朗、沙特阿拉伯、土耳其等国家，[②] 从各国的贸易额情况以及世界经济论坛的竞争力标准对贸易便利化进行测量，从而比较各国贸易便利化的水平。

[①] 白永秀，王颂吉：《丝绸之路经济带的纵深背景与地缘战略》，《改革》，2014 年第 3 期，第 64—73 页。

[②] 白永秀，王颂吉：《丝绸之路经济带：中国走向世界的战略走廊》，《西北大学学报》（哲学社会科学版），2014 年第 4 期，第 32—38 页。

（一）贸易状况

1. 各国贸易往来的现状

表 3-2 为代表性国家 2008—2013 年贸易额的汇总。

表 3-2　代表性国家 2008—2013 年贸易额变化情况　　　　　　亿美元

国家	年份					
	2008	2009	2010	2011	2012	2013
俄罗斯	7 349	4 690	6 484	8 213	8 373	8 442
中国	25 616	22 072	29 727	36 420	38 662	41 600
哈萨克斯坦	1 091	716	890	1 262	1 368	1 314
吉尔吉斯斯坦	57	47	53	65	73	81
印度	4 709	4 131	5 519	7 722	7 805	7 800
伊朗	1 711	1 296	1 667	1 923	1 520	1 310
沙特阿拉伯	4 286	2 878	3 580	4 963	5 440	5 398
土耳其	3 340	2 431	2 994	3 757	3 891	4 035

数据来源：联合国网站贸易数据资料，http：//comtrade. un. org/data/.

利用上述数据可以得到如图 3-1 所示的贸易趋势图。

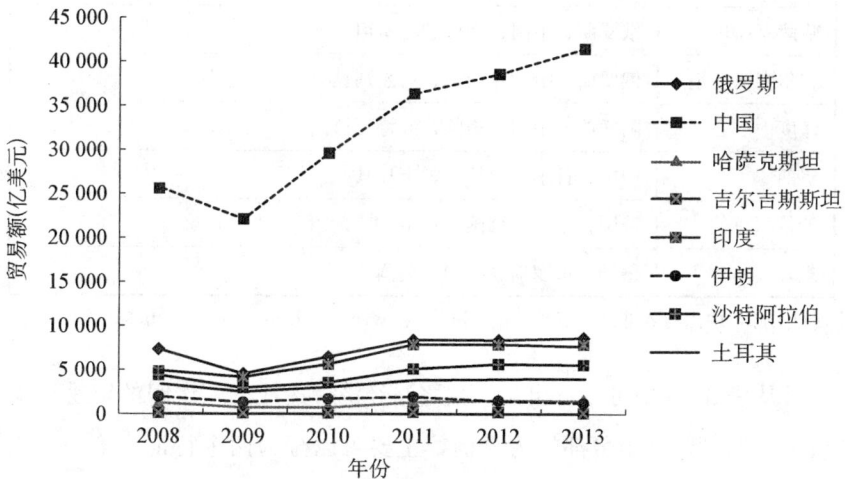

图 3-1　代表性国家贸易额变动趋势

从各国 2008—2013 年的贸易情况来看，中国遥遥领先，其他国家的贸易额水平则比较接近，集中在图中的下半部分；而从趋势上看，总体呈上升趋势，只是在 2009 年有一个下降的过程，到了 2012 年这种上升的趋势变得平缓，这两个特点与 2008 年经济危机导致的全球经济不景气有关。从各国的贸易趋势来看，它们有着相似的规律，2011—2013 年都有所下滑，只有中国的表现例外，2013 年继续增长。从这些特征可以看出，丝绸之路经济带沿线国家存在着较为相似的贸易特征，本地区国家之间的贸易可能较为密切，互相影响较为直接。

2. 主要贸易伙伴

表 3-3 列举了 2013 年丝绸之路经济带沿线一些国家排名前四位的主要贸易伙伴。

表 3-3 2013 年各国主要贸易伙伴

国家	贸易伙伴
中国	欧盟、美国、东盟、中国香港
俄罗斯	中国、荷兰、德国、意大利
哈萨克斯坦	俄罗斯、中国、乌兹别克斯坦、土耳其
吉尔吉斯斯坦	俄罗斯、哈萨克斯坦、乌兹别克斯坦、阿联酋
印度	阿联酋、中国、美国、沙特阿拉伯
伊朗	中国、日本、伊拉克、土耳其
沙特阿拉伯	美国、中国、德国、日本
土耳其	德国、俄罗斯、中国、英国

资料来源：中国商务部网站贸易数据，http：//www.mofcom.gov.cn/article.

从表 3-3 中可以看出，丝绸之路经济带沿线国家之间的贸易往来较为密切，贸易排名都较为靠前，主要可以分为两个特征：第一，在本地区的大国之间，相互贸易的密切程度较高，比如中国、俄罗斯、印度这三个地区性大国之间贸易排名都很靠前；第二，中亚五国之间的贸易较为密切，各国之间贸易排名都较为靠前。

3. 地缘邻近的有利条件

丝绸之路经济带国家之间经济合作的最有利条件是各个国家之间地理位置上的邻近，这是推进相互贸易投资便利化的有利天然条件。首先，从历史的角度来看，丝绸之路经济带沿线一些国家是在苏联解体后独立出来的国家，这些国家在苏联体制下经济结构严重失衡，现在都在寻求进一步发展合理的经济结构，提高综合经济实力，因此这些国家都在积极探索与非独联体国家的经济合作和经贸往来。中国同这些国家之间有着广阔的经济合作空间，得益于中国良好的基础设施建设，这些国家可以很方便地经过中国同亚洲的大多数国家实现贸易合作，既可以为本国的能源资源、农产品等各类产品寻找市场，又可以利用中国等国家的资金和技术。所以，丝绸之路经济带各国的这种客观条件可以形成促进贸易投资便利化的动力。

4. 经济互补性

中国与丝绸之路沿线国家具有良好的优势互补特点，国民经济之间的相互依赖性也随着经济全球化的进程不断加强。中国由于自身人口众多，人力资源具有较大的潜力，从而在劳动力密集型产业发展上具有较多优势，这也是过去几十年支持中国高速增长的动力，是中国对外贸易表现惊人的主要原因。随着全球经济近年来增长乏力，再加上中国的劳动力成本优势逐渐让位于越南等欠发达国家，中国的劳动力密集型产品的国际竞争力有所下降。因此，出于对外贸风险的未雨绸缪，中国可以适当调整市场方向，利用中国与中亚等丝绸之路经济带沿线国家的地缘接近和贸易互补的特点，加强同相关国家的贸易投资合作。丝绸之路经济带国家的资源密集型产品也是中国经济发展所需要的。中亚国家面积广阔、资源丰富，尤其是能源矿产资源丰富。由于本身人口较少，中亚国家对于资源的需求小于自身的供给能力，这为加强同中国之间的合作创造了条件。尤其是同俄罗斯的经济合作，从能源贸易到航空航天等高技术行业的合作，对于中国来说更加有战略意义。对中国来讲，建设丝绸之路经济带可以带动西部大开发和中部崛起，并可以进一步推动扩大开放，为经济增长增添新的动力。中亚国家偏居内陆，缺乏出海口在一定程度上限制了国际贸易的发展，丝绸之路经济带西边连接欧洲，东边连接亚太经济圈，为中亚国家发展国际贸易提供了良好的交通条件。

总的来讲，丝绸之路经济带沿线一些国家可以同中国加强能源和原材料合作，而中国可以为这些国家提供轻工业产品和电子类产品等，这就是丝绸之路经济带贸易互补的最大特征。

5. 制约贸易发展的问题

丝绸之路经济带各国之间在贸易方面有着较多优势，不过仍然有一些需要提高和改进的地方。主要包括通关口岸、国际交通运输、检验检疫标准和金融合作障碍四个方面。

（1）通关口岸

各国目前都在不断加强海关合作体制机制建设，防范由于政策变动造成的协调不力、执法任意性、货物滞留等问题，不过这种改进还是比较滞后于边贸合作的需求。丝绸之路经济带核心区的中亚国家大多存在国际口岸基础设施建设落后的问题，在适应当下的贸易量方面较为吃力；各国海关之间的合作沟通并不流畅，政策执法方面缺乏应有的透明度；进出口方面存在技术性壁垒，在交易商品检测过程中带有随意性，存在影响要素流动的限制性政策，例如俄罗斯曾经出台过的外籍劳工许可比例制度；大部分国家在海关信息化建设方面滞后，影响通关效率。这些都有待于各国之间进一步的沟通和改进。

（2）国际交通运输

丝绸之路经济带沿线各国，主要是中亚地区各国在国际交通物流运输方面的情况不尽如人意。亚洲开发银行等国际机构的研究认为，中亚地区的运输成本与亚洲地区运输成本平均水平相比还是很高，因此这方面问题值得重视。在公路运输方面，目前主要的问题是中国与其他国家之间公路的等级不对接，这样会制约双方贸易。铁路运输方面，运力不足制约商品出境，技术方面面临的是铁轨标准的不同，从而使货物周转更加耗时。

（3）检验检疫标准

出入境检验检疫方面的合作问题主要有以下几点：首先，各个国家之间没有良好的检验检疫信息通报机制；其次，国家之间信息不对称，不能深入合作，缺乏互信；最后，各国的科技水平差距很大，人才瓶颈问题经常发生，客观上对检验检疫工作造成了困难。

（4）金融合作障碍

主要是本币结算方面尚存在障碍，各国之间贸易过程中结算本币认可不高，美元在贸易结算过程中依然强势。各国已经意识到这一问题，并开始采取措施消除金融合作方面的障碍。例如，2013年9月，中国银行正式在新疆推出人民币兑坚戈现钞汇率并挂牌，在同行业中率先办理了直接汇率项下的坚戈现钞兑换业务。哈萨克斯坦大城市部分兑换点可以兑换人民币。

（二）贸易便利化比较

通过世界经济论坛发布的贸易便利化报告来获取各个国家贸易便利化的得分情况，以此为依据对贸易便利化进行分析。本节通过选取代表性的几个国家进行分析。根据国家经济发展水平和数据可得性，本部分选取中国、俄罗斯等大国，中亚五国选取哈萨克斯坦、吉尔吉斯斯坦两个国家，此外还选择伊朗、印度、沙特阿拉伯、土耳其作为考察对象。

第一，从基础设施方面的排名来看，基础设施建设总情况排名从高到低前四位依次是沙特阿拉伯、土耳其、哈萨克斯坦、中国，吉尔吉斯斯坦排名最后。具体来看，公路方面沙特阿拉伯情况最好，土耳其第二，中国第三；铁路情况排名最好的三个国家是印度、中国、俄罗斯；港口建设情况沙特阿拉伯和中国较好；航空基础设施建设表现较好的国家是土耳其、沙特阿拉伯、印度；电力设施沙特阿拉伯大幅领先于其他国家；移动通信方面沙特阿拉伯、俄罗斯、哈萨克斯坦表现较好。总的来看，基础设施建设方面沙特阿拉伯情况最好，中国处于中上水平，而吉尔吉斯斯坦情况排名最后。具体见表3-4。

表3-4 代表性国家基础设施排名

项目	国家							
	中国	俄罗斯	哈萨克斯坦	吉尔吉斯斯坦	印度	伊朗	沙特阿拉伯	土耳其
基础设施总况	74	93	64	108	85	76	22	41
公路质量	54	136	117	133	84	66	17	44
铁路设施质量	20	31	27	76	19	46	47	52
港口设施质量	59	88	135	148	70	79	36	63
航空设施质量	65	102	89	128	61	122	38	33
电力设施质量	67	83	78	122	111	51	24	77
移动电话普及率	116	6	10	46	123	117	5	105

资料来源：The Global Enabling Trade Report 2013—2014. World Economic Forum.

第二，从海关环境方面来看，沙特阿拉伯、哈萨克斯坦、印度这三个国家在控制贸易障碍出现率方面做得较好；贸易关税方面，沙特阿拉伯、土耳其排名领先；通关手续障碍的处理方面，依然是沙特阿拉伯、土耳其领先于其他国家；中国在海关环境方面处于相对中等位置，中亚国家、俄罗斯、印度排名靠后，这些国家还需要不断加强海关环境的改善。详见表3-5。

表3-5　代表性国家海关环境排名

项目	国家							
	中国	俄罗斯	哈萨克斯坦	吉尔吉斯斯坦	印度	伊朗	沙特阿拉伯	土耳其
控制贸易障碍发生率	76	124	48	87	61	113	34	97
贸易关税便利	123	103	104	122	128	147	62	69
通关手续障碍处理	60	124	75	131	88	103	48	87

资料来源：The Global Enabling Trade Report 2013—2014. World Economic Forum.

　　第三，从规制环境方面来看，在知识产权保护方面，沙特阿拉伯和中国相对领先；腐败的治理情况，沙特阿拉伯、土耳其、哈萨克斯坦最好；司法体系有效性方面，沙特、中国、哈萨克斯坦的情况较好；政策透明度方面，哈萨克斯坦、沙特、土耳其表现较好；市场力量的控制程度方面，中国、印度、沙特表现相对较好；控制垄断方面，沙特、土耳其、印度做得较好；沙特阿拉伯、土耳其在银行健全性方面做得很好，大幅超越其他国家；降低犯罪、减少商业成本方面，沙特的情况最好，领先于其他国家。总体而言，中国表现偏上，部分中亚国家较落后，需要大力改善环境规制情况。详见表3-6。

表 3-6　代表性国家规制环境排名

项目	国家							
	中国	俄罗斯	哈萨克斯坦	吉尔吉斯斯坦	印度	伊朗	沙特阿拉伯	土耳其
知识产权保护	53	113	73	140	71	122	27	74
腐败治理	68	109	65	134	110	73	26	53
司法体系有效性	43	118	53	132	62	91	36	59
政府政策透明度	46	101	29	97	61	131	36	37
市场控制程度	23	93	78	124	26	67	24	35
反垄断有效性	55	116	91	140	29	73	21	30
银行的健全性	72	124	100	135	49	121	15	20
降低犯罪率、减少商业成本	62	80	44	97	71	94	15	72

资料来源：The Global Enabling Trade Report 2013—2014. World Economic Forum.

第四，从电子商务方面来看，新技术的应用对其作用最大。对于最新技术的应用，沙特阿拉伯、土耳其、印度排名较为领先；使用互联网方面，沙特阿拉伯、哈萨克斯坦、俄罗斯领先，而印度、吉尔吉斯斯坦、伊朗较为落后；宽带网络使用方面，除吉尔吉斯斯坦、印度、伊朗三国之外，其他国家排名差距不大，处于世界中上水平；移动宽带使用方面，俄罗斯、沙特阿拉伯、哈萨克斯坦表现较好，其中俄罗斯优势最明显；本地供应商数量方面，印度、沙特阿拉伯、土耳其、中国表现较好，其中印度情况在世界范围排名靠前；市场营销范围方面，沙特、土耳其、印度表现较好。总的来看，中亚的吉尔吉斯斯坦排名最后，印度需要加强优化，中国在一些方面应该继续加快改善。

表3-7 代表性国家电子商务排名

项目	国家							
	中国	俄罗斯	哈萨克斯坦	吉尔吉斯斯坦	印度	伊朗	沙特阿拉伯	土耳其
最新技术应用	105	124	88	138	58	121	32	44
使用互联网	78	62	61	101	120	98	60	73
网络宽带	49	46	63	94	106	85	72	60
移动宽带	71	25	37	136	99	136	36	73
本地供应商数量	31	109	105	121	2	57	15	18
市场营销范围	50	90	71	102	52	120	32	37

资料来源：The Global Enabling Trade Report 2013—2014. World Economic Forum.

总的来看，各国贸易便利化差异较大。其中，吉尔吉斯斯坦最需要改善其在基础设施建设、海关环境、规制环境、电子商务方面的状况。沙特阿拉伯和土耳其贸易便利化状况较好：沙特阿拉伯是富裕国家，在贸易便利化上具有更大的需求和投入能力；土耳其作为欧盟候选成员，很多方面具有优势。中国、俄罗斯、哈萨克斯坦、印度基本排名在中上水平，个别指标排名非常靠前，但也有若干个指标排名比较落后，比如中国在新技术的应用方面、移动通信方面都比较落后，而俄罗斯在法制和腐败治理方面排名较为靠后，说明相关国家需要在这些方面加强改善现状。伊朗处于中下水平，贸易便利化的不足相对多一些。因此，丝绸之路经济带沿线国家在贸易便利化方面还有很多的工作要完成，比如基础设施建设方面、加大投资方面就有较强的需求，也是本区域未来发展的方向之一。

为了对各个国家总的贸易便利化水平进行测度，我们采用世界经济论坛的《全球便利贸易报告 2014》中的相关指标，从市场准入、关境管理、交通及信息通信基础设施和商业环境四个方面入手，对丝绸之路经济带沿线国家的贸易便利化水平进行测算，其中市场准入具体包含贸易障碍、通关阻碍、投资者保护等指标；关境管理包含腐败情形、法律解决争端、政策透明性等指标；交通及信息通信基础设施具体包含公路、铁路、港口、航空、电力等指标；商业环境具体包含市场控制力、反垄断政策、劳资合作、金融服务、银行健全、新技术应用、投资和技术转移、市场化程度、创新能力等指标。具体情况见表 3-8。

表 3-8　代表性国家贸易便利化水平值

项目	国家							
	中国	俄罗斯	哈萨克斯坦	吉尔吉斯斯坦	印度	伊朗	沙特阿拉伯	土耳其
贸易障碍	4.3	3.8	4.5	4.2	4.4	3.9	4.7	4.1
通关阻碍	4.2	3.3	4.0	3.2	3.8	3.5	4.5	3.8
投资者保护	5.0	4.7	8.0	7.7	6.0	3.7	7.0	5.7
腐败情形	4.0	3.2	4.1	2.6	3.2	3.8	5.5	4.5
法律解决争端	4.2	3.0	3.9	2.6	3.8	3.4	4.5	3.9
政策透明性	4.4	3.8	4.7	3.8	4.2	3.5	4.6	4.6
公路	4.5	2.5	2.8	2.5	3.6	4.1	5.8	4.9
铁路	4.7	4.2	4.4	2.5	4.8	3.5	3.4	3.1
港口	4.5	3.9	2.7	1.3	4.2	4.1	5.1	4.3
航空	4.5	3.9	4.1	3.1	4.8	3.3	5.4	5.5
电力	5.1	4.5	4.8	2.7	3.2	5.3	6.4	4.8

（续表）

项目	国家							
	中国	俄罗斯	哈萨克斯坦	吉尔吉斯斯坦	印度	伊朗	沙特阿拉伯	土耳其
市场控制力	4.6	3.5	3.7	3.1	4.4	3.8	4.6	4.3
反垄断政策	4.3	3.5	3.8	3.1	4.7	4.1	4.8	4.6
劳资合作	4.4	3.9	4.7	4.1	4.4	3.7	4.5	4.2
金融服务	4.5	4.1	4.6	3.5	5.0	3.1	5.0	5.4
银行健全	5.0	4.0	4.4	3.6	5.5	4.1	6.1	6.0
新技术应用	4.4	4.0	4.6	3.6	5.2	4.0	5.8	5.4
投资和技术转移	4.5	3.7	4.4	3.6	5.0	3.8	5.5	4.9
市场化程度	4.4	3.9	4.1	3.7	4.4	3.4	4.9	4.7
创新能力	4.2	3.5	3.5	2.6	4.0	3.4	3.9	3.8

资料来源：The Global Enabling Trade Report 2013—2014. World Economic Forum.

为了方便比较，将贸易便利化指数化，首先分别对各国市场准入、关境管理、交通及通信基础设施和商业环境等各个指标的数据进行简单加总，然后求简单平均值，最后以各国的得分除以该算术平均值进行指数化，得到各国的各项指数。将各国上述四个综合性指标全部指数化，得到表3-9。

表3-9　代表性国家贸易便利化水平指数

项目	国家							
	中国	俄罗斯	哈萨克斯坦	吉尔吉斯斯坦	印度	伊朗	沙特阿拉伯	土耳其
市场准入	4.50	3.93	5.50	5.03	4.73	3.70	5.40	4.53
关境管理	4.20	3.33	4.23	3.00	3.73	3.57	4.87	4.33
交通及信息	4.66	3.80	3.76	2.42	4.12	4.06	5.22	4.52
商业环境	4.48	3.79	4.20	3.43	4.73	3.71	5.01	4.81

在以上计算的基础上，可以得到各国关于市场准入、关境管理、交通通信基础设施、营商环境等方面的贸易便利化水平。接下来采用威尔逊的港口效率、海关环境、规制环境和电子商务等权重比例方法，重新划分归类，分别赋予其权重为交通及信息通信基础设施60%、关境管理10%、商业环境20%、市场准入10%，最终得到各国加权贸易投资便利化指数；同时为了将贸易便利化指数能够与投资便利化指数合并，对贸易便利化指数进行标准化处理，得到标准化结果（见表3-10）。如果一国的贸易便利化指数的标准化结果等于1，则表明达到代表性国家的平均水平；大于1则表明高于平均水平；小于1则表明低于平均水平。

表3-10　代表性国家加权贸易便利化指数及标准化结果

项目	国家							
	中国	俄罗斯	哈萨克斯坦	吉尔吉斯斯坦	印度	伊朗	沙特阿拉伯	土耳其
加权指数	4.56	3.76	4.07	2.94	4.26	3.91	5.16	4.56
标准化结果	1.10	0.91	0.98	0.71	1.03	0.94	1.24	1.10

三、　丝绸之路经济带的投资状况与投资便利化

（一）投资状况

从投资状况来看，表3-11展示了丝绸之路经济带代表性国家2008—2013年外商直接投资额。

表3-11　代表性国家外商直接投资情况　　　　　　　　　　亿美元

国家	年份					
	2008	2009	2010	2011	2012	2013
中国	1 868.0	1 670.7	2 729.9	3 315.9	2 956.3	3 478.5

（续表）

国家	年份					
	2008	2009	2010	2011	2012	2013
俄罗斯	747.8	365.8	431.7	550.8	505.9	706.5
哈萨克斯坦	168.2	142.8	74.6	137.6	137.8	97.4
吉尔吉斯斯坦	3.8	1.9	4.4	6.9	2.9	7.6
印度	434.1	355.8	274.0	365.0	240.0	281.5
伊朗	19.8	29.8	36.5	42.8	46.6	30.5
沙特阿拉伯	394.6	364.6	292.3	163.1	154	93.0
土耳其	198.5	85.9	91.1	161.5	132.9	128.2

数据来源：世界银行数据库，http：//data.worldbank.org。

由表3-11数据绘制得到2008—2013年各国外商直接投资额的趋势图如图3-2所示。

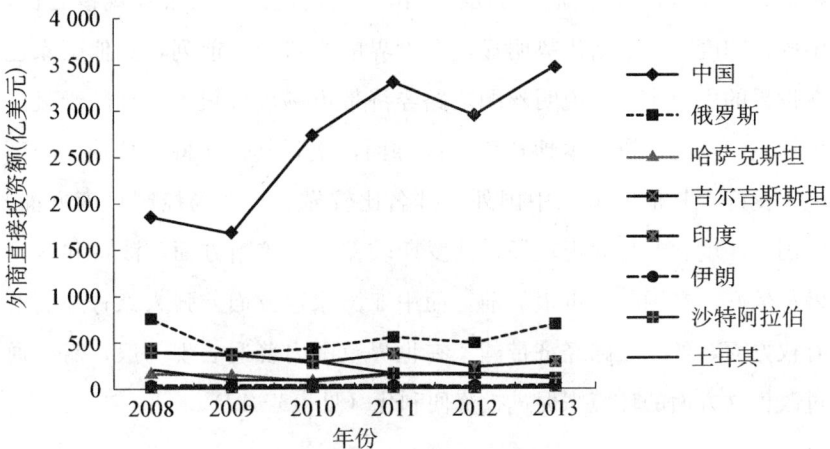

图3-2　代表性国家外商直接投资趋势

从图中可以看出，各国接受外商直接投资总体持平，除了中国略有波动、总体增长外，其他国家如俄罗斯呈现"U"形发展趋势，印度、沙特阿拉伯等国家近几年的趋势则是缓慢下降；而哈萨克斯坦、伊朗、土耳其等近年来的外商直接投资则基本稳定。由此可见，各国还需要进一步提高本国投资便利化水平，更大程度地为本地区投资营造良好的环境。

（二）投资便利化比较

通过实现区域的投资便利化，可以改善各国的投资环境。一国的投资条件包括若干方面，分别是行政环境条件、生产环境条件、市场环境条件、财务环境条件、外汇交易环境条件、信贷环境条件。我们利用 2013 年世界经济论坛数据来描述各国的投资环境，选取与投资相关的指标，如果指标之间有相关性，则从中挑选最受关注的方面。

1. 市场环境及效率

市场环境表征的是国内外市场的规模增长情况、本地市场的竞争特征和垄断特征等方面。比较各个国家的情况。国内市场规模方面，中国、印度、俄罗斯优势明显，在世界的排名处于前列，其他国家也在世界的中上水平，说明丝绸之路经济带市场规模很大，有助于吸引世界范围内的投资；本地竞争强度方面，土耳其、沙特阿拉伯、印度表现良好，其他国家除中国外，排名比较靠后；市场控制程度方面，中国、印度、沙特表现较好，俄罗斯较差；反垄断方面，沙特和印度做得较好，在国际上也很靠前，而中亚国家这方面差强人意；外商所有权方面，丝绸之路经济带国家在世界范围内普遍表现一般，需要通过改善这方面的环境来促进投资便利化（见表3－12）。

表 3－12　代表性国家市场环境和效率排名

项目	国家							
	中国	俄罗斯	哈萨克斯坦	吉尔吉斯斯坦	印度	伊朗	沙特阿拉伯	土耳其
国内市场规模	2	8	55	117	3	18	23	16

（续表）

项目	国家							
	中国	俄罗斯	哈萨克斯坦	吉尔吉斯斯坦	印度	伊朗	沙特阿拉伯	土耳其
本地竞争强度	46	113	120	124	24	121	18	15
市场控制程度	23	93	78	124	26	67	24	35
反垄断政策	55	116	91	140	29	73	21	30
税收影响	41	125	54	101	44	95	10	94
外商所有权	91	132	114	117	94	148	100	108
基础设施情况	74	93	64	108	85	76	22	41

资料来源：The Global Competitiveness Report 2013. World Economic Forum.

2. 法律和行政机构环境

法律和行政机构环境主要指财产保护、知识产权保护、政府服务、投资者保护等。具体的排名情况为：产权保护方面，沙特阿拉伯表现最好，俄罗斯、吉尔吉斯斯坦一般，其他国家处于中上水平；知识产权保护方面，同样是沙特情况最好，而俄罗斯、吉尔吉斯斯坦、伊朗三国需要改善，中国等其他国家处于中上水平（见表3-13）。

表3-13　代表性国家法律和行政机构环境排名

项目	国家							
	中国	俄罗斯	哈萨克斯坦	吉尔吉斯斯坦	印度	伊朗	沙特阿拉伯	土耳其
财产保护	50	133	68	136	58	65	27	48
知识产权保护	53	113	73	140	71	122	27	74
腐败治理	68	109	65	134	110	73	26	53
司法体系	43	119	88	140	40	73	28	85

（续表）

项目	国家							
	中国	俄罗斯	哈萨克斯坦	吉尔吉斯斯坦	印度	伊朗	沙特阿拉伯	土耳其
政策制定透明	46	101	29	97	61	131	36	37
政府服务	29	111	77	129	94	52	18	53
审计和标准	80	107	76	125	52	105	22	50
少数股东权益	75	132	74	121	52	104	14	57
投资者保护	84	100	10	13	41	123	19	57

资料来源：The Global Competitiveness Report 2013. World Economic Forum.

3. 创新环境

创新环境主要指国家创新能力、科研机构质量、企业的研发投入、科学家和工程师的可用性、专利情况等方面。在创新能力方面中国排名最前，印度、沙特阿拉伯、俄罗斯、哈萨克斯坦排名在中间水平，而吉尔吉斯斯坦排名最后；科研机构质量方面，印度、沙特、中国、伊朗等国家较为领先，俄罗斯、土耳其处于中间水平，哈萨克斯坦和吉尔吉斯斯坦则较为靠后；企业研发投入方面，中国和沙特阿拉伯两国水平较高；专利和应用程序方面，中国、俄罗斯、土耳其三国较为领先。总的来看，创新环境方面的指标，丝绸之路经济带国家在世界上的水平较为一般，仍需要进一步改善（见表3-14）。

表3-14 代表性国家创新环境排名

项目	国家							
	中国	俄罗斯	哈萨克斯坦	吉尔吉斯斯坦	印度	伊朗	沙特阿拉伯	土耳其
创新能力	30	64	74	138	41	85	43	45
科研机构质量	41	65	102	139	37	43	39	63

（续表）

项目	国家							
	中国	俄罗斯	哈萨克斯坦	吉尔吉斯斯坦	印度	伊朗	沙特阿拉伯	土耳其
企业研发投入	22	69	77	144	39	110	27	68
校企合作	33	64	79	142	47	90	31	52
官方采购	13	108	58	144	92	73	6	23
科学家和工程师的可用性	44	90	98	146	15	37	31	53
专利和应用程序	36	43	67	94	64	107	48	41

资料来源：The Global Competitiveness Report 2013. World Economic Forum.

4. 金融市场环境

各国的金融市场环境差别较大，中亚国家中的哈萨克斯坦表现较好，而吉尔吉斯斯坦表现较差。俄罗斯在多数指标上排名较为靠后，这表明俄罗斯金融市场服务、金融监管方面还需要加强（见表3-15）。

表3-15　代表性国家金融市场环境排名

项目	国家							
	中国	俄罗斯	哈萨克斯坦	吉尔吉斯斯坦	印度	伊朗	沙特阿拉伯	土耳其
金融可用性	70	91	60	131	45	137	43	28
金融可提供性	51	95	58	130	38	135	26	28
本地市场融资	38	90	100	133	18	86	19	36
易于获得贷款	32	68	61	129	38	148	24	52

（续表）

项目	国家							
	中国	俄罗斯	哈萨克斯坦	吉尔吉斯斯坦	印度	伊朗	沙特阿拉伯	土耳其
风险资本	16	70	72	133	27	139	25	83
银行的健全性	72	124	100	135	49	121	15	20
证券交易监管	63	102	90	130	27	82	26	34
法律权利指数	65	118	101	52	28	101	89	101

资料来源：The Global Competitiveness Report 2013. World Economic Forum.

5. 劳动力市场环境

劳动力市场环境主要反映各国家生产环境中的劳资关系合作、薪酬及生产力、专业化管理等。中亚各国的劳动力市场环境近几年有所改观，哈萨克斯坦总体状况较好，中国专业化管理、薪酬及生产力等方面表现较好（见表 3－16）。

表 3－16　代表性国家劳动力市场环境排名

项目	国家							
	中国	俄罗斯	哈萨克斯坦	吉尔吉斯斯坦	印度	伊朗	沙特阿拉伯	土耳其
劳资关系合作	60	112	40	89	61	128	52	82
工资灵活性	94	41	24	26	50	138	9	32
雇佣和解雇	28	77	21	33	52	109	36	59
薪酬及生产力	17	46	9	35	58	130	25	61
专业化的管理	44	105	70	133	46	127	40	66

资料来源：The Global Competitiveness Report 2013. World Economic Forum.

6. 宏观经济环境

宏观经济环境主要反映国家政府预算、政府债务、国民储蓄、国家信用情况。政府预算平衡方面，沙特和哈萨克斯坦表现较好；国民储蓄方面，中国和沙特阿拉伯、伊朗表现较好；政府债务方面，沙特阿拉伯、伊朗、俄罗斯等国表现较好，世界排名也靠前；国家信用评级方面，中国和沙特阿拉伯表现较好。总体来看，除了沙特阿拉伯和中国、俄罗斯整体宏观环境较好之外，其他国家还有较大的改善空间，需要继续改善宏观经济环境方面的条件（见表3-17）。

表3-17　代表性国家宏观经济环境排名

项目	国家							
	中国	俄罗斯	哈萨克斯坦	吉尔吉斯斯坦	印度	伊朗	沙特阿拉伯	土耳其
政府预算平衡	61	23	13	127	141	62	6	49
国民储蓄	6	32	36	104	28	15	5	99
通货膨胀	62	91	93	117	130	148	58	125
政府债务	28	10	14	88	116	9	4	57
国家信用评级	23	39	53	113	47	118	27	62

资料来源：The Global Competitiveness Report 2013. World Economic Forum.

利用世界经济论坛《全球竞争力报告2013》的数据，从行政机构环境、市场环境、宏观经济环境、劳动力市场环境、金融市场环境、创新环境等方面测算投资便利化。先对各国的数据进行加总，然后求简单平均，接下来再用各国的数据除以该算术平均值，可以得出各国投资便利化水平得分。详见表3-18。

表 3-18　代表性国家投资便利化水平得分

项目	国家							
	中国	俄罗斯	哈萨克斯坦	吉尔吉斯斯坦	印度	伊朗	沙特阿拉伯	土耳其
基础条件方面	5.0	4.5	4.3	3.5	4.2	4.6	5.2	4.3
强化效率方面	4.4	4.3	4.1	3.3	4.5	3.8	4.3	4.1
创新条件	4.2	3.6	3.5	2.9	4.3	3.3	4.1	3.7

资料来源：The Global Competitiveness Report 2013. World Economic Forum.

先对各国的数据进行加总，然后求简单平均，可以得到各国投资便利化水平的分值。再将投资便利化的分值标准化。如果一国的投资便利化指数的标准化结果等于1，则表明达到代表性国家的平均水平；大于1则表明高于平均水平；小于1则表明低于平均水平（见表3-19）。

表 3-19　代表性国家投资便利化总分值及标准化结果

项目	国家							
	中国	俄罗斯	哈萨克斯坦	吉尔吉斯斯坦	印度	伊朗	沙特阿拉伯	土耳其
投资便利化	4.53	4.13	3.97	3.23	4.33	3.90	4.53	4.03
标准化结果	1.11	1.01	0.97	0.79	1.06	0.96	1.11	0.99

根据上述国家加权贸易投资便利化指数，将贸易便利化和投资便利化简单平均后得到贸易投资便利化指数（见表3-20）。

表 3-20　代表性国家贸易投资便利化指数

项目	国家							
	中国	俄罗斯	哈萨克斯坦	吉尔吉斯斯坦	印度	伊朗	沙特阿拉伯	土耳其
贸易便利化	1.10	0.91	0.98	0.71	1.03	0.94	1.24	1.10

（续表）

项目	国家							
	中国	俄罗斯	哈萨克斯坦	吉尔吉斯斯坦	印度	伊朗	沙特阿拉伯	土耳其
投资便利化	1.11	1.01	0.97	0.79	1.06	0.96	1.11	0.99
贸易投资便利化指数	1.11	0.96	0.98	0.75	1.05	0.95	1.18	1.05

从各国最终的贸易投资便利化指数来看，代表性国家的排名依次为：沙特阿拉伯、中国、土耳其、印度、哈萨克斯坦、俄罗斯、伊朗、吉尔吉斯斯坦；其中印度和土耳其得分相同。

四、 丝绸之路经济带贸易投资便利化发展目标及对策

（一）发展目标

第一，努力实现丝绸之路经济带贸易和投资的自由化。最终目标是能够实现沿线国家之间贸易和投资的自由化，虽然实现这个目标还需要很长的时间和大量投入，但实现这一目标是丝绸之路经济带建设的必然要求。

第二，加强区域经济一体化。通过切实降低丝绸之路经济带沿线国家之间的交易成本，提高贸易的自由度，让国际贸易中的各种要素和商品实现自由流动，实现资源优化配置。消除阻碍经贸发展的各种人为因素，达到各地区国家之间的相互协作和统一行动。既要消除各国之间物品、资金、人员流动的壁垒，也要能够通过建立新的规章制度来纠正错误的市场信号并强化正确的市场信号，形成自由市场的统一力量。

第三，促进丝绸之路经济带沿线各国繁荣。贸易投资便利化既要

实现各国的经济发展，同时也要带动社会发展。丝绸之路经济带沿线各国在实现经济增长的同时，要努力为各国人民的收入增长和公共服务水平提升创造良好条件。

第四，各国保持经济增长的可持续性。通过贸易投资便利化来加强国际贸易往来，促进地区经济合作的开展，在加强地区经济合作的过程中提高产品国际竞争力。不仅仅追求贸易数量，更要注重贸易质量，让各国都能通过贸易投资便利化而增加福利，实现地区可持续性发展。

（二）促进丝绸之路经济带贸易投资便利化的对策

1. 促进贸易便利化的措施

（1）构建和完善现代物流体系

关于现代物流的定义很多，从系统上说是指商品和原材料从起点经过包装、运输、仓储到最后交易的整个物品和信息有效流动的全过程。建立现代物流体系的目的就是方便货物流通顺畅，降低交易成本，提高交易效率。丝绸之路经济带覆盖众多国家，运输物流的发展对于促进整个经济带贸易的发展和贸易便利化至关重要。具体来说就是要构建整个丝路带跨国现代物流体系平台，并加快对丝绸之路经济带物流基础设施建设。

第一，建立完善的跨国供应链管理系统。跨国企业的采购和销售在国际贸易中所占据的比重越来越大，面对日益激烈的跨国竞争，为了降低生产成本，必须充分利用不同国家和地区的资源优势，进行合理生产销售配置，建立连接供应商、零售商、贸易商、代理商的全球性高效的资源商品供应体系，及时了解各方面的市场信息和需求，优化生产、提高跨国企业的国际竞争力，实现企业利益最大化。例如，东南亚相对廉价的劳动力、中亚相对丰富的油气资源、欧洲先进的技术和中国巨大的市场，在丝绸之路经济带的整体资源整合中构建适合企业自身的供应链管理体系，为企业发展提供更为广阔的视野和途径。

第二，加快物流基础设施建设。物流基础设施是货物流通的重要依托载体，物流基础设施的密度、质量等也决定着物流的效率和质量。尤其是区域性的物流和调运中心，可以起到货物快速中转集散的作用。加快物流基础设施建设，建立起大范围辐射的立体型交通运输网络，并在多国交汇处建立大型的区域物流中心。中亚铁路运输通道包括：中央线铁路走廊，是从亚洲到欧洲中部的最短路线，从中国的连云港向西经阿拉山口，连接阿拉木图等多个城市最后到达欧洲的伏尔加格勒；南部线铁路走廊，从连云港途经阿拉木图最终到达中东地区如伊斯坦布尔等；还有欧洲—高加索—中亚铁路走廊。在公路建设上，国际公路联盟已经提出了一项新的欧亚陆路交通倡议，三条公路通道：北线连接哈萨克斯坦至中国边境的霍尔果斯；中线连接的是中国的喀什地区、伊尔克什坦，塔什干、布哈拉等；南线连接阿拉木图或奥什与塔什干、安卡拉、伊斯坦布尔等。

（2）推动跨境电子商务的发展

电子商务是运用电子技术手段从事的商务活动，将线下商品与线上销售相结合，大大扩大了销售的受众范围，降低了成本，提高了效率。随着近年来国际金融危机的发生，国际市场需求萎缩，加之各个国家的贸易战、贸易壁垒的加剧，传统的国际贸易模式受到巨大的冲击和挑战。通过建立电子商务网站平台直接对接国际消费者，不仅减少了中间商的环节，而且降低成本，增加了企业的利润。跨境电子商务的发展便于绕过直接的贸易壁垒，由原来的批发模式向零售模式转变，减少了企业的销售风险。在丝绸之路经济带推动跨境电子商务，有利于减少各个国家之间的贸易纠纷，促进国际消费者需求的直接对接，促使商品货物在区域内迅速流动，提高国际贸易的效率和便利化。

第一，鼓励丝绸之路经济带内跨国企业积极合作，建立区域性的跨境电子商务平台，实施一站式网络直销服务，将各地的实体商户和产品的信息汇集在一起，便于消费者自由选择各国各地区的特色产品，扩展国际市场，减少中间商环节，减少成本，让贸易商和消费者实现共赢。例如中国的阿里巴巴，可以在阿里巴巴的交易平台上专门开辟针对丝绸之路经济带相关国家集商户和特色商品、旅游服务为一体的交易平台，提高贸易的便利化。

第二，建立服务于跨境电子商务的专业企业，包括国际物流、仓储、汇兑、报关等方面，形成"平台服务＋通关机制＋境外物流配送"的模式，提高跨境电子商务的运营效率和客户体验度，形成丝绸之路经济带新型产业链，带动区域内贸易便利化的发展。

（3）推动海关管理的不断变革

第一，加强海关系统的信息化建设，建立区域海关联网系统，加强区域多国海关合作。信息技术可以提高海关的运行效率，电子化票据的使用可以节约成本，便于与外汇、税务、质检等部门的联网，共同进行外贸的监管工作，提高通关的速度和效率。多国区域性海关联网系统的建立，有利于协调多国海关的行动，缓解贸易摩擦，同时了解区域内的经贸往来数据，从而成为各地厂商调整出口结构和方向以及国家实施相关经济政策的重要依据。

第二，建立区域企业的风险管理安全系统，针对过往企业贸易、海关、税务等方面的信息，建立丝绸之路经济带内企业的风险评估系统，对于综合评估风险低的优质安全企业，减少通关手续和检查次数，加强重点风险监控行业的企业检查，突出海关管理的重点，减少整体的清关时间，减少政府部门的管理成本，提高海关的效率。

第三，加强区域检验检疫合作。加强与丝绸之路经济带相关国家之间的贸易与出入境检疫检查的合作，建立有关出入境检验检疫的合作会晤机制，通过不断协商合作，缩小检疫标准的差异化和分歧。开展与丝绸之路经济带相关国家的检验检疫证书互认机制，有助于推动贸易便利化的发展。

2. 促进投资便利化的措施

（1）区域相关国家协商制定促进投资便利化的规则

在区域内建立合作组织，制定涉及对外投资、对外承包工程和对外劳务合作的规则，以及关于能源、农业、制造业、金融业等具体行业的直接跨境投资合作条例，提供投资风险担保的《多边投资担保机构公约》机制，以法律法规的形式减少跨境投资壁垒障碍，促进跨境非金融领域与金融领域的投资便利化。加大对区域内矿产资源、生物资源、森林资源、海洋资源的勘察，进行相关资源领域区域整体规划合作。建立跨境安全管理条例，形成信息采集、监测预警、监察督导和应急处理的区域合作，为便利跨境投资提供更为高效的服务。

（2）优化国内税收制度，加强国际税收合作

第一，不断优化国内税收制度，加大对重点行业、高新技术产业的跨境外资进行税收（包括增值税、所得税等）优惠和激励，吸引外资向中西部地区和国家重点发展的行业转移，优化外资投资结构，促进经济健康发展。可以将自贸区、保税区等局部的税收优惠区及金融开放区与丝绸之路经济带进行对接，更好地促进丝绸之路经济带贸易与投资的便利化。

第二，加强区域国际税收协定网络建立。税收协定是跨国经济活动中国家征税权划分的依据，也是维护国家税收权益和企业对外投资利益的重要法律保障。加强与中东地区、东盟和俄罗斯的国际税收协定的谈判和签订，尽可能覆盖全体丝路成员国，加强双边和多边磋商机制，解决跨境贸易投资税收争端，简化征税手续，降低征税成本，保证跨国企业和个人利益，促进区域投资便利化。

（3）促进产业合作与发展

降低市场准入门槛，加快建立公开透明、规范有序的市场准入制度。允许外资直接或间接控股相关行业公司，引进国外先进的技术与资本管理模式，促进相关行业的国际合作。国内的一些行业，诸如化工、冶金、建材等，已经技术成熟并且国际市场需求较大，可以将其向境外转移，在一些条件成熟的国家或地区通过工业园区实现迁移。对于一些实力较强的企业，为满足境外资源需求，可以通过油气、铁、铜、铝矿产的开发合作来实现，并建立稳定性好、多元化的安全供应系统。同时为了给国内资本寻找更好的投资方式，引导其通过收购、参股方式，或者是合作研发的方式，或者是企业合资的方式来实现资本出海。

（4）建立区域金融支持机构

建设丝绸之路经济带首先必须发展交通，加强交通基础设施投资。丝绸之路经济带沿线国家众多，各国之间发展极不均衡，尤其是中亚、东南亚的一些国家和地区由于经济比较落后，当地政府对基础设施建设的重视程度不够，资金缺口较大，严重制约当地贸易、外资投资和经济的发展。为了推动丝绸之路经济带建设，解决沿线国家地区的基础设施投资短缺问题，中国倡导成立了丝路基金和亚投行，为这一地区的基础设施建设、资源开发、产业合作等有关项目进行融资方面的帮助，而首要重点是基础设施建设。

丝路基金和亚投行主要投资于丝绸之路经济带沿线国家的基础设施建设，属于公共性产品，经济效益较低，回收期长，因此可以考虑借助国家信用，鼓励民间资本和跨境资本采取 PPP 的模式进行投资，带动多国社会资金参与，更好带动丝绸之路经济带区域的贸易投资便利化发展。对于中国经济发展来说，丝路基金和亚投行成立后将重点投资于"一带一路"的基础设施建设领域，交通运输、建筑建材、钢铁化工等领域将会迎来巨大发展空间，可以帮助中国解决这些行业产能过剩、利润低下的问题，使这些传统行业拓宽市场范围，重新获得生机，促进外需和贸易出口，加快资本走出去的步伐。

（5）推进人民币跨境结算业务

人民币结算不仅有助于企业简化结算手续、降低财务费用、降低企业管理费用，而且省去核销手续，可以加快退税流程。因此推进人民币跨境结算的纵深开展，有利于丝绸之路经济带贸易投资便利化的直接受益。推进人民币跨境结算，主要应从以下方面着力：

第一，允许金融机构开办离岸金融业务，鼓励人民币流出境外，通过与众多国家的货币互换来减少汇率波动带来的影响。

第二，除了与相关国家和地区进行中央银行的合作，也支持中国的商业银行从自身条件出发实施海外发展战略。中国的商业银行在丝绸之路经济带相关国家地区建立分支机构，建立良好的信用管理系统，有助于为企业海外业务发展提供金融支持。

第三，发展人民币作为外贸的结算货币，同时不断扩大人民币占对外贸易结算货币的比例，探索将人民币结算扩展到非贸易领域。

第 四 章

产业合作与升级

一、引　言

中国经济从高速增长转入中高速增长，意味着增长方式的转变，要求经济增长从低成本的要素驱动向创新驱动转变，其实质就是要改变比较优势，反映在产业上，即要改变在国际分工体系中的位置，实现产业升级。[①] 当前，我国产业升级已经步入一个关键时期，表现在既要实现产业升级的总体目标，又要避免产业升级过程中的"断档"问题引致的经济下滑风险。其实，已经有学者研究指出，我国东部地区面临着比较优势"断档"的压力，即体现传统比较优势的劳动密集型产业受到东南亚低收入国家的冲击，而新的具有比较优势的产业尚未形成（张其仔，2008）。与此同时，我国产业升级还不得不面对部分行业产能严重过剩的问题（韩国高、高铁梅等，2011）。[②]

2013年9月，习近平主席提出亚欧国家共建"丝绸之路经济带"的倡议。在2015年3月国家发布的《推动共建丝绸之路经济带和21世纪海上丝绸之路的愿景与行动》中，明确提出丝绸之路经济带旨在"促进经济要素有序自由流动、资源高效配置和市场深度融合，推动沿

---

① 张其仔：《比较优势的演化与中国产业升级路径的选择》，《中国工业经济》，2008年第9期，第58—68页。

② 韩国高、高铁梅等测度了我国制造业中七大产能严重过剩行业：黑色金属冶炼及压延加工业，有色金属冶炼及压延加工业，非金属矿物制品业，化学纤维制造业，化学原料及化学制品制造业，石油化工、炼焦及核燃料加工业，造纸及纸制品业。

线各国实现经济政策协调，开展更大范围、更高水平、更深层次的区域合作，共同打造开放、包容、均衡、普惠的区域经济合作架构"，并详细说明了丝绸之路经济带合作的重点内容。[①] 而这样一种开放互惠的区域经济合作架构可为中国实现产业升级提供平台和空间。

丝绸之路经济带倡议提出后，国内学术界涌现出相应的研究热潮。已有研究可以划分为两个阶段：第一阶段集中于解读和探讨丝绸之路经济带的提出背景、内涵与定位、意义以及实施路径（例如，胡鞍钢、马伟等，2014；白永秀、王颂吉，2014；王保忠、何炼成等，2014；卫玲、戴江伟，2014；郭爱君、毛锦凰等，2014；白永秀、吴航等，2014；赵华胜，2014；王海运，2014；曹云，2014）；第二阶段的研究则转为探讨丝绸之路经济带的实施与推进，针对某一具体内容，如能源合作、基础设施建设、产业合作、投资贸易、金融支持等，分析其现状、制约因素及破解对策（例如，庞昌伟，2014；王喆、董锁成等，2015；郭爱君、毛锦凰，2014；苏华、康岚等，2015；王聪，2015；高新才、朱泽刚，2014；王晓芳、于江波，2014）。值得注意的是，已有学者尝试对丝绸之路经济带产业合作与转型问题进行系统的理论分析，苏华、康岚等（2015）尝试以雁阵模型构建丝绸之路经济带产业合作模式，王聪（2015）利用新结构经济学的分析框架，提出了丝绸之路经济带核心区产业协同合作转型机制，他们的研究丰富了我们看待这一问题的视角。但总体而言，已有研究有待于深入，与产业相关的文献侧重于分析丝绸之路经济带中各具体产业间的合作，从协同升级的角度分析丝绸之路经济带产业合作的研究并不充分。

产业合作是丝绸之路经济带建设的重点内容，选取哪些产业作为突破口，与相关国家共同展开合作可能是实践层面应着重考虑的问题；

---

① 《推动共建丝绸之路经济带和 21 世纪海上丝绸之路的愿景与行动》，人民出版社，2015 年，第 3 页。

而在理论研究层面，应该思考通过何种机制，利用丝绸之路经济带所形成的对外开放新格局和区域经济合作新架构，以实现我国产业升级和长期可持续发展的目标。已有文献对产业升级的理论研究已经十分丰富，有关产业升级的类型划分包括两大类：一是产业间升级，二是基于产品内分工下的产业升级。我国大国经济的特点决定了产业发展存在较明显的区域差异，进而导致区域差异格局下产业升级路径的差异，任何单独一种类型的升级路径都不能解决中国升级问题。因此，本章将通过梳理产业升级理论，结合对丝绸之路经济带各国产业发展现状的分析，研究在丝绸之路经济带这一区域经济架构中如何实现产业协同升级的问题。

二、 相关文献综述

（一）产业升级理论

1. 产业升级与产业结构升级

"一旦你开始思考经济增长，很难不把重点放在作为持续经济增长特点的产业和技术连续升级上。"[1] 作为发展中国家面临的重大现实问题，产业升级自然也成为理论工作者研究的重点方向。但从我国学术界对产业升级理论的已有研究中，我们可以看出不同学者对产业升级的内涵存在不同理解，表现在许多研究未给予产业升级、产业结构升级等概念以清晰的界定，容易导致研究主体和范围的混乱。陈羽、邝国良（2009）指出，国内学者对产业升级内涵的理解存在两种思路：

---

[1] 林毅夫：《新结构经济学：反思经济发展与政策的理论框架》（增订版），北京大学出版社，2014年，第155页。

一种是"结构"思路，一种是"价值链"思路。后者为国外学者通用的产业升级，是基于全球价值链理论而产生的，而前者为国内研究尤其是前期研究所常用，即认为产业升级就是产业结构调整。值得注意的是，近年来国内学者对"价值链"思路的产业升级问题研究逐渐增多，也因此使得我们对这两个概念的辨析更加清楚。

在综合已有研究成果（姜泽华、白艳，2006；陈羽、邝国良，2009；江东，2010）的基础上，我们认为，产业升级与产业结构升级概念的区别体现在：首先是主体不同，前者的主体是单个产业，后者的主体是产业结构；其次是内涵不同，前者是指产业从处于低附加值、低技术的低端生产环节向高附加值、高技术的生产环节不断升级，而后者指产业结构中各产业的地位、关系向更高级、更协调的方向转变的过程。姜泽华、白艳（2006）在周振华（1995）的基础上对产业结构升级的内容进行了总结：第一，产业结构规模由小变大；第二，产业结构水平由低变高；第三，产业结构联系由稀变紧。

总体来看，产业结构升级侧重于宏观方面的研究，而产业升级侧重于微观视角。两者的联系体现为：产业升级构成产业结构升级的基础，产业结构升级则是产业升级的结果。

2. 全球价值链理论

（1）全球价值链的形成与发展

全球价值链（GVC）理论的产生以新型国际分工和全球化生产网络为基础，这一理论根源于20世纪80年代波特（Porter）和科格特（Kogut）对"价值链（VC）"理论的分析。波特指出："每一个企业都是在设计、生产、销售、发送和辅助产品的过程中进行种种活动的集合体，这些互不相同但互相关联的生产经营活动，构成了一个创造价值的动态过程即价值链。"[①] 波特（1985）还区分了内部价值链和交互

---

① ［美］迈克尔·波特：《竞争优势》，华夏出版社，2002年。

价值链两种形式，并以此构建了企业的竞争优势理论。同时，科格特（1985）提出"价值增值链（value-added chain）"的概念，即由技术与原材料和劳动力的融合而形成的各种投入环节，然后通过组装把这些环节结合起来形成最终商品，并通过市场交易、消费等最终完成价值循环过程。其实，科格特的观点更加清晰地反映了价值链的垂直分离和全球空间再配置之间的关系，将价值链从波特侧重对企业的分析扩展到了更宏观的主体——区域和国家（江静，2014）。此后，克鲁格曼（Krugman）、阿尔恩特（Arndt）和凯日科夫斯基（Kierzkowski）、芬斯特拉（Feenstra）等学者研究了价值链条的片断化和空间重组问题。其中，克鲁格曼（1995）探讨了企业将内部各价值环节在不同地理空间进行配置的能力问题，这一问题成为后来研究关注的重点（张辉，2004）。

格里芬（Gereffi）提出了"全球商品链"理论，旨在探讨包括不同价值增值部分的全球商品链的内部结构关系，并将全球商品链划分为"生产者驱动"和"购买者驱动"两类。商品链这一概念是存在局限性的，格里芬（2000）进一步提出了"全球价值链"的概念和理论框架来替代"全球商品链"，为国际产业分工提供了一种基于网络、用来分析国际性生产的地理和组织特征的分析方法，揭示了全球产业的动态特征，考察价值在国际产业分工中由谁创造、由谁分配（涂颖清，2010）。卡普林斯凯（Kaplinsky）和莫里斯（Morris）在其所著的《价值链研究手册》中，对价值链、全球价值链及其相关理论做了系统的梳理。

（2）全球价值链理论的内容

全球价值链（GVC）是指构成特定产品最终价值的所有价值节点按生产流程联结而成且贯穿全球多个国家的链条。在该链条上，产品的最终价值被分解为多个价值节点，由分散在全球多个国家的多个企业所创造。这些价值节点分散在该产品从概念孕育到最终使用的各个生产阶段，包括理念生产、设计、制造、品牌、营销、配送以及售后服务。[①]

格里芬、吉本（Gibbon）、汉弗莱（Humphrey）、卡普林斯凯、波特等学者是研究全球价值链理论的先驱，他们的杰出工作奠定了全球价值链理论的基本框架，也让这一理论成为后来学者和国际组织关注的方向。江静（2014）区分了国外学者对全球价值链分析的两种类型，见表4-1。

表4-1　全球价值链的分析类别

	国际化分析	产业分析
代表人物	格里芬，卡普林斯凯，吉本	汉弗莱，史密斯
研究重心	全球价值链的治理以及欠发达国家的升级	全球价值链治理及欠发达国家的升级
方法论	宏观分析方法，主要运用行业数据和各国的贸易数据	微观分析方法，主要是案例分析和定性数据
政策含义	国际劳动分工、双边或多边的贸易政策、FDI	产业集群的竞争力，地区和产业集群的政策
理论背景	国际经济学、政治经济学、跨国公司相关理论	产业经济学、地区发展、产业集群的相关理论

资料来源：江静，《全球价值链视角下的中国产业发展》，南京大学出版社，2014年，第5页。

张辉（2004、2005、2006），文嫮、曾刚（2004、2005）等学者在国内较早地引入了全球价值链理论并尝试将其应用在中国产业发展问题上，这一时期的研究侧重于对全球价值链理论的引进和介绍。总体来说，上述文献对全球价值链理论基本内容的梳理主要围绕以下三方面展开：全球价值链的动力机制、全球价值链的治理理论、全球价值链的升级理论。

[①] 这一定义来源于刘仕国、吴海英等人对国外学者对全球价值链定义的归纳总结，详见刘仕国，吴海英，马涛等：《利用全球价值链促进产业升级》，《国际经济评论》，2005年第1期，第64—84页。

① 全球价值链的动力机制

格里芬和库兹涅威茨（M. Korzeniewicz）将全球商品链的驱动模式分为生产者驱动和采购者驱动，后来学者对全球价值链动力机制的研究基本上延续了这一分类方法。张军（2004）系统整理了格里芬等学者的全球价值链动力机制理论。根据他的界定，生产者驱动型价值链是指由生产者投资来推动市场需求，形成全球生产供应链的垂直分工体系：投资者可以是拥有技术优势、谋求市场扩张的跨国公司，也可以是力图推动地方经济发展、建立自主工业体系的本国政府。采购者驱动型价值链是指拥有强大品牌优势和国内销售渠道的经济体，通过全球采购和 OEM 等生产组织起来的跨国商品流通网络，形成强大的市场需求，拉动那些奉行出口导向战略的发展中地区的工业化。详见表 4-2。

表 4-2　生产者和采购者驱动的全球价值链比较

项目	生产者驱动的价值链	采购者驱动的价值链
动力根源	产业资本	商业资本
核心能力	研究与发展、生产能力	设计、市场营销
进入障碍	规模经济	范围经济
产业分类	耐用消费品、中间商品、资本商品等	非耐用消费品
典型产业部门	汽车、计算机、航空器	服装、鞋、玩具
制造企业的业主	跨国企业，主要位于发达国家	地方企业，主要在发展中国家
主要产业联系	以投资为主线	以贸易为主线
主导产业结构	垂直一体化	水平一体化
辅助支撑体系	重硬环境、轻软环境	重软环境、轻硬环境
典型案例	Intel、波音、丰田、海尔等	沃尔玛、耐克、戴尔等

资料来源：张军，《全球价值链理论与我国产业发展研究》，《中国工业经济》，2004年第 5 期，第 38—46 页。

由表 4-2 可以看出，两种驱动类型的价值链在动力根源、核心能力、进入障碍等方面存在较大差异，更为重要的是，要看出差异所暗示的不同发展策略。张军（2004）认为产业在参与全球竞争的过程中，要选择符合所在价值链驱动类型的发展和升级策略。如果该产业属于生产者驱动的全球价值链条，其发展策略就应以增强核心技术能力为中心。同样，对于参与采购者驱动的全球价值链的产业，则应强调"销售渠道"等的拓展，来获取范围经济等方面的竞争优势。

② 全球价值链的治理理论

全球价值链治理作为全球价值链理论的核心，聚焦全球化语境下以主导企业为中心的治理研究；主要关注主导企业与供应商之间的协调互动，价值链上各方的壁垒构建和租金分配，价值链给不同国家带来的机遇、挑战与风险，特别关注在碎片化生产与专业化分工过程中全球价值链的治理主体、治理方式和治理逻辑（秦升，2014）。在国内文献中，池仁勇等（2006）、秦升（2014）已经对全球价值链治理理论的发展脉络进行了详细的梳理，因此此处只作概要性的评述。

汉弗莱和史密斯（2001，2002）以主导公司对价值链的控制程度为标准，划分了全球价值链治理结构的四种类型：市场型、网络型、准层级型、层级型。[1][2] 在汉弗莱和史密斯四分法的基础上，格里芬等（2003）将全球价值链的治理结构分为五种类型：市场型、模块型、关系型、领导型和层级型。价值链各节点之间"知识与信息交易的复杂程度""解码交易信息的难度"以及"供应方满足交易需要的能力"的难易程度和水平高低，是区分五种类型治理结构的标准。具体来说，

---

[1] Humphrey J, Schmitz H. *Governance in Global Value Chains* [J] . IDS Bulletin, 2001, 32 (3): 19-29.

[2] Humphrey J, Schmitz H. *Developing Country Firms in the World Economy: Governance and Upgrading in Global Value Chains* [R] . INEF Report, University of Duisburg, 2002: 25-27.

在市场型治理结构下，交易完成较为容易，产品规格较为简单，供应商通常不需要买方的支持就拥有完成合约的能力，价格为主要的协调机制；在模块型治理结构下，复杂信息被编码化和数字化后传递给供应商，供应商具备提供整套模块的能力而无须买方监督和控制生产流程，产品、产业、质量标准为主要的协调机制；在关系型治理结构下，买方提供隐性信息，供应商拥有独特的或不可复制的能力获取买方信息，信任和声誉为主要的协调机制；在领导型治理结构下，供应商能力较弱，完全依赖买方的监督、指导和干预完成生产和交易，协调机制就是买方对供应商实现全局控制；在层级型治理结构下，产品规格无法被编码化，生产过程无法外包，不存在有能力的供应商，所有环节都在公司内部进行，自上而下的管理为主要协调机制（格里芬等，2003；秦升，2014）。

上述全球价值链治理理论以公司间协调机制和权力结构分析为核心，划分不同类型的治理结构，而波特、吉本（2005）通过引入惯例理论分析全球价值链中主导企业及其治理逻辑，为这一问题提供了另一种分析框架。在格里芬等学者的治理理论中，随着治理结构从层级型治理向市场型治理推进，主导企业的权力不断下降，而波特与吉本则认为，松散的治理结构并不意味着主导企业控制力的弱化。主导企业通过各种方式，特别是惯例体系的影响来获取权力，而不是简单地取决于在企业间关系基础上建立的协调机制（秦升，2014）。

关于全球价值链治理的最新研究，试图通过"微观—中观—宏观"的分析方法整合和发展已有的价值链治理理论（秦升，2014）。波特、斯特金（Sturgeon）综合已有理论，建立了一个分析全球价值链治理的"微观—中观—宏观"系统框架，其中，微观层面描述决定价值链节点的因素及交换机制，中观层面描述节点之间的联结方式是怎样的以及在什么程度上扩展至价值链的上游和下游，宏观层面描述全球价值链的整体运行模式及其导致的结果。

③ 全球价值链的升级理论

全球价值链下的产业升级理论，主要研究的是全球价值链中的企业或尚未嵌入的企业，如何通过嵌入价值链获取技术进步和市场联系，从而提高竞争力，进入增加值更高的活动中。[①]

格里芬（1999）将产业升级划分为四个层次：一是产品层次上的升级和创新，二是经济活动层次上的升级和创新，三是产业内层次上的升级和创新，四是产业间层次上的升级和创新。汉弗莱、史密斯（2002）在格里芬（1999）的基础上创新了这一理论，他们提出了全球价值链中产业升级的四种路径：工艺流程升级、产品升级、功能升级和链条升级。[②] 盛斌、陈帅（2015）总结了这四种产业升级路径的概念，具体如下：

一是工艺流程升级。它是指在生产过程中，由于技术进步和生产效率的提升，企业能够改进生产流程，通过更有效率的方式或更低的次品率来生产产品，或者由于生产工艺的进步，企业能够生产更复杂的订单。它往往涉及新机器的购买、实施质量控制计划、缩短交货时间、减少浪费等具体措施。[③]

二是产品升级。它是指企业由于技术和实力的提升，通过改变设计生产质量更高和技术更复杂的产品，其中也涵盖了企业更新产品的能力。

三是功能升级。它是指企业向一条"微笑曲线"价值链中具有更高附加值的阶段升级。若一个企业原本处于生产阶段，这意味着功能升级是向其上游（研发、设计、品牌）转移或是向其下游（物流、分

---

① 孙文远：《产品内价值链分工视角下的产业升级》，《管理世界》，2006 年第 10 期，第 156—157 页。

② Humphrey J，Schmitz H. *Governance and Upgrading: linking industrial cluster and global value chain research*, IDS Working Paper 120，Brighton: Institute of Development Studies.

③ Humphrey J，Schmitz H. *How Does Insertion in Global Value Chains Affect Upgrading in Industrial Clusters?*，[J]. Regional Studies, 2002, 36（9）: 1017‐1027.

销、售后服务）转移。[①]

四是链条升级。它是指企业有能力参与或转移到一条生产更高附加值产品的"微笑曲线"价值链上。[②] 链条升级的实质是从已有价值链转移到具有更高技术水平和治理结构的价值链上去。

工艺流程升级和产品升级相对容易，常发生在国家与企业经济发展早期，功能升级和链条升级则是较高级的形态，且功能升级是链条升级的基础。[③] 一般认为，产业升级是遵循从工艺流程升级到产品升级，再到功能升级，最后到链条升级，但现实中的产业升级过程，产业内诸多企业相互影响，导致其轨迹并不完全是线性的。

（二）丝绸之路经济带上的产业升级

丝绸之路经济带倡议提出之后，国内学术界涌现出相应的研究热潮，发表了大量研究成果，产生了不少观点争鸣。目前，国内的相关研究可以划分为两个阶段：第一阶段集中于解读和探讨丝绸之路经济带的提出背景（赵华胜，2014；张宁，2014；曹云，2014；白永秀、王颂吉，2014），丝绸之路经济带的内涵与定位（胡鞍钢、马伟等，2014；白永秀、王颂吉，2014；卫玲、戴江伟，2014；郭爱君、毛锦凰等，2014；王海运，2014；冯玉军，2014；李琪，2014），丝绸之路经济带的意义（胡鞍钢、马伟等，2014；白永秀、王颂吉，2014；卫玲、戴江伟，2014），以及丝绸之路经济带的实施路径（胡鞍钢、马伟等，2014；王保忠、何炼成等，2014；白永秀、吴航等，2014；王海运，2014；赵华胜，2014）等问题；第二阶段的研究集中于探讨丝绸

---

① Gereffi G, Memedovic O. *The Global Value Chain: What Prospects for Updating by Developing Countries?*, Vienna: UNIDO, 2003.

② 同①。

③ WTO, World Trade Report, 2014.

之路经济带的某一重点任务，分析其现状、制约因素及破解对策，乃至对丝绸之路经济带合作模式等更深层次问题的研究。

总的来看，第一阶段的研究解决了丝绸之路经济带"为什么，是什么"的问题，但是当前丝绸之路经济带倡议已经到了实施阶段，要解决的关键问题变成了"重点难点问题及怎么办"。在《愿景与行动》发布之后，国内学术界对"丝绸之路经济带"实施中的重点问题的研究，基本集中于六大类问题：能源合作（庞昌伟，2014；袁培，2014；郭树娥、王树斌，2015）、交通物流建设（罗刚，2014；王喆、董锁成等，2015）、产业合作（郭爱君、毛锦凰，2014；苏华、康岚等，2015；王聪，2015）、投资与贸易合作（高新才、朱泽刚，2014；程云洁，2014；刘华芹，2014）、金融合作（姚德全，2014；王晓芳、于江波，2014；倪明明、王满仓，2015）、城市建设（杨恕、王术森，2015；高新才、杨芳，2015；许建英，2015）。

产业合作是实现丝绸之路经济带产业升级的前提和基础，是实现丝绸之路经济带沿线各国优势互补、互利共赢的重要途径，成为已有研究的主要关注点。已有研究可分为三类，一是通过梳理丝绸之路经济带沿线国家产业发展现状，进而分析产业分工合作前景（徐建伟、赵芸芸，2014；郭爱君、毛锦凰，2014；董锁成、黄永斌等，2014；刘志中，2014；贵浩、张建伦，2014）。二是探讨中国与丝绸之路经济带沿线国家产业分工合作的模式、路径。例如，苏华、康岚等（2015）试图在中国与中亚国家，依据"中国东部—中国中部—中国西部及中亚国家"的梯度发展层次，构建中国-中亚国家产业合作的"雁行模式"。王聪（2015）以新结构经济学理论框架探究中国与中亚间互联互通、产业转型与合作的可行路径，提出产业转型与合作的动力是要素禀赋升级与比较优势培育，突破口是改善硬性与软性基础设施，关键是科学技术与工业合作；在产业转型与合作方向上，需要侧重政府在信息提供与外部性补偿中的作用，通过提升企业自生能力，将金融发展、技术创新与产业结构调整相结合。郭爱君、毛锦凰（2014）从经济带、国家和节点三个层面构建丝绸之路经济带的产业空间布局。三是就某一具体产业探讨中国与丝绸之路经济带沿线国家分工合作的构想，这主要集中于能源、金融、物流、旅游等方面（庞昌伟，2014；袁培，2014；郭菊娥、王树斌等，2015；姚德权，2014；王晓芳、于江波，2014；倪明明、王满仓，2015；李宁，2014；郭鹏、董锁成等，2014）。

三、 丝绸之路经济带产业合作的现实考察

（一）丝绸之路经济带重点国家产业发展概况

中亚五国是中国共建丝绸之路经济带的重要合作伙伴，中国已经同哈萨克斯坦达成了合同总额数百亿美元的工业产能合作协议，这为中国推进丝绸之路经济带产业合作提供了示范。根据白永秀、王颂吉（2014）对丝绸之路经济带空间范围的划分与界定，我们将丝绸之路经济带核心区作为分析对象，考察中亚五国和俄罗斯产业发展概况。

1. 中亚五国产业发展概况

中亚位于亚欧大陆腹地，毗邻中国西北地区，包括哈萨克斯坦、乌兹别克斯坦、土库曼斯坦、吉尔吉斯斯坦、塔吉克斯坦五国。自1992 年相继独立以来，中亚五国依托丰富的能源矿产资源，工业经济均得到了恢复和发展（见表 4-3 和表 4-4）。

分国别来看，哈萨克斯坦的主要工业行业为油气工业和煤炭工业。该国农业以种植业和畜牧业为主，农业现代化发展缓慢；其工业内部结构并不合理，采矿业在工业产值中占有举足轻重的地位，尤其是石油与天然气采掘业，其他工业部门发展相对缓慢。2003—2012 年，采矿业占工业总产值的比重始终居于高位且呈上升态势，在 2012 年达到

60.8%。相比之下，其制造业则由于基础薄弱、设备老化及投入不足、竞争力下降等原因而发展受限。[①] 此外，毕艳茹（2010）指出哈萨克斯坦存在就业结构与产值结构的严重偏离：农业集中了三分之一的劳动力；采掘业"一业独大"，加工制造业发展落后，虽然服务业占比较大但主要由传统产业支撑，现代服务业发展缓慢；尽管按人均 GDP 衡量，哈萨克斯坦已经步入高收入国家，但从经济内部结构来看，它仍属于资源驱动型发展模式，处于农业国向工业国的转型阶段。[②]

表 4-3　中亚五国优势自然资源与主要工业行业

国家	优势自然资源	主要工业行业
哈萨克斯坦	油气：陆上石油探明储量为 48～59 亿吨，天然气 3.5 万亿立方米；所属里海地区石油探明储量 80 亿吨，天然气可采储量超过 1 万亿立方米。 煤炭：储量 1 767 亿吨，占世界总储量的 4%，居世界第 8 位。 铀：占世界储量的 25%，居世界第 2 位。 金：占世界黄金储量的 3%～4%，居世界第 8 位。 锌：占世界总储量的 9.5%，居世界第 4 位。 铬：占世界储量的 1/3，居世界第 2 位。	油气工业、煤炭工业
土库曼斯坦	天然气：远景储量为 22.8 万亿立方米，居世界第 3 位。 碘和溴：储量占苏联的 70%。	能源、机械制造、食品加工、有色金属
吉尔吉斯斯坦	锑：产量居独联体第 1 位和世界第 3 位。 锡：产量居独联体第 2 位。 汞：产量居独联体第 2 位。	油气工业、棉毛纺织工业

---

① 马莉莉，任保平：《丝绸之路经济带发展报告 2014》，中国经济出版社，2014 年，第 127 页。
② 毕艳茹：《中国与中亚国家产业合作研究——基于产业结构国际化视角》，新疆大学博士学位论文，2010 年，第 34—35 页。

（续表）

国家	优势自然资源	主要工业行业
乌兹别克斯坦	油气：储量在中亚居第 2 位。 铀：探明储量 5.5 万吨，居世界第 7 位。 金：探明储量 2 100 吨，居世界第 4 位。 钼：储量居世界第 8 位。 镉：开采量居世界第 3 位。	采矿业、金属及非金属制品加工业
塔吉克斯坦	银：储量在中亚国家居第 1 位。 锑：储量居中亚第 2 位。 铅锌：储量居中亚第 1 位。	采矿业、轻工业、建材工业

资料来源：陈正、蒋峥，《中亚五国优势矿产资源分布及开发现状》，《中国国土资源报》，2012 年 7 月 14 日。

表 4 - 4　中亚五国经济发展概况 （2012 年）

国家	GDP/亿美元	人均 GDP/美元	三产比重	外贸总额/亿美元	出口额/亿美元	进口额/亿美元
哈萨克斯坦	2 016.8	11 772.9	5.2∶37.9∶56.9	1 368	923	445
乌兹别克斯坦	483	1 737.5	18.9∶32.4∶48.7	262.9	142.6	12.3
土库曼斯坦	336.8	5 998.7	7.5∶24.4∶68.1	199.1	103.4	95.7
吉尔吉斯斯坦	64.2	1 148	21.3∶32.6∶46.1	72.7	18.9	53.7
塔吉克斯坦	75.9	953.3	25.6∶25.0∶49.3	51.5	13.6	37.8

数据来源：世界银行数据库。

　　乌兹别克斯坦的主要工业行业为能源、机械制造、食品加工和有色金属。乌兹别克斯坦是中亚人口最多的国家，其人口占中亚的 50%（2010 年）。同时，乌兹别克斯坦自然资源丰富，国民经济支柱产业有"四金"：黄金、"白金"（棉花）、"黑金"（石油）、"蓝金"（天然气）。因其棉花产量居世界前列而被称为"白金"之国，但独立之后减少了棉花种植面积，尽管如此，农业在 GDP 中仍占有重要地位。工业上，轻工业和食品加工业是乌传统经济部门。乌兹别克斯坦独立后实施"渐进式"改革战略，转型初期工业发展遭遇困境，但进入 21 世纪后工业加速发展，占 GDP 比重逐步上升。[①] 石油、天然气、有色金属生产是国民经济支柱产业。总体而言，乌兹别克斯坦仍是一个以原料生产为主的国家，面临着从传统农业国向工业国的转变。

　　吉尔吉斯斯坦的主要工业行业为采矿业、金属及非金属制品加工业。吉尔吉斯斯坦有色金属如金、汞、锡、锑储量较大，有一些世界级的大型矿床，如库姆托尔金矿、哈伊达尔干汞矿。黄金在吉尔吉斯斯坦的经济地位十分重要，库姆托尔金矿 2011 年开采黄金 18.1 吨，产值约 19 亿美元，占吉尔吉斯斯坦当年 GDP 的 11.7%，工业总产值的 26.1%，出口总值的 51.1%。而 2012 年由于该矿产量下降，在一定程度上导致当年 GDP 增速下滑。[②] 不同于哈萨克斯坦、乌兹别克斯坦和土库曼斯坦石油天然气资源储量丰富，吉尔吉斯斯坦缺乏油气资源，经济发展相对困难。农业上，吉尔吉斯斯坦正由畜牧业为主转向种植业为主，其中果蔬业发展最好，烟草业次之，但其农业仍难以实现粮食自给。工业上，以制造业为主，其次是建筑业与电力、燃气及水的供应，二者合计所占比重相对较高且基本稳定。

　　塔吉克斯坦的主要工业行业为采矿业、轻工业和建材工业。该国属中亚小国，国土面积仅 14.3 万平方千米，但水资源相对丰富，人均拥有量位居世界前列，且目前大部分仍未开发。该国经济基础薄弱，结构单一，20 世纪 90 年代独立后，经济基本处于持续衰退过程中；进入 21 世纪来，经济总量不断增长，但工业化进展相对有限。尽管该国政府不断推进改革和工业化进程，但是农业仍占很大比重，其第二产业产出比重呈下滑趋势，竟低于独立前的水平。从人均 GDP 来看，塔

---

　　① 马莉莉，任保平：《丝绸之路经济带发展报告 2014》，中国经济出版社，2014 年，第 176 页。
　　② 孙力，吴宏伟：《中亚黄皮书：中亚国家发展报告（2013）》，社科文献出版社，2013 年，第 42 页。

吉克斯坦是中亚目前最为贫穷的国家。此外，该国长期存在贸易逆差，且近年来逆差程度不断扩大，民族工业受国外产业冲击较大。

土库曼斯坦的主要工业行业为油气工业和棉毛纺织。该国天然气、石油等矿产资源十分丰富，其天然气储量居世界第三位。正是得益于此，通过实行能源强国政策，依靠能源出口，该国经济从独立以来总体上保持着高速增长态势。第一产业比重缓慢下降，第二产业一直保持主导地位，第三产业比重处于上升态势。在第二产业中，由天然气、石油开采、石油制品和电力构成的燃料-能源综合体是土库曼斯坦的主要工业部门，产值占工业产值一半以上。[①]

总体而言，丰富的油气等矿产资源对中亚经济社会发展起到了显著的带动作用，但该地区工业经济发展水平相对较低，工业化尚处于初级阶段。

2. 俄罗斯产业发展概况

自苏联解体以来，俄罗斯经历了从大幅衰退到恢复性增长的发展过程。作为世界储量最大的矿产和能源资源拥有国，俄罗斯自然成为全球最大的石油和天然气输出国，因此能源和原材料部门占比较大是其产业结构的突出特征。从总的产业结构来看，俄罗斯第一产业产值占 GDP 的比重较小并持续下降，从 1990 年的 16.6％降到 2012 年的 3.9％；第二产业比重在 1990 年比重最高，达到 48.4％，苏联解体后基本保持在 30％～40％；第三产业比重不断提高，从 1990 年的 35％上升至 2012 年的 60％。[②] 从工业内部结构来看，该国的主要工业部门有：石油、天然气、机械、冶金、煤炭及化工等；轻纺、食品、木材加工业较落后；航空航天、核工业具有世界先进水平。俄罗斯工业结构的特点是：一方面过度依赖原油、天然气和其他资源类产品的生产

---

① 毕艳茹：《中国与中亚国家产业合作研究——基于产业结构国际化视角》，新疆大学博士学位论文，2010 年，第 52 页。

② 马莉莉，任保平，《丝绸之路经济带发展报告 2014》，中国经济出版社，2014 年，第 112 页。

及出口，另一方面制造业部门的比重产值占整个工业总产值的比重呈下降趋势。2000—2011 年（不包括 2005 年）俄罗斯工业结构变化见表 4-5。

表 4-5　2000—2011 年俄罗斯工业结构变化　　　　　　　　　%

年份	2000	2001	2002	2003	2004	2006	2007	2008	2009	2010	2011
能源和原材料部门	58.4	56.3	57.2	57.6	60.6	67.8	66.1	65.4	66.0	66.2	66.4
制造业	41.6	43.7	42.8	42.4	39.4	32.2	33.9	34.6	34.0	33.8	34.6

注：2005 年前，能源和原材料部门包括燃料、电力、黑色冶金、有色冶金、木材加工和建材工业；重型制造业包括机器制造、金属加工业以及化学和石油化工；轻型制造业包括轻工业和食品加工业。2005 年之后，能源和原材料部门包括采掘业、木材加工和木制品生产、造纸和印刷、焦炭和石油制品生产、其他非金属矿产加工、冶金和金属制品生产；重型制造业包括化学工业、橡胶和塑料制品生产，机器和设备生产，电子设备和光电仪器生产，以及运输工业和设备的生产；轻型制造业包括食品生产、纺织工业和皮革与皮制品生产。

资料来源：马莉莉，任保平，《丝绸之路经济带发展报告 2014》，中国经济出版社，2014，第 114 页。

（二）中国与丝绸之路经济带重点国家产业合作特征

第一，产业互补性强。中国与中亚国家处于不同发展阶段，双方在产业和产品结构上存在较大差异。中国目前已经形成了较为完善的工业体系。基于劳动力优势，中国劳动密集型产业得到了长足发展，近年来资本密集型产业也得到了发展，出口产品以工业制成品为主。而中亚国家产业发展总体上以原材料工业和农业为主，工业门类并不齐全，需从外部大量进口生活资料。尤其是独立后的中亚国家迫切希望改善人民生活水平，增强国家实力，提升国际地位，在这样的背景下，各国都采取了工业立国的经济发展战略。但是中亚各国在独立后20 多年的发展中，原有产业格局没有发生实质变化，在参与国际贸易与分工后，资源型工业结构反而得到了强化。① 这样的发展现实为中国和中亚国家的产业合作提供了空间。虽然中亚市场竞争激烈，客观上中国产品质量水平与欧美、日本、韩国等发达国家相比有较大差距，但中国产品物美价廉、性价比高的特点极大地迎合了中亚国家消费水平，更具有竞争力。因此，中国与中亚国家具有良好的产业互补性，具备在国际分工基础上进行产业合作的物质基础。

第二，能源资源产业合作占据主导地位。中亚国家和俄罗斯自身资源禀赋和产业结构的特点，与中国经济发展巨大的能源需求相匹配，使得能源资源产业合作占据主导地位。中国能源企业（中石油、中石化等）在中亚五国和俄罗斯几乎都有投资项目。中国企业对吉尔吉斯斯坦、塔吉克斯坦、乌兹别克斯坦的有色金属矿采选业也有较多重要投资。随着这些投资项目的发展，中国企业与中亚国家在地质勘探、开采设备和技术咨询服务等领域开展了大量合作。油气资源开采方面，中国已经初步形成了以哈萨克斯坦为重点，合作范围扩展至土库曼斯坦等周边中亚国家的发展态势，部分能源企业通过获取油气资源开采权、修建跨境油气管道、并购中亚地区油气公司及提供油气生产技术服务等形式，逐步深化了中国与中亚国家的油气产业合作。

第三，部分产业已有一定合作基础。这体现在中国部分行业的领先企业已经在中亚等地区开展业务并取得良好市场反馈。例如，华为、中兴等通信设备制造和服务提供商已经占据了稳固市场，对行业影响力大，中国一拖继 2008 年在吉尔吉斯斯坦建立了中亚地区第一个拖拉机组装厂后，2009 年 6 月在中亚地区的第二个组装厂又在哈萨克斯坦正式投产。此外，还有诸多食品加工类、棉纺织类企业，已经在中亚国家形成了较稳定的市场地位和知名度。

---

① 毕艳茹：《中国与中亚国家产业合作研究——基于产业结构国际化视角》，新疆大学博士学位论文，2010 年，第 9 页。

第四，产业合作潜力巨大。中国工程机械、交通运输设备、电力设备等装备因质量可靠、价格合理、操作容易、维修方便，在中亚市场上具有较强的竞争力，是多年来中亚国家从中国进口的主要商品。但目前相关领域的产业合作仍然处于起步阶段，有待于进一步拓展合作深度和广度。同时，随着中亚国家经济社会不断发展，其城镇化、基础设施建设所引致的建材、汽车、纺织等领域消费需求大大提升，而中国对应领域产业发展水平较高，产品丰富、性价比高，产业合作潜力巨大。

专栏一： 中国与中亚五国工业发展的互补性

中国与中亚五国的工业化处于不同发展阶段，中国总体上已步入工业化中后期阶段，而中亚国家工业化所处的阶段总体上滞后于中国。因此，双方在产品和产业结构上均存在较大的互补性。苏联时期，中亚五国充当原材料供应者角色，独立之后它们迫切需要发展现代制造业。但是受历史和地缘政治等因素的影响，经过独立后二十多年的发展，中亚五国的原有产业格局并没有发生实质变化，随着参与国际贸易与分工水平的深化，资源型工业结构反而得到了强化。

下表描述了中亚五国出口前十的商品的分布情况，反映出中亚五国工业结构的资源主导特征。不难看出，中亚五国出口商品结构高度集中，矿产资源类和农业原材料类产品占据绝对份额，且排名前十的商品中绝大部分属于初级产品，这深刻反映出中亚各国加工制造能力的不足。尽管资源类初级产品是中亚国家现阶段的比较优势所在，但若单一依靠资源类初级产品出口，而不重视自身制造能力的提升，就很有可能被永远"锁定"在全球产业分工的外围。在此背景下，中亚国家急需提升工业发展水平。只有大力发展现代制造业，才能改变单一依靠资源类初级产品出口的现状，实现出口产品多元化。

表 2012年中亚五国出口前十的商品

	哈萨克斯坦		吉尔吉斯斯坦		塔吉克斯坦		土库曼斯坦		乌兹别克斯坦	
	名称	占比%	名称	占比%	名称	占比%	名称	占比%	名称	占比%
1.	原油及沥青	61.9	非货币黄金	9.0	铝	48.2	天然气	52.4	棉花	14.9
2.	海绵铁、铁合金	4.0	重油及沥青	8.7	棉花	16.4	棉花	13.5	铜	12.6
3.	铜	3.8	车辆	7.3	棉织品	3.8	重油及沥青	10.8	天然气	9.3
4.	重油及沥青	3.1	蔬菜及产品	6.0	贱金属矿石与精矿	3.6	无机化学氧化盐	3.3	果仁	7.8
5.	铁矿石、精矿	2.9	女性服装等	6.0	果仁	2.2	原油及沥青	3.2	放射性材料	6.5
6.	放射性材料	2.7	电力	5.7	电力	1.6	特种纱及纺织布料	2.5	客车、赛车	6.4
7.	天然气	2.6	果仁	3.4	男性服装	1.4	塑料制品	2.4	纺织纱线	6.2
8.	煤	1.6	优质金属、精矿	2.8	纺织纱线	1.2	纺织纱线	2.1	重油及沥青	5.8
9.	液化丙烷	1.4	棉花	2.4	不含铁的碱金属废料	1.0	蔬菜	1.3	化肥	4.0
10.	小麦	1.2	不含铁的碱金属废料	2.3	铜矿砂及精矿	0.9	服装	0.8	蔬菜及产品	3.0
合计		85.2		53.6		80.3		92.3		76.4

资料来源:张文中,《中亚五国的贸易特征及向东发展的障碍》,《新疆财经》2015年第1期,第53—61页

因此，我国与中亚国家工业发展的互补性不仅体现在基于资源与市场互补的产品贸易层面上，而且体现在产业资本合作乃至发展战略层面：一方面，相比于产品贸易，中亚国家更有意愿、有动力获得外国直接投资以提升自身工业发展水平；另一方面，我国有实力、有条件、有动力推动优势工业产能"走出去"，拓展我国工业的国际发展空间。

专栏资料来源：白永秀、王泽润、王颂吉，《丝绸之路经济带工业产能合作研究》，《经济纵横》，2015 年第 11 期，第 28—34 页。

（三）丝绸之路经济带重点国家产业发展中存在的问题

从上文对丝绸之路经济带重点国家产业发展现状的分析来看，工业总体上占据主导地位且发展较为迅速，对经济增长具有显著的带动作用。从中国东部沿海地区到中西部地区再到中亚五国，工业经济发展水平呈明显的阶梯状分布，具备良好的合作潜力。但同时，这一区域的产业发展也面临着不容忽视的问题，如分工水平较低、产品同质化严重、资源环境问题突出等。

一方面，分工水平较低，相关国家产品同质化现象严重。在西部大开发战略的支持下，中国西北地区的工业有了较快发展，但西北地区的工业发展水平与东部地区相比仍有较大差距。西北地区以重工业为主，在重工业内部，矿产采掘业和原材料工业所占比重较大，这一重型工业结构决定了西北地区主要工业产品大多属于基础性的上游产品，产业链条短、加工程度低、产业辐射效应较差，工业行业大多处于价值链低端。中亚五国工业发展水平各有差异，除哈萨克斯坦的工业水平相对较高之外，其余国家的工业发展水平相对较低。中亚五国产业结构类似，没有形成优势与特色，产品同质化较为严重。俄罗斯重工业基础雄厚，但同样未与周边国家建立起有效的工业分工。总体来看，丝绸之路经济带核心区未形成有效的工业价值链，工业分工水平较低，产品同质化问题突出，这急需在建设丝绸之路经济带过程中予以解决。

另一方面，资源环境问题突出，转型发展压力巨大。丝绸之路经济带核心区地形复杂，自然灾害多发，生态环境极为脆弱。近年来，丝绸之路经济带核心区在工业发展过程中对生态环境的破坏较大，导致生态环境压力日益增加，不利于工业经济的持续发展。以我国西北地区为例，这一区域的经济发展过度依赖重工业，高能耗、高污染、高排放的"三高"产业在经济结构中占有较高比重，使得工业发展所面临的资源环境问题日益突出。2013 年，西部地区 GDP 总量占全国比重的 20%，但废气排放量占全国比重却高达 33.27%，高出 GDP 比重 13.27 个百分点；工业固体废物排放量占全国比重高达 32.91%，高出 GDP 比重 12.91 个百分点（见表4-6）。此外，丝绸之路经济带核心区矿产资源较为富集，但在资源开发过程中，破坏性开发和掠夺性开发矿产资源的现象层出不穷，这使该地区相对脆弱的生态环境雪上加霜。在此背景下，丝绸之路经济带核心区今后应积极推动工业产业协同发展，在发挥各地比较优势的基础上降低资源消耗，减轻对生态环境的破坏，实现工业经济可持续发展。

表4-6　2013 年中国三大区域主要污染物排放占全国比重　　　　　　　%

区域	GDP 所占比重	主要污染物排放		
		废气占比	废水占比	工业固体废物占比
东部	59.79	42.71	56.56	40.77
中部	20.21	24.02	23.37	26.31
西部	20.00	33.27	20.07	32.91

注：东部包括北京、天津、河北、辽宁、吉林、黑龙江、上海、江苏、浙江、福建、山东、广东、海南 13 个省份和直辖市；中部包括山西、安徽、江西、河南、湖北、湖南 6 个省份；西部包括内蒙古、广西、重庆、四川、贵州、云南、西藏、陕西、甘肃、青海、宁夏、新疆 12 个省份和直辖市。

资料来源：依据《中国统计年鉴 2014》相关数据整理。

四、 丝绸之路经济带产业协同升级的路径

在产品内分工背景下，地理因素对国际产业分工的影响力不断上升,[①] 区域内部的产业分工向价值链分工深化,[②] 构建区域工业价值链成为区域工业协同发展的必由之路。中国、俄罗斯和中亚五国的地域面积占亚欧大陆的 3/5，人口占世界接近 1/4，这一区域对世界经济发展举足轻重。在建设丝绸之路经济带过程中，相关国家通过积极构建工业价值链，不仅有助于区域工业协同转型升级，而且有助于带动亚欧大陆乃至世界经济的可持续发展。

（一）丝绸之路经济带核心区构建工业价值链的条件

丝绸之路经济带核心区具备良好的合作基础、广阔的市场空间和层级互补的工业体系，这为丝绸之路经济带核心区构建工业价值链创造了基本条件。

第一，丝绸之路经济带核心区具备良好的合作基础。2001 年 6 月 15 日，中国、俄罗斯、哈萨克斯坦、乌兹别克斯坦、吉尔吉斯斯坦、塔吉克斯坦在"上海五国"机制的基础上成立了上海合作组织，致力于加强成员国之间的全方位合作，推动建立国际政治经济新秩序。通过双边和上海合作组织框架，近年来中国与俄罗斯、中亚五国之间的全方位合作日益密切，已与俄罗斯、哈萨克斯坦建立起全面战略合作伙伴关系，与乌兹别克斯坦、土库曼斯坦、吉尔吉斯斯坦、塔吉克斯

---

① 徐康宁，王剑：《要素禀赋、地理因素与新国际分工》，《中国社会科学》，2006 年第 6 期，第 65—77 页。

② 刘友金，胡黎明：《产品内分工、价值链重组与产业转移——兼论产业转移过程中的大国战略》，《中国软科学》，2011 年第 3 期，第 149—159 页。

坦建立起战略合作伙伴关系，这为中国与相关国家开展合作奠定了政治基础。在经济合作方面，中国与俄罗斯、中亚国家的经济互补性强，能源合作需求旺盛，近年来贸易投资额不断增加（见图4-1），中国已成为俄罗斯、中亚国家最重要的贸易伙伴或投资来源国。[①] 在交通联系方面，第二条亚欧大陆桥正常运营，中哈第二条过境铁路投入使用，丝绸之路复兴项目建设加快推进，[②] 中国与中亚及俄罗斯之间的交通联系日益密切。丝绸之路经济带核心区的良好合作基础，为相关国家加强工业分工提供了条件。

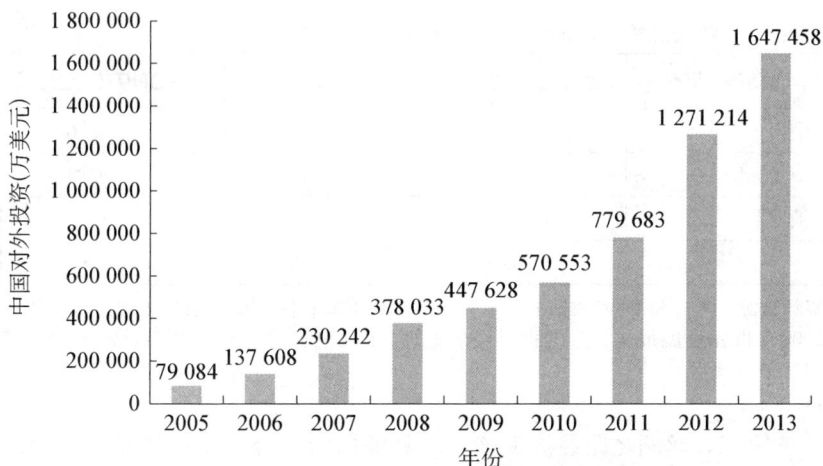

图4-1　2005—2013年中国对俄罗斯和中亚五国的投资情况

资料来源：《2013年度中国对外直接投资统计公报》，中国统计出版社，2014年，第46—50页。

第二，丝绸之路经济带核心区具备广阔的市场空间。市场规模与分工专业化程度密切相关，市场规模的扩大有助于提升分工专业化水平。通过表4-7可以看出，包括中国、中亚五国、俄罗斯在内的丝绸

---

①　白永秀，王颂吉：《丝绸之路经济带：中国走向世界的战略走廊》，《西北大学学报》（哲学社会科学版），2014年第4期，第32—38页。

②　王颂吉，白永秀：《丝绸之路经济带建设与西部城镇化发展升级》，《宁夏社会科学》，2015年第1期，第51—59页。

之路经济带核心区，地域面积为 3 069.92 万平方千米，占世界陆地面积的 20.61%；2013 年人口规模为 15.76 亿，占全世界人口总量的 22%；GDP 总量为 12.56 万亿美元，占全世界经济总量的 16.13%。丝绸之路经济带核心区的庞大市场规模，可以为相关国家的工业企业提供规模经济效益，一方面有助于具有竞争优势的工业企业在区域范围内做大做强，提高应对国际竞争的能力；另一方面有助于充分利用广阔市场空间来优化要素配置，加快丝绸之路经济带核心区工业价值链的形成。

表 4 - 7　丝绸之路经济带核心区的市场空间　（2013 年）

国家或地区	面积/万平方千米	人口/亿	GDP/万亿美元
中国	959.81	13.64	10.36
中亚五国	400.29	0.68	0.34
俄罗斯	1 709.82	1.44	1.86
合计	3 069.92	15.76	12.56

资料来源：人口和 GDP 数据来源于世界银行数据库；国土面积数据来源于世界银行 2009 年世界发展报告《重塑世界经济地理》附表，清华大学出版社，2009 年，第 332—334 页。

第三，丝绸之路经济带核心区具备层级互补的工业体系。一般而言，只有不同国家或地区在工业产业特定产品的不同工序具备比较优势，才能通过构建工业价值链形成分工优势。丝绸之路经济带核心区涉及 7 个国家，这些国家的工业经济处于不同发展阶段，通过工业价值链跨区域重构，可以推动丝绸之路经济带的工业产业实现协同发展升级。具体而言，中国东部沿海地区已经具备了向技术和知识密集型产业升级的条件，劳动密集型产业则需要向外转移；中国中西部地区具备承接国际范围内劳动密集型、技术密集型产业的条件，而能源化工、钢铁、纺织等过剩产能则需要向外输出；中亚国家工业基础较为薄弱，但石油、天然气、金属矿产等资源丰富，面临发展能源化工产业和矿产加工业的机遇，同时可以承接部分劳动密集型产业；俄罗斯具备良好的重工业基础，一些工业行业处于价值链高端，可以为丝绸之路经济带核心区构建工业价值链提供技术支持。由此可见，丝绸之路经济带核心区具备构建工业价值链的产业互补基础。

（二）丝绸之路经济带核心区构建工业价值链的设想

基于丝绸之路经济带核心区良好的合作基础、广阔的市场空间和层级互补的工业体系，各相关经济体应充分发挥比较优势，积极构建以中国东部沿海地区为"龙头"、以中国中西部地区为"枢纽"、以中亚及俄罗斯为重要组成部分的丝绸之路经济带核心区工业价值链（见图4－2）。在这一工业价值链中，各相关经济体对工业增值环节的定位立足于比较优势，使丝绸之路经济带核心区的工业产业具备可持续发展的现实基础，通过错位发展和互补发展，可以逐步实现工业经济协同发展升级。

具体设想如下：中国东部沿海地区应向外转移劳动密集型生产工序，积极发展技术、知识密集型生产工序，争当丝绸之路经济带工业价值链的"链主"，发挥"龙头"引领作用；中国中西部地区应向外转移能源化工、钢铁、纺织等过剩产能，积极承接中国东部沿海地区转移出的劳动密集型生产工序，同时承接国际范围内转移出的技术、知识和资本密集型生产工序，争当丝绸之路经济带工业价值链的"枢纽"；中亚各国的工业基础相对薄弱，应积极承接中国转移出的部分劳动密集型生产工序，同时与中国合作发展资源开采及深加工、能源化工、棉毛纺织等产业，充分发挥自然资源尤其是油气资源富集的比较优势，提升工业经济发展水平；俄罗斯应为丝绸之路核心区工业价值链的构建提供技术支持，大力发展具有比较优势的技术密集型生产工序，输出部分重化工业和丧失比较优势的技术密集型生产工序，与中亚国家共同作为重要组成部分全面融入丝绸之路经济带工业价值链。随着丝绸之路经济带核心区工业价值链的形成，各相关经济体的工业分工和经济联系将更为紧密，逐步建成利益共同体和命运共同体。

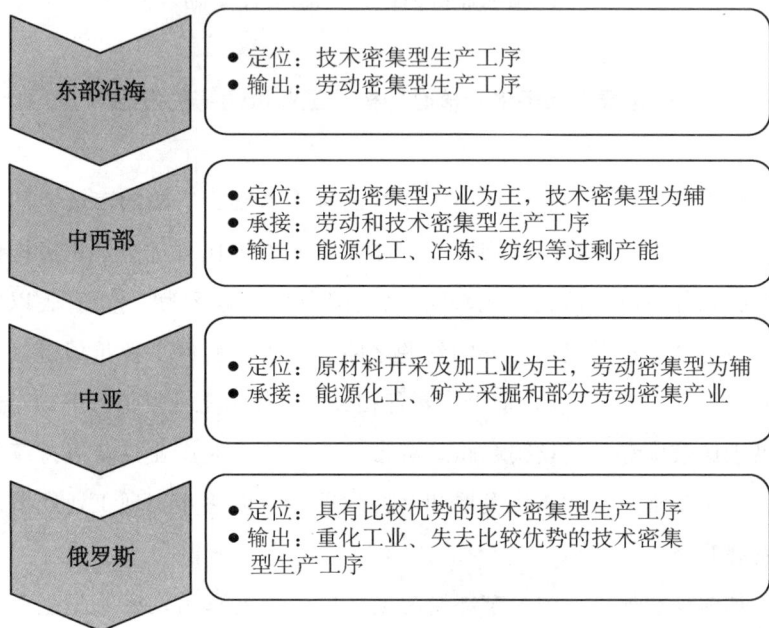

图 4-2　丝绸之路经济带核心区工业价值链示意图

五、　丝绸之路经济带产业协同升级的保障措施

丝绸之路经济带产业协同升级的保障措施包括：制定丝绸之路经济带产业合作规划，加强国家层面的宏观指导；完善国际产业合作的配套政策，提升"走出去"服务水平；积极开展经济外交，注重政治和经济互动；促进多边金融合作，加强金融支持保障；改善经济发展和国际贸易、投资政策。

第一，制定丝绸之路经济带产业合作规划，加强国家层面的宏观指导。中央政府应从丝绸之路经济带这一整体出发，制定出具有战略性、系统性、互利性的产业合作规划，明确丝绸之路经济带产业合作的目标、实施路径、合作框架、保障措施。加强对我国企业"走出去"的宏观指导，完善对外投资、承包工程的产业导向和国别指导政策，提高指导企业"走出去"的针对性和有效性。提高对外投资、承包工程的舆情监测和应对能力，营造有利的舆论环境。健全对外投资、承包工程的风险防控和监管机制，加强境外中资企业和境外国有资产管理。完善对外投资管理制度，推进对外投资便利化，减少政府核准范围和环节，加强动态监测和事后监管。①

第二，完善国际产业合作的配套政策，提升"走出去"服务水平。建立针对开拓丝绸之路经济带市场的企业的财政专项补贴政策体系，为企业在投融资、综合授信等方面提供有效、优惠的扶持政策。同时，简化、减免对国内企业"走出去"形成限制的审批条目。引导企业加强对外投资、承包工程的协调合作，发挥行业协会和境外中资企业商会的作用，避免无序竞争和恶意竞争。引导企业在境外依法合规经营，注重环境资源保护，加速与东道国经济社会发展的融合，积极履行社会责任。完善相关信息共享系统、多双边投资合作促进机制等载体平台建设，扶持本土投资银行、法律、会计和评估等中介机构发展，切实发挥中介机构的专业化咨询、权益保障等作用。②

第三，积极开展经济外交，注重政治和经济互动。丝绸之路经济带范围广阔，所涉及地缘政治关系复杂，要加强外交与经济紧密互动，进一步强化政治外交与经济外交的协调配合。推进政府间多双边合作，拓展政府间宏观经济政策协调的深度和广度。完善战略对话、经贸联委会、混委会等机制化合作平台，深化多双边经贸合作。充分发挥驻

---

① 《国务院办公厅转发发展改革委等部门关于加快培育国际合作和竞争新优势指导意见的通知》，2012-6-1. http://www.gov.cn/zwgk/2012-06/01/content_2151106.htm.

② 同①。

外使领馆的一线作用，为中国企业开拓国际市场提供有力支撑。①

第四，促进多边金融合作，加强金融支持保障。一是扩大人民币跨境使用，为境外人民币结算、清算和回流提供便利，推动人民币走出去。二是推动中资金融机构"走出去"，鼓励中资银行与外资银行在支持丝绸之路经济带建设方面开展金融合作，支持国内相关产业"走出去"。三是完善投融资机制，坚持政府推动和商业运作相结合、投资促进和融资保障相结合的思路，充分发挥亚投行、丝路基金等现有投融资平台的作用，更好地支持丝绸之路经济带产业合作。

第五，改善经济发展和国际贸易、投资政策。② 经济发展政策应聚焦更适合自己的具体生产环节而非整个产业，要大力加强基础设施和人力资源投资。积极发展服务业，优先发展商业服务业；推进国内服务市场自由化，鼓励中小企业发展；政府可以创造机会，增加本地中小企业同外资企业的联系。关于国际贸易政策，尽可能在多边层面消除贸易壁垒，推动贸易自由化；区域贸易协定应同本区域的生产网络协调一致；优化边境管理，尤其要推进通关流程便捷化。关于国际投资政策，应尽可能降低投资壁垒，提高双向投资便利程度，鼓励外资尤其是跨国公司投资的进入；加强对国际投资者完成初始投资后的服务，以吸引更多的后续投资；加快协调现有双边与区域投资协议，增进彼此之间的协调性。

专栏二： 丝绸之路经济带核心区产能合作的重点领域

推进国际产能合作对于构建丝绸之路经济带核心区工业价值链、实现沿线各国产业协同升级具有重要意义。一方面，国际产能合作通

---

① 《国务院办公厅转发发展改革委等部门关于加快培育国际合作和竞争新优势指导意见的通知》，2012-6-1. http://www.gov.cn/zwgk/2012-06/01/content_2151106.htm.

② 刘仕国、吴海英等《全球价值链和贸易增加值：经济影响、政策启示和统计挑战》，《国际经济评论》，2013年第4期，第87—96页。

过转移富裕产能、强化优势产能，驱动企业海外投资，逐步拓展市场、获取资源、实现技术创新，带动我国产业升级，提升我国在全球价值链中的地位，进而强化我国构建丝绸之路经济带价值链的实力和治理能力；另一方面通过开展产能合作，我国与沿线国家能够在生产和技术领域开展密切合作，从而带动我国资金、技术和品牌走出去，在与沿线国家的产业分工合作中占据价值链的高附加值环节。

基于国务院发布的《关于推进国际产能和装备制造合作的指导意见》和前文对丝绸之路经济带核心区国家产业发展现状的分析，我们认为可重点围绕能源资源开发及深加工业、装备制造业、建材产业、纺织服装业、轻工食品业、电子信息产业以及新能源产业七大领域展开丝绸之路经济带核心区产能合作。

1. 能源资源开发及深加工业。在油气资源开采方面，由于我国能源企业在中亚五国都已有投资项目，因此未来产能合作的重点内容应包括：围绕建设油气战略通道，不断扩大我国与中亚国家油气合作规模；延伸油气产业链，支持我国企业在中亚国家开展炼油化工业务，扩大石油化工产品的生产规模。在矿产资源开发及深加工业方面，我国矿产资源勘探开发企业也已在中亚投资布局，但吉尔吉斯斯坦、塔吉克斯坦和土库曼斯坦矿产资源勘探、开采技术水平相对较落后，资源开发率较低。因此，未来产能合作可进一步支持国内矿产资源开发企业通过合资、独资或提供技术支持等多种形式，与中亚国家开展矿产资源开发业的合作；支持我国具备研发实力的矿山机械设备制造企业，针对中亚国家矿产资源勘探开发的地质特点和实际需求，为中亚国家设计并提供可定制化的矿山机械设备，积极开展融资租赁业务；支持我国企业在中亚国家开展矿产资源深加工，在当地建立深加工基地，做大做强产业链。

2. 装备制造业。在工程机械设备上，中亚国家正处于基础设施大规模建设阶段，必将对混凝土生产与运输、铲土运输、压实等工程机械设备产生巨大需求。我国企业应发挥在工程机械制造领域的竞争优势，通过向中亚国家扩大工程机械设备出口规模、在中亚地区就地建设工程机械设备生产基地等形式，不断扩大我国与中亚国家工程机械产能合作水平。在交通运输设备上，中亚国家的城市化和工业化进程对汽车、电力机车、高速铁路、城市轻轨等交运设备有着大量需求，而我国在上述交运设备制造领域不仅拥有自主品牌，技术水平也不断完善。例如，中国高铁已成为中国装备"走出去"的名片。因此，应支持我国交运设备制造企业加大"走出去"力度，以与中亚国家共建中亚交通基础设施的方式带动相关装备出口，也应支持我国交运设备制造企业在中亚地区合资或独资建立组装和服务基地，带动当地上下游产业发展。在农业机械上，支持我国企业针对中亚农业特点开发相应产品，扩大出口规模，可进一步在中亚国家独资或合资建立农业机械生产和服务基地。在电力设备上，支持我国电力设备制造的龙头企业采取在中亚国家承包电厂建设、更新电力设备等形式带动我国发电机、变压器等输变电设备向中亚出口，鼓励有条件的企业以独资或合资的形式在中亚建厂。在油气资源开采装备上，针对中亚国家在油气钻采和加工设备上的巨大需求，应支持我国企业通过共同参与油气资源开发、工程建设、管道运输以及技术服务等形式，带动相关装备和零配件出口中亚。推动装备制造业国际产能合作，应该更加注重"产品＋服务"走出去，突破纯产品出口理念，转向整体解决方案，提高与出口产品相关的技术指导、维修保养、性能升级等增值服务比重。

3. **建材产业**。伴随中亚国家工业化和城市化进程进入加速阶段，对水泥、玻璃、钢材等建筑材料以及地板、陶瓷、洁具等家具装饰材料的市场需求将趋于扩大。广泛需求与本地生产能力不足的巨大冲突为我国与中亚国家进行建材产业国际产能合作提供了基础。发挥我国建材产业门类齐全、产品优质、综合配套能力强的竞争优势，一方面不断加大对中亚国家的产品出口力度；另一方面支持国内相关建材企业加快"走出去",与中亚国家合资建厂,利用当地资源,转移我国的产品生产设备和技术,实现就地生产、就地销售。

4. **纺织服装业。**中亚国家棉、毛、麻、皮革等纺织服装业原料产量丰富,居民收入水平的提高将扩大对纺织服装产品的市场需求,但由于中亚国家的纺织工业设备和技术落后,加工能力弱,无论是产量、产品种类和质量水平都不能满足市场需求。因此,纺织服装业产能合作的内容可包括:一是支持我国纺织企业到中亚地区合资建厂,充分利用当地原材料,就地发展棉花生产加工业。二是鼓励并支持向中亚国家出口成套纺织设备、输出先进纺织技术,帮助当地企业提高产品质量,扩大产品种类。三是鼓励并支持我国有自主品牌的服装生产企业到中亚国家建立生产基地,加强与中亚国家服装生产企业合作力度,根据当地消费者需求,开发新产品。

5. **轻工食品业。**中亚国家轻工食品类工业的问题在于加工能力和技术水平较低,生产设备大量依靠进口。以食品业为例,除哈萨克斯坦外,其余国家还没建立起现代食品工业体系。因此,在推动轻工食品类工业产能合作过程中,一方面应支持我国从事清真食品加工生产的企业面向中亚市场扩大产品出口;另一方面应鼓励并支持它们向中亚国家输出食品加工技术和设备,支持它们抱团"走出去",到中亚投资设厂,围绕食品精深加工拓展产业链。

6. **电子信息产业。**电子信息产业是高新技术产业,中亚市场对消费类产品需求巨大,但受限于本国技术和制造能力,大部分产品依赖进口。由于欧美日韩企业先于我国进入中亚市场,高端市场竞争激烈,我国产品则主要占据中低端市场。但是,近年来我国在信息通讯、智能终端、卫星定位导航等产业上发展迅猛,在研发、设计、服务等高端环节上的经验和能力也得到提升,一些相关产品已具备国际竞争优势。凭借丝绸之路经济带建设机遇,作为"中国智造"的代表,我国电子信息业企业在国际市场上大有可为。一是大力支持我国优质电子信息产品面向中亚市场扩大出口，如 TD-LTE 移动通信技术、北斗产品、智能手机、电脑、智能家电等等；二是鼓励并支持我国电子信息产品制作企业在中亚建立生产基地，在抢占当地消费市场的同时构建我国电子信息产业的全球价值链，也为所在国关联产业发展提供机遇；三是大力推动跨境电子商务发展，为我国工业产品增添输出通道。

7. 新能源产业。由于石油、天然气、煤炭等传统能源资源相对丰富，中亚国家的能源结构以传统能源为主，新能源产业占比很小但前景广阔。近些年，我国新能源产业掀起了一个发展热潮，涌现出一批具有国际竞争力的企业，但目前新能源产业也面临产能过剩的问题，尤其是在太阳能光伏发电和风能发电上。因此，我国与中亚国家在新能源产业方面存在产能合作空间。我国应支持太阳能、风能、核电等领域的优势企业加快"走出去"步伐，积极开拓中亚市场，灵活采取 EPC、BOT 或者 EPC+BOT 等多种方式开展项目合作，带动我国新能源装备成套输出。

专栏资料来源：白永秀、王泽润、王颂吉，《丝绸之路经济带工业产能合作研究》，《经济纵横》，2015 年第 11 期，第 28—34 页。

第 五 章

西部城镇化建设与升级

　　城镇化具有集聚效应和扩散效应，可以通过促进人力资本积累、加快现代农业发展、拉动消费以及缩小城乡差距等途径促进经济社会发展。西部大开发战略实施以来，西部地区的城镇化率由 2000 年的 24.1% 提升至 2012 年的 44.26%，区域中心城市和城市群发展日益成熟，但较之于东部地区 64.41%[①]的城镇化率仍有较大差距，这表明西部城镇化仍有很大发展空间。2013 年 9 月，习近平主席倡议亚欧国家共建丝绸之路经济带，这一提议得到丝绸之路经济带沿线国家的积极响应，并已成为中国经济发展和对外开放的重要内容。建设丝绸之路经济带为西部地区城镇化发展升级提供了重大战略机遇，有助于解决西部城镇化建设中存在的问题，助力西部地区夯实产业发展基础、促进空间结构协调、加强公共服务供给、保持生态环境美好，增强大中城市的自生发展能力和辐射带动作用，推动西部地区由粗放型工业化引领的"被动城镇化"向城镇自生协调发展的"主动城镇化"升级，[②]并使"主动城镇化"成为带动西部发展的强大引擎。

---

　　① 依据《中国统计年鉴 2013》（中华人民共和国统计局编，中国统计出版社，2013 年，第 99 页）相关数据整理。

　　② 白永秀，王颂吉：《由"被动城市化"到"主动城市化"——兼论城乡经济社会一体化的演进》，《江西社会科学》，2011 年第 2 期，第 81—86 页。

一、 建设丝绸之路经济带对西部城镇化的意义

西部大开发战略实施以来，西部经济增长速度高于全国平均水平，有望成为中国新的经济增长极，推动中国经济增长重心西移。近年来，在工业化发展的带动下，西部地区的城镇化水平不断提升。通过图 5 - 1 和表 5 - 1 可以看出，西部地区的城镇化率由 2008 年的 38.53％提高到 2012 年的 44.26％，增长幅度高于东部地区和全国平均水平。但 2012 年东部地区城镇化率已达到64.41％，是西部城镇化水平的 1.5 倍。这表明，西部地区的城镇化仍有很大提升空间，城镇化仍是西部加快经济发展和扩大对外开放的题中应有之义。

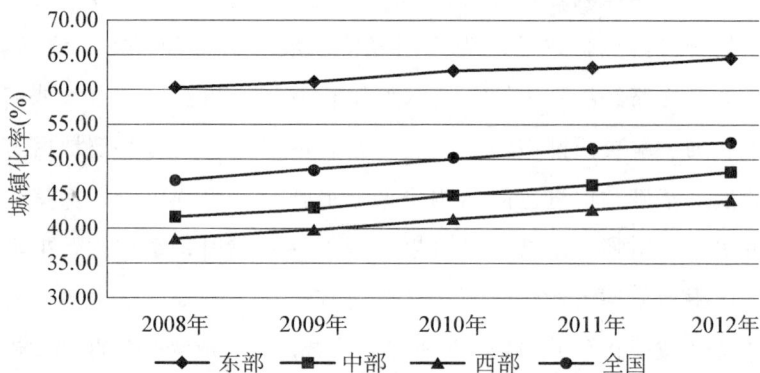

图 5 - 1　2008—2012 年中国三大区域城镇化率变动情况

注：东部包括北京、天津、河北、辽宁、吉林、黑龙江、上海、江苏、浙江、福建、山东、广东、海南 13 个省市；中部包括山西、安徽、江西、河南、湖北、湖南 6 个省份；西部包括内蒙古、广西、重庆、四川、贵州、云南、西藏、陕西、甘肃、青海、宁夏、新疆 12 个省市。本文提到的东中西部划分方法均与此处相同。

数据来源：依据《中国统计年鉴 2013》（中华人民共和国统计局编，中国统计出版社，2013 年，第 99 页）相关数据整理。

表 5-1　2008－2012 年全国及三大区域城镇化率变动　　　　　　　%

区域	年份				
	2008 年	2009 年	2010 年	2011 年	2012 年
东部	60.0	61.07	62.72	63.52	64.41
中部	41.73	43.03	44.44	46.28	47.98
西部	38.53	39.61	41.45	42.81	44.26
全国	46.99	48.34	49.95	51.27	52.57

　　受历史、地理、经济政策等因素的影响，西部经济发展水平与东部发达地区存在较大差距。2012 年，西部 12 个省市的 GDP 总量占全国的 19.76％，东部 13 个省市则高达 60.08％。更为重要的是，由于偏居内陆，西部地区的经济外向化程度长期处于较低水平。从对外贸易情况来看，2012 年西部地区的出口额仅占全国总量的 7.3％[①]，且出口商品的技术含量相对较低；从外商投资情况来看，2012 年西部地区的外商投资企业数量、投资总额、注册资本均只占全国总量的 8％左右，总体处于较低水平（见表 5-2）。西部经济发展水平和对外开放程度较低，导致西部城镇化发展不足，东西部地区人口集聚水平存在很大差距。在东部地区，珠三角、长三角和京津冀三大城市群以 2.8％的国土面积集聚了全国 18％的人口，创造了全国 36％的 GDP，[②] 而西部地区 71.5％的国土面积上仅聚集了 27％的人口。[③] 鉴于此，必须加快提升西部经济发展和对外开放水平，促进城镇化发展升级。

---

　　① 数据来源于商务部综合司：2013 年前三季度对外贸易运行情况，中国商务部网站 . http://zhs.mofcom.gov.cn/article/Nocategory/201310/20131000371565.shtml.

　　② 数据来源于黄伟，曾妮，何又华：《珠三角城市群，离世界级有多远》，《南方日报》，2013 年 10 月 31 日。

　　③ 数据来源于蒋秋丽，王发曾：《城镇网络化：我国西部地区城镇化的新途径》，《河南大学学报》（自然科学版），2014 年第 1 期，第 67—73 页。

表 5-2　2011－2012 年中国三大区域外商投资所占比重　　　　　%

区域	企业数		投资总额		注册资本	
	2011 年	2012 年	2011 年	2012 年	2011 年	2012 年
东部	82.50	82.93	83.76	83.26	84.15	83.60
中部	8.81	8.74	8.45	8.56	8.12	8.34
西部	8.68	8.33	7.79	8.17	7.73	8.06

数据来源：依据《中国统计年鉴 2013》（中华人民共和国统计局编，中国统计出版社，2013 年，第 249 页）相关数据整理。

　　西部地区是丝绸之路经济带国内段的重点建设区域，通过建设丝绸之路经济带，可以为西部地区构建加快经济发展和提升对外开放水平的重要平台，借此增强西部大中城市的自生发展能力和辐射带动作用，提高城镇化发展质量和水平，推动西部地区由粗放型工业化带动的"被动城镇化"向城镇自生发展的"主动城镇化"升级。具体而言，建设丝绸之路经济带为深化西部大开发战略提供了重要机遇，西部地区不仅可以向东承接产业转移，而且可以向西扩大开放，大力发展面向中亚及周边国家的外向型经济，从而在更大的空间范围内优化生产要素配置，全面提高对外开放和经济发展水平。① 在此过程中，西部地区将加快形成以西安为中心的关中城市群、以成都和重庆为中心的成渝城市群、以兰州和西宁为中心的兰白西城市群、以乌鲁木齐为中心的天山北坡城市群、以银川为中心的银川平原城市群。城市群内部及城市群之间逐步实现合理分工，大中城市的自生发展能力和辐射带动作用日益显现，这不仅可以为建设丝绸之路经济带提供战略支撑，而且能够促进中国东中西部城镇化协调发展。

---

　　① 白永秀，王颂吉：《丝绸之路经济带：中国走向世界的战略走廊》，《西北大学学报》（哲学社会科学版），2014 年第 4 期，第 32—38 页。

二、 西部城镇化发展中存在的问题

改革开放之后尤其是西部大开发战略实施以来，西部地区的城镇化得到了较快发展，城镇化水平不断提高。但这一时期，西部地区的城镇化在很大程度上是粗放型工业化带动的"被动城镇化"，导致城乡产业发展、空间联系、公共服务供给、生态环境保护等方面出现了一系列问题。

（一）现代产业发展乏力

从西部地区产业发展情况来看，第一产业和第二产业所占比重过高，第三产业发展不足，难以支撑城镇化健康发展。具体来看，2012年西部地区第一产业增加值所占比重为 12.2%，高出全国均值 2.1 个百分点，广西、云南、新疆更是高达 16% 以上（见表5-3），这说明西部地区现代农业发展滞后，农业现代化与城镇化未能实现协调发展；2012 年西部地区第二产业增加值所占比重为 48.3%，高出全国均值 3个百分点，内蒙古、陕西、青海更是高于 55%，这说明西部地区工业增加值所占比重过高，并且过于依赖重工业，由此所带动的城镇化是一种典型的"被动城镇化"，引发了一系列负面问题；2012 年西部地区第三产业增加值所占比重为39.5%，低于全国均值 5.1 个百分点，四川、陕西、青海更是在 35% 以下，这表明西部地区现代服务业发展不足，难以为城镇化发展提供有力支撑。总体而言，当前西部地区产业结构不尽合理，低端重工业产值比重过高，现代服务业和现代农业发展缓慢，不利于西部城镇化健康发展。

表 5-3　2012 年西部各省份及直辖市三次产业增加值所占比重　　　　　%

省　份	第一产业 增加值比重	第二产业 增加值比重	第三产业 增加值比重
内蒙古	9.1	55.4	35.5
广　西	16.7	47.9	35.4
重　庆	8.2	52.4	39.4
四　川	13.8	51.7	34.5
贵　州	13.0	39.1	47.9
云　南	16.0	42.9	41.1
西　藏	11.5	34.6	53.9
陕　西	9.5	55.9	34.7
甘　肃	13.8	46.0	40.2
青　海	9.3	57.7	33.0
宁　夏	8.5	49.5	42.0
新　疆	17.6	46.4	36.0
西部平均	12.2	48.3	39.5
全国平均	10.1	45.3	44.6

数据来源：根据《中国城市统计年鉴 2013》（国家统计局城市社会经济调查司编，中国统计出版社，2014 年，第 60 页）相关数据整理。

（二）空间结构不够协调

近年来，西部地区城镇化水平不断提高，但空间结构不够协调，主要表现在以下三个方面：第一，西部地区各省份及直辖市城镇化发展不平衡。2012 年，内蒙古、重庆、陕西、宁夏的城镇化率已高于50％，但贵州、云南、西藏、甘肃的城镇化率尚低于 40％，西部地区城镇化水平最低的西藏（22.75％）与最高的内蒙古（57.74％）相差近 35 个百分点，这表明西部各省份及直辖市之间城镇化发展极不协调。第二，区域中心城市对周边城镇的带动能力不足。近年来，西部地区的重庆、西安、成都等大城市得到快速发展，关中城市群、成渝城市群等西部城市群初具规模，但城市群内部以及城市群之间缺乏合理分工，区域中心城市孤立发展，缺乏次级城市支撑，[①] 大城市的辐射带动作用难以扩散到周边中小城市，不利于西部城镇化健康发展。第三，城市对农村的带动作用不强，城乡空间分割严重。西部地区国土面积占全国的 71.5%，但建制城市数量仅占全国的 26%（见表 5-4)，加之受地理环境、经济发展水平、政策等因素的影响，西部地区以城带乡、以工促农的机制尚不完善，城镇对农村的辐射带动作用不强，导致西部地区城乡分割较为严重。总体而言，西部地区各省份及直辖市之间、城镇之间、城乡之间空间结构不协调，需要通过大力推进城镇化来加以解决。

表 5-4　中国三大区域城市行政区划及其分布 　　　　　　　　个

区域	所辖省区市数	城市合计	按行政级别分组			
			直辖市	副省级市	地级市	县级市
东部	13	317	3	12	107	195
中部	6	169	0	1	79	89
西部	12	171	1	2	84	84
全国总计	31	657	4	15	270	368

数据来源：根据《中国城市统计年鉴 2013》（国家统计局城市社会经济调查司编，中国统计出版社，2014 年，第 3 页）相关数据整理。

（三）公共服务供给不足

西部大开发战略实施以来，西部地区经济得到了快速发展，但社会建设相对滞后，公共服务供给相对不足，这在城市内部和城乡之间都可以得到反映。在城市内部，受地方财政收入不足等因素的制约，

---

① 白燕：《新一轮开发中的西部城镇化思考》，《宏观经济管理》，2011 年第 8 期，第 35—37 页。

西部一些省份的城市用水普及率、城市燃气普及率、每万人拥有公交车辆、人均城市道路面积、人均公园绿地面积尚未达到全国平均水平（见表 5-5），影响了城市人居条件的改善；受户籍制度等的限制，大部分农业转移人口难以享受到附着在城镇户籍之上的相关公共服务，造成了"半转型的农民工"和"半截子的城镇化"问题。在城乡之间，由于政府长期对城市和农村实行两套不同的公共服务供给体制，导致农村居民所能享受到的公共服务水平严重低于城市居民，西部地区城乡基本公共服务均等化任重而道远。要解决公共服务供给不足问题，西部地区必须在城镇化过程中注重统筹经济社会发展，推进农业转移人口市民化和城乡基本公共服务均等化。

表 5-5　2012 年西部各省份及直辖市城市设施发展水平

省　份	城市用水普及率/%	城市燃气普及率/%	每万人拥有公交车辆/标台	人均城市道路面积/m²	人均公园绿地面积/m²
内蒙古	94.43	84.39	7.05	17.67	15.52
广　西	95.30	93.26	9.18	14.74	11.42
重　庆	93.84	93.32	9.00	10.67	18.13
四　川	92.04	87.96	13.34	12.72	10.79
贵　州	92.07	71.35	8.80	6.80	9.38
云　南	94.32	66.46	10.25	11.92	10.43
西　藏	75.39	29.79	8.59	14.22	9.40
陕　西	96.15	94.11	15.58	14.71	11.58
甘　肃	92.77	77.81	10.04	12.56	9.52
青　海	99.90	92.65	16.60	11.17	9.81
宁　夏	92.30	79.67	12.46	17.56	15.71
新　疆	99.13	96.60	13.91	14.16	10.00
全　国	97.16	93.15	12.15	14.39	12.26

数据来源：依据《中国统计年鉴 2013》（中华人民共和国统计局编，中国统计出版社，2013 年，第 430 页）相关数据整理。

（四）生态环境压力加大

西部地区地形复杂，自然灾害多发，生态环境极为脆弱。近年来，西部地区在城镇化建设过程中对生态环境的破坏较大，导致西部生态环境压力日益增加，对城镇持续发展造成巨大隐患。具体而言，西部地区的城市发展过度依赖于重工业，高能耗、高污染、高排放的"三高"产业在经济结构中占有较高比重，严重破坏了西部地区的生态环境；近年来，西部地区大城市人口剧增，并且土地城镇化的速度快于人口城镇化，粗放型城镇化模式导致西部地区人口、资源与环境的矛盾日益突出，污染物排放、垃圾围城、交通拥堵、资源过度消耗等问题凸显。[①] 2012 年，西部地区 GDP 总量占全国的比重为 19.76%，但废气排放量占全国比重却高达 32.73%，高出 GDP 比重 12.97 个百分点；工业固体废物排放量占全国的比重高达 33.36%，高出 GDP 比重13.60 个百分点（见表 5-6）。污染物排放量过高，表明重工业在西部经济结构中占有较大比重，这对西部城市环境造成了巨大压力。此外，西部地区煤炭、石油、天然气等矿产资源较为富集，但在资源开发过程中，一些人对自然环境缺乏起码的敬畏，[②] 破坏性开发和掠夺性开发矿产资源的现象层出不穷，这导致西部地区水土流失、地面沉降、泥石流、土地荒漠化等问题愈加严重，使西部地区原本脆弱的生态环境雪上加霜，[③] 不利于城镇化持续健康发展。

---

① 李晓曼：《中国西部新型城镇化动力若干问题研究》，《改革与战略》，2014 年第 3 期，第 97—100 页。

② 曹宗平：《西部地区城镇化面临问题及其模式解构》，《改革》，2009 年第 1 期，第 62—67 页。

③ 邓祥征，钟海玥，白雪梅等：《中国西部城镇化可持续发展路径的探讨》，《中国人口·资源与环境》，2013 年第 10 期，第 24—30 页。

表 5-6 2012 年中国三大区域主要污染物排放占全国比重   %

区域	GDP 所占比重	主要污染物排放		
		废气占比	废水占比	工业固体废物占比
东部	60.08	43.15	56.94	41.37
中部	20.17	24.12	23.19	25.27
西部	19.76	32.73	19.87	33.36

数据来源：依据《中国统计年鉴 2013》（中华人民共和国统计局编，中国统计出版社，2013 年，第 272—278 页）相关数据整理。

三、 丝绸之路经济带助推西部城镇化升级的路径

西部地区城镇化建设过程中出现的现代产业发展乏力、空间结构不协调、公共服务供给不足、生态环境压力加大等问题，都与粗放型工业化带动的"被动城镇化"紧密相关。在建设丝绸之路经济带的时代背景下，西部大中城市的自生发展能力和辐射带动作用将逐步增强，助力西部地区夯实产业发展基础、促进空间结构协调、加强公共服务供给、保持生态环境美好（见图 5-2），由此推动西部地区由粗放型工业化带动的"被动城镇化"向城镇自生发展的"主动城镇化"升级。

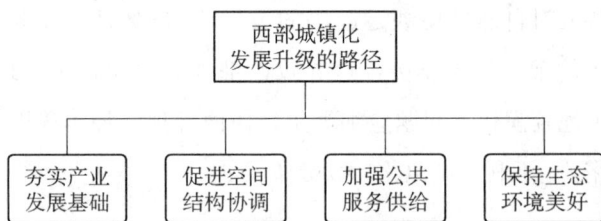

图 5-2 西部城镇化发展升级的路径

（一）夯实产业发展基础

建设丝绸之路经济带为西部地区发展现代产业提供了重要机遇，

在此过程中，西部地区应夯实带动城镇化健康发展的产业基础。今后，西部地区一方面可以向东承接产业转移，大力发展符合西部地区比较优势的现代农业、工业产业和现代服务业；另一方面，西部地区可以发挥临近中亚、南亚的地缘优势，大力发展面向丝绸之路经济带沿线国家的外向型经济，吸引内资和外资企业在西部地区投资，提升西部地区的产业发展和对外开放水平。

在建设丝绸之路经济带过程中，西部地区应充分发挥旱作农业方面的技术优势，加强与丝绸之路经济带相关国家的农业技术合作，同时在城镇周边大力发展设施农业和生态观光农业，鼓励进城农民有序流转承包土地，加快改造传统农业，不断提升农业产业化水平。此外，西部地区应以新型城镇化为载体，加强与丝绸之路经济带相关国家的产业协作，加快新型工业和现代服务业发展步伐，实现西部地区现代产业与城镇化融合发展。

（二）促进空间结构协调

城市群和中心大城市是丝绸之路经济带的战略支点，在建设丝绸之路经济带过程中，西部地区应把重庆、西安、成都、乌鲁木齐、兰州打造成面向丝绸之路经济带沿线国家的国际化大都市，加快形成以西安为中心的关中城市群、以成都和重庆为中心的成渝城市群、以兰州和西宁为中心的兰白西城市群、以乌鲁木齐为中心的天山北坡城市群、以银川为中心的银川平原城市群，同时积极发展中小城市和小城镇。随着大城市自生发展能力的逐步提高，大城市对周边中小城市及小城镇的辐射带动作用将不断增强，城市群内部及城市群之间实现合理分工，这不仅可以为建设丝绸之路经济带提供有力支撑，而且能够形成以城市群为主体形态①、大中小城市及小城镇协调发展的"多中心网络化"城镇空间格局，全面提升西部城镇化发展水平。

在加快城市群和中心大城市发展的同时，西部地区应加快构建工农互促、城乡互补、全面融合、共同繁荣的新型工农城乡关系，促进城乡空间协调发展。受发展战略和制度安排等因素的影响，西部地区在经济、社会、政治、文化等方面都存在城乡分割问题，这对西部"三农"发展造成了严重的消极影响。在丝绸之路经济带建设过程中，随着大城市自主发展能力和辐射带动作用的不断增强，有助于实现城乡建设规划、市场发育等方面的一体化。在城乡建设规划方面，要统筹城乡道路、公共基础设施和信息网络等的规划设计，改善农业和农村发展环境；在城乡市场体系方面，要加快发展城乡互动的现代化市场体系、仓储物流体系和新型流通业态，促进城乡空间协调发展。

（三）加强公共服务供给

经济社会发展不协调是影响西部城镇化健康发展的重大问题，西部地区在重视经济发展的同时，必须加强社会建设，推进公共服务均等化。依托丝绸之路经济带建设的经济成果和政策优势，西部城市应逐步提高科教文卫事业发展水平，促进城市功能不断完善。与此同时，西部城市应顺应经济社会发展要求，有序推进农业转移人口市民化进程。对于已进入城市的农业转移人口而言，必须消除对他们的各种歧视，使之平等享受基础教育、医疗卫生、养老、就业、住房保障等城镇基本公共服务，同时鼓励在城市有稳定工作的农业转移人口有序流转承包土地，使他们在生活方式、生活理念上成为真正的市民，提升

---

① 魏后凯：《中国城镇化进程中的两极化倾向与规模格局重构》，《中国工业经济》，2014年第3期，第18—30页。

西部城镇化发展质量。

　　长期以来，由于政府在城乡之间实行两套不同的公共服务供给体制，农村与城市居民所能享受的公共服务存在较大差距，这是导致西部"三农"问题难以解决的重要原因之一。在建设丝绸之路经济带过程中，西部地区应提高公共财政覆盖农村的范围和水平，以新型社区为载体加强农村公共服务供给，推进城乡基本公共服务均等化。在农村基础教育方面，应充分利用国家对西部教育发展的各项优惠政策，提高广大青少年的人力资本水平，为西部城镇化建设培养合格的劳动者；在农村医疗卫生方面，应加强对农村三级卫生服务网络建设的支持力度，提高农民医疗费用报销比例，推进城乡医疗卫生制度一体化；在农村基础设施建设方面，应构建多元化筹资机制，改善农村道路和农田水利设施状况，使"美丽乡村"与"美丽城镇"交相辉映。

（四）保持生态环境美好

　　西部地区生态环境脆弱，在推进城镇化过程中尤其需要加强生态环境保护，实现城镇化可持续发展。西部城市应树立"绿色城市"理念，在产业发展、城市建设中与生态环境实现良性互动。对于产业发展而言，西部城市应加快产业结构调整和工业产业优化升级，逐步降低对重工业的依赖，淘汰高耗能、高污染、高排放的"三高"产业，减少污染物排放，大力发展现代服务业，使服务业成为支撑城市经济发展的主要力量；对于城市建设而言，西部城市应适度增加城市绿地面积，改善城市人居环境，同时还应加强对环境保护的宣传力度，增强广大市民的环境保护意识，形成全民共建生态宜居绿色城市的新格局。

　　西部地区资源富集，应充分发挥资源优势，促进城镇化发展。在资源开发过程中，应摒弃粗放式、掠夺式、破坏式的资源开发模式，注重在资源开发过程中保护脆弱的生态环境，同时拉长资源产业链条，实现资源开发、产业发展、城镇建设的良性互动。西部地区拥有丰富的自然生态景观和民族文化景观，可以通过发展无污染的旅游产业保护生态环境。此外，西部地区在丝绸之路经济带建设过程中，应加强与中亚等地区在环境保护和生态修复领域的合作，共同推进生态环境保护事业，为西部城镇化可持续发展营造良好的生态环境条件。

第 六 章

货币的区域化与国际化

一、 文献回顾与理论基础

（一）货币的区域化与国际化

货币突破国界限制在境外流通主要有区域化和国际化两种路径，学者们的研究视角有货币区域化、货币国际化，或将二者结合起来考察，国内对此问题的多数研究已结合中国实际深入到对人民币区域化与国际化的探讨之中。李超（2010）对中国贸易基础支持人民币区域化的研究，[1] 姚晓东、孙钰（2010）对人民币跨境流通与区域化问题的研究，[2] 以及朱孟楠、叶芳（2012）对人民币区域化影响因素的研究[3]等，都是探索人民币区域化的发展进程。有些学者则从资本开放视角研究人民币的国际化进程（李向阳、丁剑平，2014），[4] 此外，韩骏、朱淑珍（2014）对我国汇率制度改革的研究也是从人民币国际化

① 李超：《中国的贸易基础支持人民币区域化吗?》，《金融研究》，2010 年第 7 期，第 1—17 页。
② 姚晓东，孙钰：《人民币跨境流通的影响与人民币区域化进程研究》，《经济社会体制比较》（双月刊），2010 年第 3 期，第 23—30 页。
③ 朱孟楠，叶芳：《人民币区域化的影响因素研究——基于引力模型的实证分析》，《厦门大学学报》（哲学社会科学版），2012 年第 6 期，第 102—109 页。
④ 李向阳，丁剑平：《人民币国际化：基于资本项目开放视角》，《世界经济研究》，2014 年第 5 期，第 10—15，87 页。

的视角出发。[①] 亦有研究将人民币区域化与国际化结合起来：徐明棋（2005）从日元国际化的经验分析人民币的区域化与国际化进程，[②] 朱孟楠、张乔（2010）则从金融危机视角对人民币区域化与国际化进行了探讨。[③] 显然，人民币区域化与国际化是两种不同的货币扩张路径，二者之间的内涵也不尽相同。货币区域化是某一区域内出现新的货币和形成这种新货币区域的过程，也是这种货币被某一特定区域逐步接受和认可、走向国际货币的一个必要阶段。[④]

关于货币国际化的界定，有的学者认为货币国际化是货币职能由国内延伸至国外，被私人部门和官方部门所使用的一种过程（科恩，1971）；[⑤] 蒙代尔（2003）则认为货币跨越政治联盟的界限或者被其他货币效仿时称之为这种货币的国际化。[⑥] 货币国际化其实质是一国货币跨越国界从国内货币变成国际货币，并发挥计价、结算、储备和市场干预工具功能的一种进程。从货币区域化和国际化的内涵界定不难看出，货币区域化与国际化是货币突破本国流通地域的一种扩张，然而，二者的区别在于区域化只是货币突破国界限制所进行的货币职能的小范围扩张，这种扩张往往受到地域、政治、经济等多种因素制约；货币国际化一般都会突破政治、经济、文化、宗教等多种复杂因素的约束，从而获得更广袤范围上的流通和货币职能的全面发挥，美元、英镑的国际化就体现了这些世界货币不仅仅是在狭小区域内的流通，

① 韩骏，朱淑珍：《人民币国际化进程中我国汇率制度改革》，《人文杂志》，2014年第4期，第40—46页。

② 徐明棋：《从日元国际化的经验教训看人民币国际化与区域化》，《世界经济研究》，2005年第12期，第39—44页。

③ 朱孟楠，张乔：《金融危机视角下人民币区域化、国际化的路径》，《河北大学学报》（哲学社会科学版），2010年第5期，第55—60页。

④ 国务院发展研究中心"人民币区域化与边境贸易发展政策研究"课题组：《开拓正规金融渠道——人民币区域化发展现状研究》，《国际贸易》，2003年第5期，第4—8页。

⑤ Cohen B J. *The Future of Sterling as an International Currency* ［M］. London: Macmillan，1971.

⑥ Mundell R. A. *The International Economics：Past, Present and Future* ［M］. London: Macmillan，2003.

它们在美洲、欧洲之外的其他地域也有广泛的市场，并且这些国际化的货币所执行的货币功能也已突破简单的交易媒介功能，发挥了记账单位和价值储藏的作用。毋庸置疑，货币的国际化是推进货币发展的高级阶段，然而货币国际化并不能一蹴而就，它需要层层推进，同时把握世界金融发展步伐并以国家强大的经济实力为保障，这其中区域化是首要步骤。纵观世界货币进程，不难发现，区域化应该先于国际化而行，推进人民币的发展进程应首先推进人民币的区域化；直接推进人民币国际化而跳过区域化在实践中可能会效果欠佳，甚至以失败告终。此外，本章研究丝绸之路经济带货币合作是一个地域内的货币推动过程，所以本章对于人民币以区域化研究为主题且是在丝绸之路经济带的地域范围内对此问题进行探讨。

（二）区域货币合作的理论基础

虚拟经济与实体经济之间互相促进、协同发展，金融全球化和区域化极大地促进了全球经济的增长，同时又增加了各国金融市场和金融体系的不稳定性。各国在分享经济发展带来的诸多利益时不得不面对这种不稳定带来的损失，各国政府也在寻求和采取各种宏观经济政策以尽量避免和减少由此带来的金融动荡，然而效果不佳。欧洲一体化进程的极大推进，尤其是欧元的出现为各国解决金融动荡和金融危机提供了一种区域货币合作的新思路。

区域货币合作的实践推动了区域货币合作理论的发展，而这些理论研究同时又给予区域货币合作实践以指导。最早提出区域货币合作问题的起因是在布雷顿森林体系下"特里芬"难题的出现，这在某种程度上说明了世界范围内不能完全由一种优势货币主导，应该寻求区域内的主导货币。这种思想经过逐步发展成为最优货币区理论，关于此理论的讨论都是围绕最优货币区的标准确定展开的。标准之一是由蒙代尔（1961）提出的。他认为生产要素的高速流动性可以作为确定最优货币区的标准，生产要素在区域内的自由流动能够作为一种平衡机制调节经济干扰出现时需要的人为调节，而区域内外之间的平衡机制则依靠弹性汇率机制。[①] 标准之二是经济开放度。随着国家开放度的提高，浮动汇率机制的作用将不断减弱，而相似开放度的几个国家之间就可以组成最优货币区（麦金农，1963）。[②] 标准之三是产品多样化（凯南，1969）。产品出口多样性的提高可以使一国遭受外部经济冲击的力度降低，多样化程度相近的国家之间就可以组成最优货币区。[③] 标准之四是伊格拉姆（1969）提出的金融高度一体化，但是这种标准偏重于资本账户而忽视了经常账户而显得片面。[④] 以上四种标准在判断货币最优区时成为主流标准。还有一些其他标准也具有一定的影响力，如通货膨胀相似性主张将具有相近通货膨胀率的国家或地区纳入一种最优货币区范围之内；有从政治或者财政因素考虑最优货币区的。这些最优货币区标准各有侧重，都为一些国家或区域以经济、政治或财政上的共同点为基础建立最优货币区提供了理论基准。

二、 丝绸之路经济带发展区域货币合作的背景分析

近年来，中国与丝绸之路经济带国家间的经贸往来和区域合作不断加强。着眼长远，实现经济带国家间紧密合作和经济协同发展必须谋求一种长期的制度安排，这其中推进区域货币合作是主要的方向之

---

① ［美］蒙代尔著，向松祥译：《汇率与最优货币区》，中国金融出版社，2003 年，第 8—160 页。

② McKinnon R. L. *Optimum Currency Areas. American Economic Review* ［M］. 1963，53（3）：457‐477.

③ Kenen P B. *The Theory of Optimum Currency Areas: An Eclectic View, In Funerary Problems of the International Economy* ［M］. Chicago：University of Chicago Press, 1969.

④ Ingram J C. Comment：*The Currency Area Problem*，in *Monetary Problems of the International Economy* ［M］. edited by Robert A Mundell and AlexanderK Swoboda. Chicago and London：the University of Chicago Press, 1969.

一。中国作为丝绸之路经济带上最大的发展中国家，与沿线国家间的经济互补性日益增强，人民币在此区域内也逐渐受到欢迎，应该借此加速推进人民币区域化进程，增强人民币的区域乃至世界影响力。

（一）丝绸之路经济带推进区域货币合作的经济学效益分析

丝绸之路经济带进行区域货币合作的效益分析由成本分析和收益分析构成，正是基于这两方面考量才能形成货币区域化是否可行的正确判断。经济带实行区域货币合作面临多种成本，而且随着区域货币合作的不断深化，所面临的成本也会不同，总的来讲区域货币合作的成本主要存在于区域经济走向一体化的高级阶段，所以本章分析的成本主要指区域货币合作的高级阶段、经济带中不同国家之间已经形成的高级货币联盟。国家间货币政策的实施采取协同方式且要考虑区域经济的整体利益，一般使用区域内某个国家的货币或者发行联盟货币，此时区域内各个国家面临的成本主要有两方面。第一，各种独立的货币政策工具受到限制或作用减弱。独立的货币体系下，由于不存在货币合作机制，每个国家根据本国经济发展情况可以采取独立的货币政策进行调节以保证本国经济平稳发展。例如，某国为了实现增加出口或减少对外债务，可以对本国货币进行贬值，而一旦形成货币联盟，由于存在一系列框架性协议，各个国家将失去独立使用货币政策的自主权，不能进行反周期的货币政策操作。这一选择在"不可能三角"原理中也得到解释：一个国家不可能同时实现固定汇率制、资本自由流动和独立的货币政策，在货币联盟下保证了汇率稳定和资本的自由流动，成员国必将失去货币政策的独立性。① 第二，铸币税大量损失。每个发行货币的央行都会享有一定的铸币税收入，而在货币联盟下由

---

① 李富有：《区域货币合作：理论、实践与亚洲的选择》，中国金融出版社，2004年。

于放弃货币的发行权必将损失可以用于弥补财政赤字的铸币税。铸币税是由储备货币与 GDP 的比值决定的，储备货币越多而 GDP 越少的国家就会损失越多的铸币税。[①] 在丝绸之路经济带国家采取某国货币作为联盟货币时，该国必将因此受益而其他国家将会遭受一定的铸币税损失。解决此问题的方案是可以商定一系列的制度将铸币税进行合理的再次分配。

经济带区域货币合作固然存在多种成本，然而着眼长远其收益是远大于成本的。首先，货币合作制度能够降低金融风险，防范金融危机的发生。当前世界经济格局下，任何国家独自应对金融风险和金融危机都显得力不从心，中国和丝绸之路经济带这些本就经济基础薄弱的发展中国家应对国际间复杂的资本流动和经济形势的千变万化，区域货币一体化显然是最优选择。丝绸之路经济带国家联合起来具有的大量外汇储备防范金融危机，必能降低金融危机爆发的可能性，稳定各国经济使其平稳发展。其次，货币联盟有利于汇率市场的稳定和资本市场的完善。在区域货币合作的高级阶段，区域内单一的货币形式减少了区域内的货币兑换和不同货币在不同国家之间的流动，区域内交易成本和汇率风险大幅降低。同时，由于稳定的汇率市场的出现，地区资本市场的发展也将加速，债券市场和股票市场也会逐步完善。最后，货币合作制度促进企业间竞争，加速区域经济发展。金融市场的发展是实体经济发展的基础，统一货币市场的出现方便了企业的融资和投资，降低了企业的成本，使企业在公平、透明的市场环境中竞争。同时，虚拟经济和实体经济的发展相辅相成，在这种良性循环当中，区域经济会处于稳态的持续发展之中。

---

① 周元元：《中国—东盟区域货币合作与人民币区域化研究》，《金融研究》，2008 年第 5 期，第 163—171 页。

（二）丝绸之路经济带发展区域货币合作是一种现实需要

第一，经济带国家对金融稳定要求不断提高。金融业发展的突飞猛进带来金融工具创新加速化和国际资本流动复杂化，金融危机的产生往往与资本过多、过快涌入和快速撤离相关。从历史经验看，处于快速发展中的国家容易忽略金融风险而酿至金融危机，东南亚金融危机的发生一方面与资本的快速流动相关，另一方面也是东南亚国家疏于金融风险防控的后果。丝绸之路经济带国家处于发达的东亚经济圈和欧盟经济圈之间，发展潜力巨大，对外投资的吸引力在不断增强，在此过程中尤其应该吸取东南亚国家的经验教训，确保金融稳定，加强区域内各国之间的政策协调及货币合作。

第二，经济带国家之间贸易依存度不断增加。2012 年中国的石油对外依存度为 56.4％，而中亚地区的石油、天然气等油气资源是中国能源安全的重要保障。[①] 随着中国和丝绸之路经济带其他国家经贸往来的日益紧密和贸易依存度的增加，对区域内支付结算货币提出要求，多种货币之间的支付结算不仅带来了巨大的交易成本，而且降低了贸易效率。区域经济发展良好的欧盟、北美自由贸易区等无不是有自己的区域内主导货币，经济带内主要结算货币的确定对于促进区域内经济的快速发展十分重要。

第三，区域内经济一体化进程加快。全球化和区域化是当今世界经济发展的两大主题。上海合作组织成立以来，中国已经成为丝绸之路经济带核心区域中亚国家的重要战略合作伙伴。区域经济合作的加强带动了货币合作的发展，中国与丝绸之路经济带国家之间的货币合

---

① 白永秀，王颂吉：《丝绸之路经济带的纵深背景与地缘战略》，《改革》，2014 年第 3 期，第 64—73 页。

作还仅停留在与个别国家签订人民币跨境支付、结算的初级阶段，人民币也只能在经常项目下实现自由兑换。[①] 日益紧密的经济合作必然要求更高层次的货币合作，要逐步推动其区域化进程，使人民币与美元、欧元等国际货币一样发挥更大的作用。

（三）丝绸之路经济带人民币区域化基础条件已经具备

第一，中国的经济实力是人民币区域化的基础。在 2010 年中国成为世界第二大经济体之后，中国经济并没有进入低速发展轨道，反而从高速发展转为稳步增长阶段，经济的平稳增长是人民币成为区域货币的基础。纵观美元、欧元这些国际化货币，它们在世界或者区域范围内的地位无不与本国的经济实力紧密相连，中国经济近 40 年来的经济表现及当今的经济实力具备了成为区域货币的条件。随着丝绸之路经济带区域合作的深入，中国与这些国家之间的联系将日益紧密，这将极大地推动人民币的区域化进程。

第二，区域内人民币优势明显。丝绸之路经济带中各个国家经济发展水平差异较大，处于两端的东亚经济圈和西欧经济圈是经济发达地区，但核心区域中亚的经济发展较为落后，这些国家的货币自然不具备成为区域内主导货币的条件。而人民币近些年来保持了币值的基本稳定性，在复杂的经济形势下承受了各种考验，为区域内国家经济发展做出了重要贡献；在区域内众多国家之中，一方面人民币有强大的经济实力作为保障，另一方面人民币币值具有长期稳定性，具备了成为区域内主导货币的基础。

第三，区域经济发展必须有一种货币充当区域核心货币。长期以

---

① 高超，张然：《构建"丝绸之路经济带"能源金融一体化研究》，《对外经贸》，2014 年第 4 期，第 68—69 页。

来，经济带中所有国家都以美元作为结算货币，美元在丝绸之路经济带国家中处于霸主地位，而要使区域内经济长期健康、快速发展必须有自己的区域货币，否则在竞争中受制于人的被动局面不会改变。所以，从丝绸之路经济带众多国家的经济发展历程和区域发展实际考量，人民币作为区域货币将是区域内的一种必然选择。

三、 丝绸之路经济带人民币区域化的现实困境

促进丝绸之路经济带区域经济协同发展，实现经济带中国家之间的互利共赢是人民币区域化的一大目标。经济带国家众多，各个国家发展实际情况差距较大，加之外部因素干扰人民币区域化进程，使得在丝绸之路经济带中推行人民币区域化面临重重阻力。这也是人民币突破现实阻力，成为世界货币的现实困境。当然，任何货币在走向世界货币舞台的过程中都不是一蹴而就的，都会面临各种阻力，而克服阻力、突破困境也是人民币逐步扩大影响力成为区域货币的必经过程。

第一，区域内国家间经济发展水平差异较大是人民币成为经济带区域性货币的首要障碍。区域内货币一体化首要条件是区域经济发展的趋同性。欧元作为区域货币保持了良好的发展势头，这与欧盟内各国经济发展水平相近紧密相关。丝绸之路经济带国家众多，各国之间经济发展水平差异巨大，仅从 2013 年丝绸之路经济核心区和主要区各国 GDP 及增长率情况看，GDP 总量最大的中国在当年达到 9.2 万亿美元，仅次于以 16.8 万亿美元排在世界第一的美国，而经济总量最小的吉尔吉斯斯坦只有 0.0072 万亿美元；蒙古以 11.7％的 GDP 增长率居榜首，而伊朗的增长率为－5.8％。同时，受制于经济体制差异以及战争、民族、宗教等问题的影响，各国经济发展具有很大的波动性。从长期看，只有中国、印度等少数国家的 GDP 增长比较稳定，大多数国家 GDP 增长波动性都很大。经济发展差异性问题的存在使得各国之间

的贸易量相对较小，难以优势互补，而贸易量小又会减少对区域性货币的需求，这是人民币成为区域货币的阻碍条件。详见表 6-1。

表 6-1　丝绸之路经济带核心区和主要区域国家 2013 年 GDP 及 GDP 增长率

国家或地区	GDP/万亿美元	GDP 增长率/%
中　国	9.240 3	7.7
哈萨克斯坦	0.224 4	6.0
土库曼斯坦	0.041 9	10.2
乌兹别克斯坦	0.056 8	8.0
吉尔吉斯斯坦	0.007 2	10.5
塔吉克斯坦	0.008 5	7.4
俄罗斯	2.096 8	1.3
印　度	1.876 8	5.0
巴基斯坦	0.236 6	6.1
伊　朗	0.368 9	-5.8
阿富汗	0.020 7	4.2
蒙　古	0.011 5	11.7
白俄罗斯	0.071 7	0.9
亚美尼亚	0.010 4	3.5
乌克兰	0.177 4	1.9
摩尔多瓦	0.007 9	8.9

数据来源：世界银行数据库。

第二，人民币区域化对美元构成一定的威胁，美国阻挠也是一大障碍。任何现有体制的受益者都不可能自动退出利益体系或减少既得利益。美国从美元霸主地位中获益良多，在一定程度上控制着世界经济局势，人民币区域化是国际化的必要步骤，这将会对美国构成一定的威胁，美国从自身利益出发会采取各种手段加以阻挠。[1]在构建丝

---

① 李明伟：《丝绸之路研究百年历史回顾》，《西北民族研究》，2005 年第 2 期，第 90—106 页。

绸之路经济带的过程中也体现了这一点。美国学者弗雷德里克·斯塔尔在 2007 年提出美国的"新丝绸之路"构想，时任国务卿希拉里于 2011 年重提构建"新丝绸之路"的战略构想，力主在美国主导下形成"中亚—阿富汗—南亚"交通运输和经济网络并竭力推广其构想。因此，在丝绸之路区域货币合作过程中要推广人民币而弱化美元地位，必将遭到美国的阻挠。然而，经济发展区域化是一大趋势，欧盟在美国的阻挠下也产生了欧元且运行良好；只要对地区经济发展有益，人民币区域化终将成为经济带中众多国家的选择。

第三，人民币没有实现完全市场化运作。人民币区域化要求利率市场化、汇率市场化和资本项目实现自由兑换。其一，人民币利率没有实现完全市场化，目前银行存款利率上限还存在管制，这对人民币区域化是一大阻力，亦是金融改革的一大方向；其二，我们的汇率制度实行的是钉住一篮子货币、有管理的浮动汇率制度，完全浮动汇率制度还没有实现，这是汇率市场化的重要步骤；其三，中国只实现了经常项目的可兑换，而资本项目没有实现完全可兑换，这是对金融市场改革提出的又一要求。任何一种货币的区域化或者国际化都离不开利率和汇率的市场化以及资本的自由流动，短期会对国内造成一定影响，宏观经济政策和货币政策的独立性及有效性会减弱，但长期来看大有裨益。[1]

第四，与中亚等国家贸易规模偏小，人民币区域化基础有待夯实。货币区域化初级阶段离不开以贸易为基础的本币结算，这是推行本币在区域内影响力的重要阶段。人民币区域化初级阶段与经济带中其他国家形成稳定且逐渐增长的贸易关系至关重要。中国在 2009 年首次成为世界第一大出口国，在 2012 年成为世界第一大货物贸易体，对外贸易额达到 3.87 万亿美元，而当年与中亚五国贸易额仅为 460 亿美元，

---

[1] 姚晓东：《人民币区域化合作之最佳模式探讨》，《现代财经》，2010 年第 1 期，第 24—29 页。

仅占中国对外贸易总额的 1.12%。虽然从总体趋势来看，中国与中亚五国的贸易额呈上升趋势，但是贸易额总量还是偏小，中哈之间的贸易额在中国与中亚五国之中一直保持首位；除 2009 年受金融危机影响外，其他年份的贸易额一直处于迅速上升之中，但在 2012 年仅为 450 亿美元左右。不难发现，中国与丝绸之路经济带国家尤其是中亚国家贸易规模偏小，人民币区域化还缺乏坚固的贸易基础。[①] 详见图 6-1。

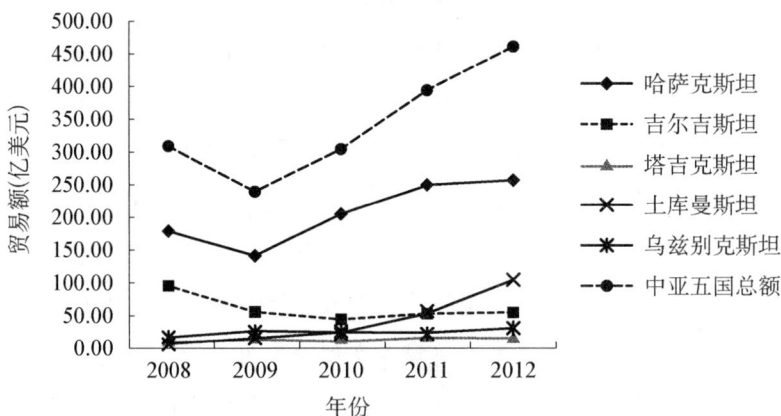

图 6-1　中亚五国同中国 2008—2012 年贸易额

　　这与中亚国家整体经济水平较低、工业体系不健全且区域经济发展不平衡密切相关。应促进中国与丝绸之路经济带其他国家在其优势项目——自然资源开采与利用等方面的深入合作，逐步增加双方之间的贸易量，在此基础上于贸易之中推行人民币的计价货币和交易媒介功能，促进人民币在区域内的结算功能，将人民币结算逐步纳入银行体系，形成实质性的区域货币。

---

① 数据来源：《中国统计年鉴 2009—2013》。

四、 丝绸之路经济带人民币区域化的实现路径

针对人民币成为经济带区域货币的现实阻力，应从多方面寻找解决之道，具体应该从国际交流、国内改革、加强人民币的区域地位、扩大人民币的结算业务、构建经济带国家的协调合作机制五方面出发，逐步实现人民币区域化。

第一，加强经济带国家之间的交流，促进区域经济协同发展。逐步提高人民币在丝绸之路经济带中的地位需要强大的基础支持，这些基础离不开区域内国家在政治、经济、文化等方面的不断交流。中国与丝绸之路经济带国家间虽然从汉代就开始有了各种交流，近代以来交流逐渐减少，而在区域经济一体化推动的过程中联系又逐步紧密起来，但是要推动人民币在此区域内的核心地位还需要进一步的努力。中国和中亚国家在能源资源、经济贸易、地区稳定等方面存在着广泛的合作基础，以此为契机的合作既可以缓解中国对能源的需求、保障中国的能源安全，又可以加速中亚国家的工业化进程。上海合作组织成立以来中国和中亚国家已在经济贸易等方面取得了一系列的合作成果，应进一步扩大双边贸易规模和形式，寻求区域经济协同发展。

第二，加速国内金融改革，推动国内资本要素流动市场化。任何一种货币区域化或国际化的基础都是这种货币的完全市场化，货币在市场化条件下才可能突破流通界限在国际间自由流动。对于人民币来说，首先面对的问题是中国的金融业还没有完全市场化，因此推进人民币区域化的首要步骤就是推进国内金融改革。一般来说，金融改革涉及三方面：利率市场化、汇率市场化和资本项目可兑换。中国的利率市场化改革自 1996 年开始，目前已经对存款利率下限管制放开，利率市场还存在对存款利率上限的管制，下一步的改革方向应为逐步取消对金融机构存款利率上限的管制。汇率市场目前还没有完全市场化，

而是一种以市场供求为基础，参考一篮子货币进行调节、有管理的浮动汇率制度，这种特殊的汇率制度安排弱化了货币政策的主动性，使货币的投放和增长呈现较快趋势；长期来看应逐步扩大人民币汇率的浮动区间，向放开汇率转变。国际兑换中，目前实行的是经常项目可兑换，而对资本项目的可兑换存在一定的限制；长远来看放开对资本项目的管制是必然的，但必须逐步进行，否则有诱发金融危机的危险。应该看到，中国的金融改革已经逐步展开并且取得了一定的成效，然而与世界其他经济发达国家相比还有相当长的路程，这也是人民币区域化的必要步骤。

第三，逐步扩大人民币影响力，提高人民币的区域地位。作为一种货币制度安排，区域内的核心货币起着锚定货币的作用。周边的其他国家增加或者减少货币供应时，国际储备货币将会流入或者流出核心国，这样核心国家将通过相反的货币操作来减少或者增加国内货币的供应，熨平区域内货币的波动。通过反向公开市场操作，核心国不仅稳定了本国货币市场而且也降低了区域内货币的供求波动。丝绸之路经济带国家众多，可以采取先中亚国家后其他地区的分步策略，逐渐扩大人民币的影响力：一是要加强与区域内国家的经贸往来，中国与中亚五国的贸易规模虽然有所增加，但是总体规模还是偏小，这是以后进一步发展的方向；二是加强人民币的区域地位离不开人民币在区域内自由流动，而人民币资本项目是受到严格管制的，所以放开资本项目的管制亦是一大方向。总之，要实现人民币区域货币的核心地位，就要通过各种方式不断扩大人民币在丝绸之路经济带中的流通，这其中不仅要通过实体经济的走出去战略，而且还要对货币制度不断地调整和优化。

第四，推动人民币结算业务，扩大人民币的货币功能。在国际贸易中，结算货币的选择一般考虑汇率风险和交易成本两方面因素，而主要存在本币、对方货币和第三国货币三种选择，而且一旦选定结算货币就会形成货币惰性。目前从世界范围看，已经成为结算货币的主要有美元、英镑、欧元、日元等。由于中国经济发展的稳定性以及中国对外贸易额的巨大规模，从 2008 年国家开始推广人民币作为跨境贸易结算货币以来，人民币结算的发展规模迅速，态势良好。人民币本币业务的扩展应该按照由近及远、由毗邻国家到区域其他国家的原则逐步展开，这是扩大人民币区域影响力的重要步骤。可以先在与丝绸之路中毗邻国家的边境贸易中扩大人民币的使用，推广人民币本币业务结算，再逐步推广到与其他毗邻国家的贸易中大范围使用，最终将人民币本币结算纳入银行体系。人民币成为区域结算货币是人民币区域化的逻辑起点，它将作为金融交易货币、国际储备货币，最终走向区域货币的地位。

第五，构建经济带国家间的协调合作机制，从制度上确认人民币的区域性地位。丝绸之路经济带国家之间的合作不仅在于企业之间的贸易往来，政府也要发挥统筹协调的作用，从高层推动合作机制的建立和持续的沟通协调。[①] 目前，区域内已经建立的上海合作组织，在推动区域内经济、政治、文化交流与合作等方面提供了良好的平台，应以此为基础形成更加深化和密切的协调机制。要推动人民币区域化，应从三方面入手建立协调机制。首先，建立汇率协调机制。应该逐渐将钉住美元的汇率体系向钉住一篮子的汇率体系转变，并在一篮子货币中逐步提高人民币的比例，加大人民币的影响，最后形成区域内的钉住人民币汇率制度，减少区域内贸易的汇兑成本，降低汇率风险。[②] 其次，建立区域内开发银行，协调区域资本流通机制。发展中国家在发展过程中往往受制于资本短缺，所以建立区域内的开发银行为各个

---

① 胡鞍钢，马伟，鄢一龙：《"丝绸之路经济带"：战略内涵、定位和实现路径》，《新疆师范大学学报》（哲学社会科学版），2014 年第 2 期，第 1—11 页。

② 何慧刚：《东亚区域货币合作的模式和路径选择》，《经济与管理研究》，2007 年第 7 期，第 1—11 页。

国家投融资提供资金、协调区域内的资本流通意义重大。目前，金砖国家已经建立由各个国家平等共同出资的金砖国家银行，这是值得借鉴的模式。最后，形成框架性的政策协调机制。在汇率协调和资本流动协调机制的基础上逐步建立国家间的政策协调机制，以经济带中国家间协同发展为原则，寻求利益的切合点，逐步实现人民币区域化的发展目标，可以使人民币先在较小范围内履行货币计价和交易媒介的功能，再逐步扩大其结算贸易的范围，最后形成实质性的区域性货币。

　　总之，在丝绸之路经济带推进人民币区域化意义重大，应从内而外多步骤推进。首先，要推动经济带国家之间贸易往来和进行国内金融市场改革，为人民币区域化打好基础；其次，通过贸易结算中扩大人民币的使用，进一步提升人民币的国际影响；最后，各国之间在政策形成方面应加强沟通、协调，从制度上逐步确立人民币的区域地位。

第 七 章

丝绸之路经济带的保障机制

丝绸之路经济带建设是一个长期艰巨的过程，不可能一蹴而就，在建设过程中存在诸多需要破除的难点。因此，我们需对这些难点进行科学研判，提出具有可行性的保障机制。

一、 丝绸之路经济带的建设难点

丝绸之路经济带涉及国家众多，沿线各区域地缘关系复杂，因此丝绸之路经济带在建设过程中必然存在诸多难点。接下来，我们从能源合作、基础设施合作、金融合作、生态环境合作、人文与科技合作等方面，研究丝绸之路经济带建设中需要破解的难题。

（一）能源合作发展障碍

1. 地缘政治的约束因素

第一，丝绸之路经济带沿线地区地缘政治关系复杂。作为欧亚大陆的腹地，中亚地区从古至今都是大国政治角力的竞技场，同时由于中亚各个国家的国力整体偏弱，始终受到其他大国的干预和控制，因此处于该地域的国家大多奉行"有倾向性的全方位平衡外交"来规避地缘政治风险。这种复杂的地缘政治关系，也很大程度来自于各国的政治体制、社会制度和发展水平多样，发展目标和利益诉求不尽相同，个别国家政局多变且政策不稳定。俄罗斯作为该地区综合实力较强的国家，利用自身优势逐步加强对中亚地区的控制。在与哈萨克斯坦的石油和天然气合作中，俄罗斯把通往欧洲的输油管道以租借的方式给予哈萨克斯坦，既促进了与哈萨克斯坦的政治经济合作，又加强了对哈萨克斯坦油气生产和出口的控制。除了奉行"永久中立"的土库曼斯坦之外，其余的中亚四国都是独联体国家。独联体国家本身的地缘和能源优势，决定了其与欧洲良好稳定的经济、贸易和能源合作关系，但也正因为如此限制了其合作层次。中国应从提高合作质量和水平方面加强丝绸之路经济带的能源建设。

第二，国际社会和对象国对中国的对外能源合作存在不同声音。近年来由于中国经济的快速发展，对能源的需求量逐渐增大，从而对其他国家进行了更多的能源投资，而中国这种以促进经济发展为目标的能源外交战略，却经常遭到国际社会中一些国家的误解，很大程度上影响了各区域之间的能源合作。虽然在开展境外资源合作的过程中始终遵循共赢原则，力求通过各种公益事业回馈合作对象国，履行社会责任，但由于意识形态、文化、价值观等差异，国际社会对中国的能源战略依然存在误解。"能源资源掠夺论""资源掠夺论""中国威胁论"等舆论依然此起彼伏，不利于中国能源企业的对外形象和进一步合作。

2. 经济合作的约束因素

第一，沿线多数国家经济实力较弱。丝绸之路经济带沿线国家中大多是发展中国家或欠发达国家，经济基础薄弱，资金和技术短缺。苏联时期，中亚五国在中央统一领导下实行计划经济体制，按照分工和地区优势主要发展农牧业、油气、冶金等产业，导致产业结构严重失调。独立后，哈萨克斯坦和吉尔吉斯斯坦两国率先开放市场，市场化程度和经济自由度较高，但哈国依旧以能源出口为主要创汇方式，而吉国在两次政权更迭后经济发展受到严重影响；土库曼斯坦在高压的集权统治下，市场开放程度较低；乌兹别克斯坦虽然在中亚五国中产业结构最完善，但其独立后开放程度不够，管理体制僵化，经济同国际社会接轨程度较低，导致经济发展速度缓慢。总体来看，中亚五国都以能源产业为主，这也就决定了这些国家迫切需要发展大型水电、核电、能源基础设施、通道建设等项目，但项目资金需求普遍超出了政府的财政能力，单靠本国政府难以支撑。因此，中亚国家大都希望我国提供大额援助资金和优惠性质贷款，或者要求中方以"建设—经营—转让"（BOT）方式实施项目建设，这对中国企业的资金实力和融资能力要求较高。

第二，较高的投资风险。中国油气企业通过 20 年来对外投资的不断拓展，取得了重大的能源贸易成就，建立了中亚俄罗斯、中东非洲、亚太地区、南美和北美五大作业区，北、西、南和东部油气进口四大通道，资产和利润的跨国指数稳步提高。2013 年，中国与丝绸之路经济带有关国家的原油贸易总量达 1.3 亿吨以上，其中从西亚地区进口原油 1.21 亿吨；从俄罗斯和哈萨克斯坦进口原油 1 320 万吨；从土库曼斯坦进口天然气 292 亿立方米。[①] 但与相关国家的能源合作在不断向前推进的同时，投资风险也进一步加大，例如面临投资壁垒增多、法律修改频繁、政策多变、连续性和稳定性较差、政府腐败普遍、利用政府强权干预市场等多种投资风险层出不穷。同时中国的重大能源项目也缺乏健全有效的应急机制和风险管控能力，极大地影响了能源合作的进一步发展。

3. 合作水平约束因素

一方面，能源合作的层次较低。中国与俄罗斯及中亚五国同处于全球价值链的中低端，这在很大程度上决定了丝绸之路经济带能源合作的中低层次，即处于能源产业价值链的中下游。主要集中于油气煤田的勘探、开采及油气煤的运输贸易，很少涉及能源的转化与加工合

---

① 数据来源：《中国统计年鉴 2014》。

作，鲜有基础化工原料的精细加工与能源产品的终端市场分销等方面的合作，金融贸易、仓储物流及工程技术与装备业务也处于低层次水平，不能有效支撑能源合作层次的提升。[①] 从中亚国家的贸易结构比重可以看出，在各国的出口额中，初级产品都占有较大比重。其中，乌兹别克斯坦、吉尔吉斯斯坦和塔吉克斯坦出口比重最高的产品分别是能源产品、非货币黄金和贱金属及其制品，占各自出口额比重的31.1％、36.5％和33.4％。[②]

另一方面，沿线国家能源合作发展不平衡。在丝绸之路经济带的能源合作中，中国与哈萨克斯坦、乌兹别克斯坦和土库曼斯坦合作意向一致，合作进程良好，合作前景比较明朗，是能源合作的先锋力量；而与塔吉克斯坦和吉尔吉斯斯坦的能源合作基础并不牢固；俄罗斯则由于自身的大国地位，将其能源优势作为其外交的筹码，与中国的合作易变且不稳定。

（二）基础设施合作发展障碍

1. 交通设施约束因素

第一，骨干通道尚未建设完备，缺失路段现象严重。由于存在较多的断头路现象，以及运输通道覆盖范围限制，导致丝绸之路经济带的交通运输能力低下。目前在中亚国家中，中国的铁路只与哈萨克斯坦接轨，与吉尔吉斯斯坦、塔吉克斯坦、巴基斯坦、缅甸、印度、阿富汗等国家没有铁路相连。吉尔吉斯斯坦南部保有苏联时期修建的铁

---

① 西安交通大学欧亚经济论坛秘书处：《2013欧亚经济论坛发展报告》，西安：西安交通大学出版社，2013年。

② 数据来源：中华人民共和国驻塔吉克斯坦大使馆经济商务参赞处，http://tj.mofcom.gov.cn/；中华人民共和国驻吉尔吉斯斯坦大使馆经济商务参赞处，http://kg.mofcom.gov.cn/；中华人民共和国驻乌兹别克斯坦大使馆经济商务参赞处，http://uz.mofcom.gov.cn/.

路，独立后未新修铁路，铁路运输不发达。塔吉克斯坦国内地形以山地为主，铁路修建难度大，所以公路交通为其最主要的交通方式。虽然哈萨克斯坦的交通基础设施状况在中亚五国中是最好的，但是仍需进一步完善。中国与中东欧 6 个国家尚未签署航空运输双边协定，与已签订协定国家的航线开通数量也较少，直航航线运营存在多方的困难和阻力。

第二，通道多处通而不畅，互联互通作用难以发挥。丝绸之路经济带沿线的各个国家交通水平不高，以低等级的公路为主，与中国接壤的中亚、南亚、东南亚国家的口岸公路技术等级也普遍较低，仅相当于中国公路的三级、四级标准，这其中还包括大量的等级外公路，路况条件差。而且由于特殊的自然地理状况，交通受自然灾害影响较大，时常因大雨、山体滑坡等现象出现交通停滞，通行能力低，安全保护设施不足。在进行跨境运输的过程中，涉及双边或者多边运输协定时，通关和过境运输环节较多、手续复杂、协调困难，造成通关效率低下，影响通道系统能力的充分发挥。

第三，通道技术标准差异大，运输效率不高。通道内技术标准不一、道路等级多样，如中国铁路以准轨（1 435 mm）为主，俄罗斯和中亚国家铁路采用宽轨（1 520 mm），巴基斯坦、印度和孟加拉国以宽轨（1 676 mm）为主，缅甸为米轨（1 000 mm），西亚伊朗、土耳其和欧洲则采用准轨（1 435 mm）体系。在运输过程中，列车运行须进行多次换装，增加口岸的作业量和作业时间，导致运输效率低下。同时中国与周边国家公路运输在车辆轴重、排放标准、荷载、标识等方面的技术标准及法规也不一致。

第四，建设资金需求量大，运营盈利预期低。通道沿线国家大多人口较少且经济实力较弱，资金与技术短缺，需要大量的资金进行基础设施建设，但这种资金的投入量远远超出本国政府的财政收入，即便投入大量资金进行建设，其运营盈利预期较低，资金成本回收周期过慢。同时，通道所经过的地区自然环境恶劣、地质条件复杂、建设里程长、工程难度大、建设周期长，现行政策难以满足通道建设需要，多数项目进展缓慢。

第五，陆路运输通道往返运量差异大，空载现象严重。由于贸易结构的特殊性，目前中国开通的新亚欧大陆桥和"渝新欧"铁路等多为集装箱运输班列，从欧洲回程的货物不足，途经的中亚国家运往中国的大多为煤炭、矿产等非集装箱运输货物，因此回程空载现象出现频繁，导致长距离的运输成本高、经济利润低。[1]

2. 通信设施约束因素

第一，电子通信行业欠发达，通信设施建造进程缓慢。尽管中亚国家电信发展迅速，但由于电信业基础发展水平过低，与世界平均水平仍有很大差距。技术落后，设备老化亟待更新。计算机普及尚在进行中，基础设施不足阻碍了中亚国家电信业的发展。城市与农村电信业发展水平差距大，农村电信业务发展滞后。2008年哈萨克斯坦移动通信业城市业务量已经接近饱和，而农村市场尚未得到开发。网络服务落后，网络资源极其有限，电子政务刚刚起步，电子商务基本空白。

第二，少数国家外资在中亚的电信市场占主导地位。在中亚五国独立之初，由于资金和技术的匮乏和发展本国电信业的需要，引进了大量的外资，而随着外资的发展规模逐渐壮大，使得中亚各国的电信市场都被周边几个国家所垄断，其中俄罗斯尤为突出。哈萨克斯坦90%以上的移动通信市场份额由两大公司占有，在移动领域占有绝对统治地位，充当着市场规则制定者，其中一家就属于俄罗斯；乌兹别克斯坦第一和第二大电信运营商也都是由俄罗斯的电信公司所控制，两家运营商共占据了乌超过80%的电信市场；土库曼斯坦的电信业垄

---

① 李金叶，舒鑫：《中亚交通设施建设中的大国博弈分析》，《亚太经济》，2014年第4期，第64—69页。

断现象更加严重，目前只有唯一一家由俄罗斯 MTC 全资控股的移动运营商。这些既导致了中亚地区各国电信业发展的滞后，也使得自身与丝绸之路经济带沿线国家的通信合作更加困难，而这也影响了各国实现进一步跨地域、跨行业的深层次合作。

（三）金融合作发展障碍

1. 地缘政治与政局影响

中亚国家的民族问题复杂，政治局势不明朗，经济处于转型的关键时期，其内部也存在频繁的水资源争端、毒品走私和家族势力等问题，严重影响与中国的金融合作。从整个丝绸之路经济带的范围来看，牵扯到多方势力的政治博弈。苏联解体以后，俄罗斯接管了大部分的政治经济权利，依旧视独联体国家为自己的政治经济势力范围，并加紧对中亚国家的控制，戒备和限制第三方国家的介入，严重阻碍了中国对促进丝绸之路经济带沿线各国共同发展和繁荣的重要计划。迄今为止，正是受到这种地缘政治思维的影响，中国与中亚国家的金融合作发展缓慢。除此之外，美国抛出的"新丝绸之路计划"、日本的丝绸之路外交等都加剧了该地区合作关系的复杂性和不稳定性。

2. 现有经济合作组织的竞争性排斥

目前中亚国家参与的经济合作组织主要是欧亚经济联盟，特别是俄罗斯、白俄罗斯和哈萨克斯坦的统一经济空间发展迅速，形成内部一致协同对外的坚固经济联盟，对外来经济势力的进入建立坚固的壁垒。同时，随着独联体作用的下降，欧亚经济联盟发挥更为重要的作用。该组织包括了俄罗斯、白俄罗斯、哈萨克斯坦、吉尔吉斯斯坦四个正式成员国。

在金融合作方面，俄罗斯、白俄罗斯和哈萨克斯坦的成果丰富。2010 年，三国签署了关于在统一经济空间框架内实现金融市场一体化的主要协定，包括成员国资本自由流动协定和成员国服务贸易及投资协定。在上述协定框架内，2020 年前成员国金融市场将根据国际惯例和标准制定统一的关于金融组织活动的法规，实行一致的金融市场参与者许可和监督程序；2015 年前成员国将研究建立超国家金融市场协调机构。根据各方达成的协议，超国家机构将设在哈萨克斯坦。各方将争取自 2020 年 1 月 1 日起相互承认银行、保险和证券业务许可证，各国发行的证券将可以在统一经济空间范围内流通，在法律层面上消除对投资外汇资产和跨国金融服务的限制。2020 年前，将根据国际标准统一调控金融市场风险的办法和金融机构风险管理体系。①

3. 经济发展水平差异较大

虽然丝绸之路经济带沿线大部分为发展中国家或欠发达国家，但经济发展水平参差不齐，且差距较大。其中以中国和俄罗斯为第一梯队，哈萨克斯坦和土库曼斯坦为第二梯队，乌兹别克斯坦、吉尔吉斯斯坦和塔吉克斯坦为第三梯队。如果一个区域内，各个国家的经济发展水平差距越大，那么彼此之间进行金融合作的基础就会越发薄弱，而这种薄弱的合作基础也决定了除简单的协商对话和政策性协议以外难以有更深层次的合作。从整个核心区的产业发展中我们不难看出，只有中国和俄罗斯的产业较为完善，产业结构较为合理。由于中亚大部分国家的前身为苏联加盟国，其独立后的产业也大都延续过去的发展路径，产业趋同现象严重，严重影响了金融合作纵深发展。受经济发展总水平和配套制度不健全的制约，要素流动性较差，而金融合作的基础之一便是各方面经济要素的快速流通，因此更加制约了区域内金融合作的有效性和便利性。

4. 金融环境的影响

不健康的金融环境来自两个方面：金融管理和金融监管。虽然中

---

① 资料来源：中华人民共和国商务部．http://www.mofcom.gov.cn.

亚五国独立以来，各国经济高速发展，人民生活水平得到了明显改善，但仍然处于经济发展的初期阶段，这一点在金融领域的表现更为明显。一个国家的金融管理和制度的完善需要本国长时间摸索和实践，但由于中亚国家国情具有复杂性和特殊性，加上独立时间较短，所以对于自身金融经济发展的认识水平有限。而这一系列的问题使得中亚国家的风险控制制度不科学，金融管理体制不健全，抑制了国际资本在该地区的正常流通，阻碍了金融合作的进一步发展。而对金融监管部门而言，较短的金融经济发展历史和特殊的国情决定了其监管经验和监管水平的缺乏，从而加剧了本国金融行业的不稳定性，提高了投资风险。

5. 人民币跨境使用的障碍

第一，人民币境外使用环境有待改善。人民币尚未实现完全的自由兑换，在其他国家的接受程度有限，很多地区没有开放人民币业务，境外企业和个人无法在所在地区开立人民币账户；境外人民币存量不足，人民币投资回流渠道少，削弱了境外企业使用人民币结算的意愿；目前人民币较大规模流通仅仅限于周边不发达国家的边境地区，如缅甸、老挝和与云南接壤的边境地区，使用范围局限于边民互市、边境小额贸易等，限制了跨境人民币结算的推进。[1]

第二，银行结算渠道不通畅。一是丝绸之路经济带中的国家大多经济发展相对落后且参差不齐，银行业不发达，影响双边银行合作质量；二是经济带中各国的边境地区多为山区和荒漠，金融机构少甚至金融服务缺失，难以满足边民跨境结算需求；三是中国大型商业银行较少在边境接壤的二三线城市设立分支机构，不便于中国企业出境办理人民币业务；四是丝绸之路经济带沿线国家，尤其是中亚国家，银行具有手续费较高、资金到账速度慢、结算方式单一、结算品种少等

---

① 杨措：《丝绸之路建设与跨境人民币结算》，《青海金融》，2015年第2期，第28—30页。

缺陷，造成人民币跨境结算不畅；五是由于丝绸之路经济带内银行服务的缺失，进而产生的"地摊银行"挤压正规银行发展，影响正常的货币兑换业务。

（四）生态环境合作发展障碍

1. 合作水平的约束因素

第一，实质性项目合作数量少。由于丝绸之路经济带沿线多数国家经济发展水平不高，对于生态环境的保护既缺乏必要的意识，又缺少足够的资金。因此在与中国合作的过程中更多地希望获得资金和技术支持。而目前的合作多集中在政府部门层面，以对话交流、人员培训和少量的设备援建等为主，实质性的项目合作较少，与实际需求关联不紧密。在南亚、中亚和中东欧地区，生态环境合作刚刚提上日程，合作模式、领域都非常有限。

第二，缺乏统一的协调机制。经济增长带来生产力提高的同时，一些不健康的增长方式带来了一系列灾害发生，生态环境合作逐渐被各个国家提升到战略高度，因此强有力的协调和指导机制不可或缺。但目前的合作主要基于各部门与相关国家的业务往来和需求，通常仅有一些核心目标和分散的项目，缺乏统一的框架与协调机制，没有形成多目标的整体规划和布局，使中国参与区域合作的力量松散，没有形成合力。同时很多国家没有建立起双边合作机制，进而影响了国家目标的实现。

第三，对相关国家政策和部分深层次问题研究不足。部分国家政局动荡，政策不连续。加之中国参与或主导生态环保国际合作时间较短，对相关国家的经济社会、法律法规和政策研究普遍不足。如在水利对外合作中，经常受到当地政治条件、民族文化、宗教信仰等因素的影响，出现被叫停的现象。同时，对外投资环境监管体系不健全，部分企业社会责任意识不够强，很多"走出去"的企业和一些大型项目的环境影响评价还不够充分，对很多区域生态问题、跨国生态环境纠纷以及生态环境脆弱性的具体环节研究有待进一步深入。

第四，合作资金缺口大。从政府合作层面来看，资金缺口长时间难以弥补。很多项目缺乏专项资金，很多国家政府对此缺乏兴趣，而一些私人投资部门也因为合作地的复杂局势而长时间保持观望。从鼓励社会资本参与合作的层面来看，对相关企业的资质条件仍按照国内标准设定，不适用于其他国家特别是一些小国的情况，限制了一批有竞争力的企业走出去。同时，在金融、信贷等方面还未形成有利于环保、水利、林业等企业走出去的政策体系。

2. 经济合作与生态发展的局部冲突

（1）基础设施建设的潜在环境影响

在以基础设施建设为主的经济合作活动中，丝绸之路经济带区域的生态环境面临着重大的潜在威胁，这在很大程度上制约了区域的生态环境合作。

在公路和管道建设方面，东南亚地区生物多样性丰富、生态敏感地区富集，公路和管道建设可能穿越林地、湿地等生物多样性丰富地区和饮用水源保护区，不仅影响生态环境，还会阻断动植物活动走廊，对当地生物多样性产生不利影响。受环境影响，中亚地区的生态系统较为脆弱，管道和公路建设容易破坏原有的地貌和植被，如果保护不当，非常容易使本就脆弱的生态更加恶化，加剧荒漠化的发生。同时，相关建设工程也会改变坡地和表层土地，造成沿线水土流失，桥梁建设也在一定程度上改变了河流的过水断面以及流速等水文条件，对地表水环境造成危害。

在铁路和口岸建设方面，环境影响贯穿整个建设和运营期。在初步的铁路建设中，环境破坏表现为大量的土地占用和水土流失。而在运营阶段则表现为大量废气、污水、固体废物、粉尘等固体污染，以及噪声、电磁辐射等无形的环境污染。而在口岸建设中,由于边境贸易带来的人流和物流的集中,一方面带动当地的城市化进程;另一方面也加速了环境污染,使周边生态环境受到外来危险性有害生物入侵危害和有毒物质输入污染威胁。

(2)经济区建设的潜在环境影响

经济区是在劳动地域分工基础上形成的不同层次和各具特色的地域经济单元,是以中心城市为核心,以农业为基础,以工业为主导,以交通运输和商品流通为脉络,具有发达的内部经济联系,并在整个区域的经济联系中担负某种专门化职能的地域生产综合体。[①] 随着经济合作的进一步深入,互联互通程度逐渐加强,丝绸之路经济带中经济区的建设数量会逐年增加,导致人口和资源的集聚,成为经济和交通枢纽。而这种集聚现象必然使得资源的需求量激增。一方面,在资源的开发端极易出现因无序开发造成的自然资源破坏与环境退化;另一方面,在资源的使用端会导致废水废物增加,从而加速水土资源的流失。

3. 各国博弈背景下的政治制约

第一,区域内利益保护主义的制约。在当前的国际背景下,经济增长可以说是所有欠发达和发展中国家的首要目标,而生态环境保护难以通过定量指标来体现其具体收益,使得在短期可能发生与经济增长目标"背道而驰"的局面,从而使各国以利益最大化为原则,在保证自身经济发展的同时,努力使这种生态成本转嫁。这种现象在以发展中国家占绝大多数的"一带一路"区域尤为显著。如在气候谈判上,中东欧地区基于自身利益,要求动态解释"共同但有区别的责任"原则,对周边发展中国家存在不利影响。

---

① 易鹏飞:《川南都市圈建设模式分析》,《四川理工学院学报》(社会科学版),2010年第2期,第71—75页。

第二，区域外势力制衡的约束。随着区域内部新兴市场国家的崛起，其对政治经济合作的要求明显提高，生态环境问题已经成为政治筹码和吸引国际关注的重要手段，在推进生态环境保护与建设的相关合作中也不会一帆风顺。如越南积极推动在区域环境合作中引入东盟和美国的力量。西方国家也加大对中国跨界河流周边国家的影响和渗透力度，其中美国以"水资源与水网络"作为介入湄公河的重要抓手，为"湄公河上游水电站项目对湄公河生态环境影响"等研究提供支持，迫使中国成为区域压力核心。同时，国际势力将大湄公河次区域环境问题与南海生态环境问题挂钩，利用"生态牌"压制中国发展空间。此外，中亚地区由于地缘的特殊性，也是大国博弈的重要对象。

（五）人文与科技合作发展障碍

1. 人文合作的制约因素

第一，我国中长期文化战略的缺失。一定程度上来说，中国在对外文化战略的实施中并没有一个明确的方向和目标，因此在发展文化合作的过程中，存在"三个模糊"，即角色定位模糊、发展方向模糊和目标实现模糊。即使现有的文化合作政策也比较零散，缺乏连续性，且实际操作性不强，效果不是很明显，影响力也不够广泛和持久。同时，由于资金限制，使一些文化活动很难继续展开。

第二，经济发展水平差距的制约。独立后，中亚国家的经济发展速度明显加快，但产业结构的历史性和趋同性，导致人民生活水平提高缓慢，相较于中国精神文化方面的合作，他们更希望的是能够直接快速提高生活质量的经济贸易合作，这致使文化合作出现不被重视且资金缺乏的局面。一些现有的文化交流团体在中亚演出交流中也面临着条件恶劣、设施不完备等情况，更加剧了后续文化交流合作的难度。

第三，文化软实力的制约。中国文化产业的发展仍旧处于初级阶段，中国文化产业占世界文化产业的比例不足美国的 1/10，与西方发达国家有较大差距。例如在中文传媒方面，中亚各国还没有当地人创办的中文报纸、杂志，中文的出版物在中亚也很少见，中文报刊书籍基本上是通过交流赠送的，数量有限。在电视广播覆盖方面，中亚当地居民只有通过卫星电视才能看到中国节目，而由于中亚居民经济水平不高，卫星电视的覆盖率也较低，这在很大程度上影响了中国文化的传播。

第四，国际舆论的不利影响。随着我国综合国力显著提升，各项领域取得瞩目成就，在履行自身大国责任的同时，也引起了西方国家的非议。在国际社会上，也因此出现了"中国威胁论"。这一论调认为，中国的强大将对以美国为首的国际政治体系和周边国家安全构成挑战，社会主义事业成功将对西方文明构成挑战。由于东南亚在领土和意识形态上与中国有利益冲突，"中国威胁论"更使得人文交流与合作变得异常困难。①

2. 科技合作的制约因素

第一，"中国威胁论"的不利影响。由于西方国家对中国形象的妖魔化，使中亚国家对我国普遍存在戒备心理，这严重阻挠了丝绸之路经济带区域的科技合作。一方面，中国与中亚五国之间存在跨界民族、水资源开发利用等敏感问题，中亚国家部分人对中国的"睦邻友好"政策缺乏理解和信任，流露出某种程度的不放心；另一方面，中亚国家的签证等通关手续十分烦琐，增加了科技合作的成本，减少了项目合作的有效时间。尤其对于季节性很强的农业项目合作，常常错过最佳实验期。对于一些核心技术，中亚国家由最初的对等交换、低价出卖逐渐转变为高价卖出或严格保密，致使一些能有重大突破的研究项

---

① 许尔才：《略论中国与中亚的文化交流》，《新疆大学学报》，2012 年第 3 期，第 105—108 页。

目无法开展。[1]

第二，合作双方认识错位的制约。一方面，中亚五国在外交上把中国放在相对次要地位，更重视与美、俄、日及欧洲国家发展关系。在科技合作的国家与地区选择上，表现为有些轻视中国的科技力量，更重视与美国、欧盟、俄罗斯、日本、韩国的科技合作。此外，中亚五国即便是在与中国合作过程中，也把目光盯在发达的内地与沿海地区，对西北地区缺乏足够的合作兴趣。另一方面，中国的企业和研究机构也普遍存在偏见，眼睛盯在美国与西方发达国家，认为中亚国家在科技方面不如我国，一定程度上低估了中亚国家的科技实力，所以一些研究机构和企业不愿意花费心思进行科技合作和在引进中亚国家技术上投资。双方这种"盲目攀高"的心态和认识是阻碍区域内科技合作深入进行的重要障碍。

第三，大型合作项目匮乏。虽然当前中国与中亚国家之间有诸多的科技合作项目，合作领域也比较广泛，如在新疆建立中国-中亚科技合作与交流中心，在中亚国家建设野外科学监测站点和科学实验示范点，在中亚国家实施科技援外，建立众多的中国科技园和中国农业示范基地，但是双方科技合作的整体规模仍然不大，大型合作项目匮乏。效益好的项目少而短平快项目多，小企业居多而大中型企业少，以国家牵头的大型项目的集团规模有限，科技辐射的范围较小，转化为生产力的能力不强，也难以引起所在国家的重视。[2]

二、 丝绸之路经济带的保障机制

作为横贯亚欧大陆的带状经济合作区，丝绸之路经济带涉及数十

---

[1] 贺西安，任虹，张小云等：《浅谈我国新疆与中亚五国的科技合作》，《科技情报开发与经济》，2011年第6期，第160—165页。

[2] 朱新光，张深远，武斌：《中国与中亚国家的气候环境合作》，《新疆社会科学》，2010年第4期，第56—61页。

个国家和地区，由于各个国家和地区在政治体制、经济发展水平、社会文化、法律政策等各方面存在的差异，"丝绸之路经济带"倡议的实施面临诸多挑战。为此，沿线各国应该通力合作建立丝绸之路经济带的保障机制，推动沿线各国实现政策协调与发展战略的对接，为丝绸之路经济带倡议的顺利实施奠定坚实的基础。

（一）政府间协调保障机制

建立"丝绸之路经济带"的保障机制，要坚持共商、共建、共享原则。首先，应加强政府间的政治互信与合作，努力营造和平稳定的政治环境；其次，在此基础上建立丝绸之路经济带国际沟通协调机构，搭建利益共同体平台，包括双边、多边以及区域性协定；同时，加强各国法律法规以及政策的协调，在金融政策、贸易合作以及生态环境保护等方面制定统一的法律规范，为经济带各国的经贸合作提供坚实的制度保障。

1. 加强政治互信与合作

丝绸之路经济带的建设与发展离不开和平稳定的政治环境，加强政府间政治互信与合作是建设丝绸之路经济带的重要保障。

首先，加强政府间政治互信。各成员国应在严格遵守联合国宪章的宗旨与原则的基础上，以"合作开放、和谐包容、市场运作、互利共赢"为丝绸之路经济带的共建原则，构建经济带各国政府间宏观政策沟通机制，搭建政府间合作交流平台，加强政府间政治互信，促进沿线各国深层次的利益融合，达成经济带合作的新共识。

其次，共同维护地区安全稳定。第一，各成员国应始终坚持和平共处五项原则：尊重各国主权和领土完整、互不侵犯、互不干涉内政、和平共处和平等互利；第二，建立丝绸之路经济带安全综合中心。沿线各国应树立经济带利益协同意识，在涉及主权领土、社会安全稳定等重大问题上应加大合作与相互支持，通力打击"三股势力"等地区安全威胁与挑战，共同维护地区安全稳定，维护成员国的国家利益以及经济带的整体利益；贯彻落实《打击恐怖主义、分裂主义和极端主义上海公约》，完善经济带安全合作的法律法规，并建设高效的安全执法体系，为丝绸之路经济带的繁荣与发展创建安全稳定的政治环境。

2. 构建国际沟通协调机制

丝绸之路经济带建设是一项系统工程，需要协调各国经济政策与发展战略。通过建立国际协调合作机制，构建双边及多边合作机制，搭建沟通平台，加强各成员国间多领域、多层次的交流与合作，打造互利共赢的"利益共同体"，从而促进丝绸之路经济带的蓬勃发展。

建设多层次国际协调沟通机制。首先，实行沿线各国政府首脑组成的领导人会议制度，以领导人会议作为丝绸之路经济带的最高决策机构，制定丝绸之路经济带短期及长期的发展纲要、规划及实施步骤。其次，定期召开领导人会议，充分交流对接经济带沿线各国的经济发展战略及政策，为大型项目合作提供政策支持，并协商解决各项合作中的疑难问题。同时，领导人会议应确定丝绸之路经济带合作的重点、优先领域，批准和实施重大工程项目，以合理配置丝绸之路经济带建设过程中的资金、人才、要素投入。最后，设立由专家委员构成的丝绸之路经济带执行监督机构，下设专题论坛、工作组、研讨会等，主要负责审议和监督参与方履行协定义务情况，并解决合作过程中出现的特定问题。[1]

强化双边及多边合作机制作用。首先，在成员国间开展政府机构、民间机构等多层面的沟通协商机制，从政治、经济、文化等各方面加

---

[1] 袁利华：《"丝绸之路经济带"次区域经济合作法律保障探析》，《兰州商学院学报》，2014年第4期，第28—35页。

深相互了解与支持，协调各方利益以推动双边及多边关系的全面发展；通过签署双边或多边的合作规划，为经济带合作发展发挥合作示范效应。其次，建立完善双边联合工作机制，制定丝绸之路经济带发展的规划纲要与实施步骤，并发挥现有各委员会的联合指导作用，协助推动双边及多边合作项目的实施开展。再次，发挥上海合作组织、亚太经合组织及中国-东盟"10＋1"等现有多边合作机制作用，[①] 推动建立经济带成员国在各方面的沟通与合作机制，为"丝绸之路经济带"一体化倡议的实施提供更加完善的软环境。

搭建多方位沟通平台机制。继续开展欧亚经济论坛、博鳌亚洲论坛、中国国际投资贸易洽谈会等现有区域性论坛会议，充分发挥相关国际论坛及展会平台的建设性作用。[②] 大力开展经济带区域性文化交流活动，通过举办丝绸之路电影节、文化博览会、文化交流节等多种形式文化交流活动，促进沿线国家对丝绸之路历史文化的传承。通过开展以丝绸之路经济带为主题的国际峰会、论坛及展会等，增进经济带各国政府及民间的互信与理解，对成员国凝聚共识、深化合作具有重大意义。

3. 加强政策法规协调

丝绸之路经济带实质是通过建立区域性的经济合作组织，打破国界和贸易壁垒，促进资金、人才等要素在区域范围内的自由流动，实现丝绸之路沿线各国经济的共同发展与繁荣。丝绸之路经济带沿线国家在国家体制、经济发展水平等方面存在较大差异，调和各自利益立场以组建自由贸易区难度较大。且沿线国家多为发展中国家，法律法规尚不健全，导致经济带贸易往来缺乏科学统一的制度规范。因此协调各成员国的政策法规及发展战略，进行统一的制度安排，对于确保

---

① 《推动共建丝绸之路经济带和 21 世纪海上丝绸之路的愿景与行动》，人民出版社，2015 年，第 15 页。

② 同上。

丝绸之路经济带倡议的顺利实施具有重要意义。

首先，加强政策沟通。丝绸之路经济带成员国应制定经济带发展的规划纲要和实施步骤，制定并出台针对经济带建设的法律法规文件，明确规范各成员国的权利与义务。其次，各成员国应尽快建立健全本国的法律法规体系，并在此基础上建设多边、双边及区域等多层面的法律法规体系，例如《丝绸之路经济带区域贸易协定》《跨界运输协定》《生态保护协定》《争端解决机制》《联合预警机制》等。同时充分发挥经济带相关委员会的执行监督作用，及时发现并解决经济带建设中的相关问题，通过多层面、多方位的协调保障，进而为丝绸之路经济带建设发展奠定法制保障基础，促进经济带发展的法治化、秩序化。

（二）金融保障机制

丝绸之路经济带东连活跃的亚太经济圈，西系发达的欧洲经济圈，作为中间大通道的丝绸之路经济带，沿线多为发展中国家且发展潜力巨大。建立丝绸之路经济带，可以缓解沿线国家之间的矛盾冲突，稳定地区局势，寻求区域层面的政治互信与合作；区域自由贸易区的创建可以消除国境造成的贸易障碍，促进沿线国家经济的繁荣发展。"丝绸之路经济带"尚处于起步阶段，前期的各项基础设施建设资金需求巨大。建设经济带金融保障机制，为"丝绸之路经济带"发展提供资金支持以及维护区域金融稳定具有重要意义。首先，应该加快建立以亚洲基础设施投资银行与丝路基金为主体的融资保障机制；其次，建立区域金融中心，创建国际金融合作交流平台，建立金融信息共享机制，促进资本的有效配置；再次，通过实施沿线国家货币本币结算制度，促进贸易自由结算及汇兑，为实现经济带的繁荣发展奠定坚实的金融保障。

1. 建立融资保障机制

加快建设以亚洲基础设施投资银行（亚投行）[①] 与丝绸之路经济带建设基金（丝路基金）[②] 为核心的融资保障机制，解决丝绸之路经济带建设中巨大的资金缺口问题，保障各项基础设施建设的顺利进行。

首先，推进丝绸之路经济带货币投融资体系建设。一方面，大力推动区域投融资平台建设，积极筹建亚投行、丝路基金、上海合作组织开发银行等国际性银行，开展双边及多边的金融合作，以银团贷款、银行授信等方式发挥国际性银行的融资作用；另一方面，推动丝路基金、投资基金、援助贷款基金的投资跟进落实，充分发挥丝路基金以及各国主权基金作用，支持沿线国家实体经济发展和基础设施建设，[③]引导商业性股权投资基金和社会资金共同参与丝绸之路经济带的重点项目建设。加强对政策性金融机构的支持，扩大对优质项目的贷款权限与规模，对国家或经济带建设中重点支持的建设项目给予借贷优惠政策。

其次，建设国际金融合作交流平台。积极发挥上海合作组织的示范功能与带动作用，定期组织丝绸之路经济带金融合作会议，具体包括国家政府层面、城市层面、金融机构层面等多层次会议，加强丝路沿线国家、城市、金融机构的交流与协作，不断提高金融会议的影响力与辐射力度。加强丝绸之路经济带倡议在沿线国家微观经济主体中的宣传力度，使更多的微观经济主体参与其中以维持长期的融资

---

① 亚投行是一个政府间性质的亚洲区域多边开发机构，重点支持基础设施建设。截至 2015 年 4 月 15 日，亚投行意向创始成员国确定为 57 个，其中域内国家 37 个、域外国家 20 个。涵盖了除美国、日本和加拿大之外的主要西方国家，以及亚欧区域的大部分国家，成员遍及五大洲。其他国家和地区今后仍可以作为普通成员加入亚投行。

② 丝路基金成立于 2014 年 12 月 29 日，是迄今为止中国规模最大、规格最高的政府多边合作基金，规划涵盖中亚、南亚、西亚、东南亚和中东欧等国家和地区。主要为"一带一路"沿线国家基础设施、资源开发、产业合作和金融合作等与互联互通有关的项目提供投融资支持，促进共同发展、共同繁荣，实现合理的财务收益和中长期可持续发展。

③ 张红力:《金融引领与"一带一路"》,《金融论坛》,2015 年第 4 期,第 8—14 页。

需求。

再次，完善区域融资活动的监督保障机制。加强政策法规对融资活动的约束力，并建立高效的融资监管机制。其一，加大双边及多边监管合作力度，通过签署监管合作备忘录等方式，达成合作新共识。其二，构建区域金融风险预警机制，加强对金融风险的预测与反应，并建立区域性跨境金融风险的应对处理机制，减少风险损失。其三，加强与信用评级机构、征信管理部门的交流合作，使丝绸之路经济带建设中的融资活动的安全性得到保障。

最后，建立丝绸之路金融人才储备机制。丝绸之路经济带的经济贸易合作离不开国际性、综合性的金融人才，加快建立金融知识培训和交流学习机制，促进丝绸之路沿线各国金融人才与金融业务的互通，为丝绸之路经济带倡议的顺利实施储备智力资本。

2. 建设区域金融中心

在丝绸之路经济带区域经济一体化的基础上，进一步加快区域金融一体化。[①] 区域金融中心[②]是发展区域金融一体化的载体，在优化资源配置、集散金融信息、进行风险防范、提升城市和地区核心竞争力、促进一国经济持续快速发展等方面有着重要的战略意义。[③] 鉴于此，丝绸之路经济带相关国家应该积极磋商，选择以乌鲁木齐、西安等金融体系发育良好的交通枢纽城市建立金融中心，加快建立区域金融中心，完善丝绸之路经济带金融服务体系。

建立丝绸之路经济带乌鲁木齐金融中心。首先，地处欧亚地理中心的乌鲁木齐作为新疆的省会城市，是中国面向中亚，推进向西开放

---

① 区域金融一体化，是指在一个特定的地理环境区域之内，金融资源、金融市场、金融活动的相互融合。

② 区域性金融中心是金融机构集中、金融市场发达、金融信息灵敏、金融设施先进、金融服务高效的融资枢纽。

③ 王保忠，何炼成，李忠民：《"新丝绸之路经济带"一体化战略路径与实施对策》，《经济纵横》，2013 年第 11 期，第 60—65 页。

的桥头堡。毗邻中亚国家，曾是古丝绸之路上的重要城市，同时也是新亚欧大陆桥的中心城市，新疆作为中国通向中亚以及欧洲的重要交通枢纽，具备得天独厚的区位优势。其次，新疆在中国与中亚国家贸易合作中发挥着辐射带动作用，奠定了金融合作的基础。再次，乌鲁木齐具有较强的经济实力，金融、证券与保险业的发展已经初具规模。以新疆为中心建设丝绸之路经济带中亚五国金融中心具备良好的基础，在此基础上，应当建立以商业银行为中心的多边清算结算系统，为丝绸之路经济带中亚五国与各个国家的贸易往来提供承购应收账款业务，以及国际间保付代理业务。①

建立丝绸之路经济带西安金融中心。西安具有区位优势明显、交通条件好、城市知名度高、人才资源充分、科技优势明显、金融资源总量存在区域优势、金融体系较为完备、金融监管机制相对完善等优势。② 一方面，作为新亚欧大陆桥及黄河流域最大城市，西安市地处中国陆地版图中心，是陕西省的政治、经济、文化和科教中心，也是丝绸之路经济带的经济、文化、商贸中心。另一方面，西安作为国家重要的科研、教育和工业基地，是中国高校密度和受高等教育人数最多的城市，是中国五大教育、科研中心之一。在此基础之上，应当将科技创新引入金融中心的建设中，创新产品与服务，大力发展互联网金融；充分利用陕西丰富的人力资源与优质的教育资源，加大西安高校金融、经济专业的教育基金投入，并选取优秀的师生团队成立丝绸之路经济带发展问题研究院。

通过建立区域金融中心，构建多层次金融市场，为贸易投资便利化提供强有力的金融支持。同时，根据上海合作组织已确立的贸易和

---

① 张永明，王海燕：《中亚五国与中国新疆金融体系比较》，《俄罗斯中亚东欧市场》，2007年第5期，第13—17页。

② 郭普松：《西安建设"新丝路"金融中心的路径研究》，《中国商贸》，2014年第34期，第91—95页。

投资便利化协定，加强丝绸之路经济带各国在投资和项目融资等领域的合作，进一步促进区域经济一体化的建立。

3. 建立贸易本币结算机制

首先，制定经济带贸易本币结算协议。加强双边及多边政府协商与交流，通过缔结本币结算协议等方式，使双边国家的货币流通和使用成为一种合法、正常的行为；鼓励成员国在中国境内银行开立人民币结算账户或双方银行相互开立人民币账户，促进人民币充当对外结算货币。

其次，加强双边及多边金融机构业务合作。利用双边授信、货币互换、支付体系建设等方式，促进双边贸易的发展；开展商业银行间的合作，设立代理行关系，加强业务联系，拓宽合作范围；解决边境贸易支付和结算，建立信用卡支付机制，扩大外汇支付的范围，方便客商的结算；通过各种途径让中国企业了解相关国家的有关情况，即使交易双方采取预付款或直接付款方式，也应开具履约保函。

最后，建立跨境资本流动监管机制。加强双边国家中央银行间的沟通与磋商，强化对跨境资本流动的有效监管，进一步增强经济开放中的各种金融风险防范能力，[1] 有效预警和处置国际金融市场的风险，维护资本市场和金融体系的本体安全。

当前，中俄、中哈、中吉已先后实现了贸易本币结算，应在更大范围内促进双边经济开放、合作与发展。一方面，本币结算较美元结算手续便利，可以享受免收结算手续费的优惠政策，在为企业提供新的结算渠道的同时，也为商业银行带来了良好的经济效益，实现了银行和企业的双赢，有利于进一步扩大各国间的贸易。另一方面，本币

---

① 《中哈金融合作与制度安排——对中哈本币结算的探讨》. 中国俄罗斯东欧中亚研究网. http://euroasia.cass.cn/news/126438.htm.

结算有利于防范美元汇率风险。美国为刺激本国经济轮番推行量化宽松政策，使得美元汇率不断走低，加大了美元贬值的风险；同时使用美元作为结算方式，增加了中间环节的交易成本，不利于双边贸易结算的平衡性。本币结算资金入账更加方便、快捷，还可以减少因使用美元、欧元等结算所产生的汇兑成本，降低交易费用，锁定交易收益。从深层来看，还可减少对美元的依赖，有效抵御国际货币体系霸权国所带来的道德风险。总体来说，中国与中亚国家间的贸易便利化程度还比较低，需要各方共同努力，消除壁垒，将双边经贸合作推向更高水平。

（三）产业合作保障机制

丝绸之路经济带的发展离不开国家、地区间的产业合作，沿线国家按照优势互补、互利共赢的原则，优化产业链分工布局，发展各类产业园区，加强在各个产业领域的深入合作。为保证经济带沿线国家更好地开展产业合作，首先应该建立产业合作协调联动机制，发挥政府政策导向和综合协调的作用；其次，建立信息资源共享平台，利用互联网建立丝绸之路经济带经济社会数据库，为区域内产业合作提供充分的信息资源；再次，建立区域人才市场服务机制，促进人才人事的自由流动与充分利用。

1. 建立产业合作协调机制

建立区域产业合作协调机制，是促进经济带相关国家长期有效合作的重要保障。产业合作协调联动机制首先应当是一个两地合作较高水平的服务与合作机制。它能在充分发挥好市场机制作用的同时，高度重视发挥政府的综合协调和政策引导作用，依靠宏观调控这只"有形的手"，来克服产业布局的盲目性和单纯追求自我利益最大化的局限性等问题。①

第一，经济带各国政府应从丝绸之路经济带这一整体出发，制定出具有战略性、系统性、互利性的产业合作规划，明确丝绸之路经济带产业合作的目标、实施路径、合作框架、保障措施。

第二，定期、不定期举行产业合作协商会议，加强彼此的协调交流，探索各类市场资源的联结和整合，解决融合经济发展中两地之间的经济矛盾。中亚五国的产业结构是以天然气、采矿、冶金、有色金属、装备制造等产业为主导，应继续发展这些具有能源资源优势的产业。中国大力发展具有优势的交通、邮电、纺织、化工、食品、消费品生产等行业，形成中亚五国与中国在资源、市场、要素互补的合作通道，增强丝绸之路经济带的产业协同效应，从而形成优势互补的网络产业布局。

第三，建立创业投资合作机制。一是鼓励新兴产业合作，促进沿线各国在新能源、信息技术等新兴产业领域的深入合作，共同开发科技、环保、高效的新产品。二是鼓励探索投资合作新模式，加大建设各类跨境产业园区，发挥产业集群效应，辐射并带动相关上下游产业的发展。三是坚持可持续发展原则，加强成员国在生态环境、应对气候变化、生物多样性等方面的深入合作，同时加大生态文明理念的贯彻落实，共同维护生态环境的可持续发展，建设绿色的丝绸之路。

2. 建立信息资源共享平台

中国西部与中亚五国在自然资源、优势产业等方面具有很高的相似性，各国或地区在制定优先产业发展规划时既要考虑本国或地区的产业发展现状，同时也要考虑整个经济带产业的协调布局，加强政策沟通，建立信息资源共享平台。

---

① 《加强产业合作建立保障机制》，克拉玛依网，2012 - 5 - 31. http://www.kelamayi.com.cn/news/2012 - 05/31/content_ 968044. htm.

一方面，建立丝绸之路经济带经济社会数据库。利用互联网实现经济带经济社会数据等信息资源的互连互通，实现信息资源共享，共同提高信息化应用水平。为经济带产业合作提供数据分析与指导，避免产品的过度同质化造成的无序低效竞争，减少资源浪费以及产能过剩。

另一方面，建设丝绸之路经济带信用制度。建立丝绸之路经济带统一的信用评价标准，完善企业信用征信系统、企业信用信息管理系统和披露系统，打造经济带信用信息公共平台，实现信用信息资源共享。

3. 建立区域人才市场服务机制

建立丝绸之路经济带是实现区域经济一体化的过程，人力资本在区域范围内的自由流动对区域经济一体化进程起到至关重要的作用。同时，丝绸之路经济带沿线经过数十个国家，需要大量具有综合性知识的优秀专业人才。因此，针对丝绸之路经济带发展的需要开发有潜能的人才，才能为人才对外开放提供保障。

一方面，建立丝绸之路经济带统一的人才服务体系。充分发挥互联网的便利性，建立丝绸之路经济带的人才人事数据库，形成统一的人才市场，健全人才流动和使用机制，从而实现人才资源在经济带范围内的有效配置。

另一方面，建立经济带统一的人才培养机制。其一，建立并组织实施专业性及综合性人才培养计划，在经济带各国设立专门性人才培养机构，加大在语言、法律、国际贸易及专业技术等方面人才的培养力度，建立丝绸之路经济带人才储备机制，充分发挥人力资本在经济发展中的关键作用，为丝绸之路经济带的发展提供人力资源保证。其二，以高层次、急需紧缺专业技术人才和创新型人才为重点，实施人才培养计划，加大高校的专业人才培养力度，建设经济带发展的人才储备机制。[①] 其三，建立人才激励机制，加大对优秀人才的表彰和奖励力度，鼓励人才的国际交流与合作，为经济融合发展提供强有力的人才支撑。

（四）基础设施建设保障机制

基础设施建设是"丝绸之路经济带"倡议实施的硬件条件，也是决定沿线各国贸易量的关键性因素。当前，在上海合作组织的推动下，丝绸之路经济带沿线国家已初步建立了一个横跨亚欧大陆的由铁路、公路、航空、海上运输、油气管道、输电线路和通信网络组成的综合性立体互联互通的交通网络，但是仍需加快建设已规划的新线路，并且加大电信电网的投资建设，构建区域交通物流服务体系，建成铁路、公路、航空、电信、电网、能源管道的互联互通网络，促进沿线国家在资金流、物流、人流和信息流等方面的合作，激活新的经济增长点，为丝绸之路经济带的经贸发展奠定坚实的基础。

1. 建立基础设施建设政府协调机制

一方面，建立丝绸之路经济带基础设施建设专项会议。其一，通过定期不定期召开专项会议，加强经济带政府间的磋商交流，制定基础建设长、中、短期规划，明确基础设施建设的实施方案与步骤，协调投资合作。其二，加大交通基础设施的投资力度，优先建设交通枢纽、关键通道的重点工程，提高道路通达水平，逐步建设完善的立体交通网络，保障贸易物流的顺利发展。丝绸之路经济带沿线多为发展中国家且经济发展水平较低，欧亚结合部分的国家基础设施相对比较落后，资金问题成为各国基础建设过程中的最大困扰。因此，在进行

---

① 《中国制造 2025》，新华网，2015-5-19. http://news.xinhuanet.com/fortune/2015-05/19/c_127817932_7.htm.

基础设施建设过程中，加强政府间的沟通协商，从建设丝绸之路经济带的整体出发，明确基础设施建设的重点以及顺序问题，避免各国过分追求本国利益而忽视经济带的整体发展。

另一方面，建立统一的全程运输协调机制。当前国际运输干线存在较多壁垒和障碍，新亚欧大陆桥途经多个国家，影响因素较多：中亚国家仍采用宽轨铁路，与欧洲和中国采用的铁轨标准不同，货物运输须经换轨操作。经济带相关国家应在相互尊重国家主权和领土安全的基础上，通过加强技术标准对接提高国际主干道的通达水平，缩减运输时间与运输成本。在《上海合作组织成员国政府间国际道路运输便利化协定》的基础上，积极推动丝绸之路经济带成员国签署《丝绸之路经济带政府间国际道路运输便利化协定》，建立铁路货物运输的国际公约以及联合运输协定等。[1] 赋予各当事方道路运输承运人和车辆在许可证制度下，相互承认驾驶执照，按商定的线路从事跨境和过境运输的权利；简化边境海关过境手续，为过境交通工具的司机办理多次出入境文件；统一运输工具的收费标准；为过境车辆、车上乘客和司机办理相关保险；[2] 在此基础上，逐步形成连接亚洲各次区域以及亚欧非之间的基础设施网络。

2. 建立基础设施建设联合委员会机制

丝绸之路经济带沿线各国由于在政治制度、经济发展水平等方面存在较大差距，在经济带建设合作中面临诸多制约因素，因此探索一种互益的合作方式有助于双边及多边合作的顺利开展。为此，应设立基础设施建设联合委员会，专门处理当前丝绸之路经济带建设过程中的诸多问题，首先解决基础设施建设的先后顺序问题，其次负责基础

---

[1] 罗钢：《"丝绸之路经济带"建设中交通物流制度协同与推进探讨》，《开发研究》，2014 年第 2 期，第 45—49 页。

[2] 苏辉、李艳：《国际路联表示新丝绸有望十年内贯通》，《陕西日报》，2004 年 10 月 28 日。

设施建设专项资金管理问题。

一是解决基础设施建设的先后顺序问题。首先，丝绸之路经济带的欧亚结合部地区总体基础设施建设相对滞后，因此需要加大对欧亚结合部的资金投入，加快基础设施建设，加快建立经济带全方位立体的交通物流网络体系。其次，中国需加大对吉尔吉斯斯坦、老挝、缅甸这三个国家的建设援助，这三个国家是新丝绸之路的交通枢纽，在丝绸之路经济带建设中具有战略意义。最后，由于这三个国家的经济实力限制，无法通过本国力量完成道路修建，因而迫切希望通过获得外来援助来提高本国道路通达水平。同时为加快西南通道和西北通道的建设进度，中国有实力也有必要对以上三个国家进行战略性的交通援助。[1]

二是负责基础设施建设专项资金管理。首先，委员会应认真审查基础设施建设项目的可行性报告以及相关的立项资料，确保专项资金的合理有效利用。其次，委员会应定期考察项目的实施情况，并根据项目的实施进度及时拨款，避免资金问题造成项目的延误。再次，委员会应加强项目的监督检查，及时掌握专项资金的到位及使用情况，对于专项资金违规使用的项目单位视情节严重情况应分别予以警告、资金撤回等处罚，并严格追究相关负责人的责任，贯彻落实专款专用原则，保证基础设施专项资金应有的使用效益。

（五）贸易投资合作保障机制

1. 国家间政策协调

丝绸之路经济带沿线各个国家之间的发展水平差距比较大，从而在参与经济贸易合作的认识水平上面存在偏差。一方面，中亚国家政

---

① 甘钧先：《"丝绸之路"复兴计划与中国外交》，《东北亚论坛》，2010 年第 5 期，第 65—73 页。

治局势虽然总体上保持稳定，但也存在一系列比较复杂的风险，例如突发的群体性事件和恐怖事件依旧困扰着各国政府。另一方面，尽管上海合作组织的成立为推进中国与中亚五国之间的经济贸易合作做出了突出的贡献，但是由于中亚国家属于经济转型国家，市场经济体制尚未完全确立，[①] 对外经济政策均缺乏连贯性与稳定性，在一定程度上阻碍了丝绸之路经济带贸易投资合作的深入发展，因此需要加强沿线国家之间的政策协调。

（1）建立政府间政策协调机制

第一，制定科学完善的贸易与投资机制。沿线各个国家应当在协商一致的基础之上制定丝绸之路经济带贸易与投资机制，包括一系列的规范合作文件，其中要明确规定丝绸之路经济带的发展宗旨、发展目标、发展原则、内部政策、外部政策等。[②]

第二，建立并完善国家间的议事构架。定时召开各成员国首脑会议以及投资贸易专题峰会，在这些会议中分析经济带建设发展过程中面临的实际问题与挑战，并一同磋商探讨合理高效的解决方案。为了应对突发状况的发生以及使丝绸之路经济带的建设发展更加规范化，应当在此基础之上设立常务委员会以及秘书处来协调处理日常事务并进行汇报。

第三，建立并完善丝绸之路经济带贸易与投资的争端解决机制。丝绸之路经济带沿线的各个国家虽然大多数都是发展中国家，但是各个国家之间的经济文化发展水平、社会经济以及法律制度之间存在很大的差异，因此在贸易与投资的发展中能否合理地解决争端显得尤为重要。因此应当设立贸易争端解决机构；加强对贸易争端解决机构工

---

① 袁丽君，高志刚：《依托"跨国丝绸之路"加强区域经济合作》，《开发研究》，2014 年第 1 期，第 55—58 页。

② 竹效民：《建立中亚自由贸易区的构想》，《伊犁师范学院学报》（社会科学版），2014 年第 3 期，第 70—74 页。

作人员的继续教育与培训；建立并完善"第三方"监督平台来保障解决争端的公平性；建立惩罚机制来保障裁决的执行。

（2）政府主导建设平台，推动贸易发展

一方面，以中哈霍尔果斯国际边境合作中心为突破口，将其打造成丝绸之路经济带贸易与投资活动的范例。中哈霍尔果斯国际边境合作中心是建立在中国与哈萨克斯坦国界线两侧、毗邻接壤区域、紧邻霍尔果斯口岸的跨境经济贸易区和投资合作中心。[①] 目前，中哈霍尔果斯国际边境合作中心的主要功能是商业贸易合作、商品展销、货物储存、物流运输、基础设施，以及承接举办各类区域性的国际经济贸易商洽会议等。在中国向西开放以及建设丝绸之路经济带的大背景之下，将其建设成为丝绸之路经济带贸易与投资活动的示范区与实验区，通过各方面的共同努力推进贸易投资便利化的不断深入发展，实现丝绸之路经济带内资金、技术、人才、物资、信息等资源高效流通，充分发挥其在带动整个丝绸之路经济带发展中应当起到的示范作用。以点带面，由双边到多边，加速推进丝绸之路经济带贸易与投资活动的进一步发展。[②]

另一方面，以中国—亚欧博览会为借鉴，整合现有展览与会议资源，促进交流合作方式多元化。中国—亚欧博览会在开展经济贸易交流的同时，也在积极开展包括旅游、文化、科技以及交通在内的深层次、多领域的沟通与合作。以中国—亚欧博览会为平台，开展由各国首脑、部长出席的多层次峰会，共同探讨商议本区域及次区域经贸、科技、文化、交通、旅游等各领域合作问题；并由中国和周边国家相关部门联合主持各类专题论坛，邀请政府官员、专家学者、商会（协

---

① 张晔，毕燕茹：《中哈霍尔果斯国际边境合作中心——区域经济合作新模式》，《石河子大学学报》（哲学社会科学版），2009年第1期，第1—4页。

② 张银山，秦放鸣：《丝绸之路经济带背景下加快推进中国—中亚自由贸易区建设的思考》，《经济研究参考》，2014年第55期，第19—26页。

会）会长和大企业高管等与会，推动各领域的双边和多边交流与对话。由此可见，中国—亚欧博览会已经成为中国和亚欧众多国家经济合作的平台、人文交流的桥梁、共赢发展的助推器。[①] 因此，整合现有展览与会议资源，探索并建立新的地区性国际论坛和会议机制，可以开创更加坚实的合作基础与保障，有利于扎实推进公共与人文外交，开展各国之间的友好往来，创造出和谐良好的国际舆论环境，最大限度地消除误解、减少碰撞、增进友谊、化解矛盾，[②] 从而最终拓展丝绸之路经济带投资与贸易发展的广度与深度，使经济带在更加广阔与多元的平台上更好地发展。

2. 加强合作环境建设

（1）口岸基础设施建设

中亚国家市场狭小并且基础设施条件落后，严重制约了中亚国家对外开放，而中国与中亚各国之间在资源禀赋、产业结构以及市场需求方面都有很强的互补性，提高中国与中亚地区之间的贸易便利化程度，成为建设丝绸之路经济带的重要内容。

目前中国与中亚各个国家之间贸易运输成本过高，同时区域间跨境转运系统建设还处于初级阶段，运转效率低，在一定程度上制约了经济带建设中商业与贸易发展的效率。鉴于此，应当加强包括公路、铁路、航空以及管道等在内的综合交通运输网络建设，大力推进以铁路建设为主的交通大通道建设。[③]

随着海关现代化进程的加快，降低区域之间的交易成本不仅需要高度通达的交通运输网，同时建立制度以及监督协调机构也占据十分重要的地位。鉴于此，应当对边境管理机构之间在标准化、卫生、检

---

① 李江龙：《中国—亚欧博览会发展研究》，新疆农业大学硕士学位论文，2012年。

② 张银山，秦放鸣：《丝绸之路经济带背景下加快推进中国—中亚自由贸易区建设的思考》，《经济研究参考》，2014年第55期，第19—26页。

③ 袁丽君，高志刚：《依托"跨国丝绸之路"加强区域经济合作》，《开发研究》，2014年第1期，第55—58页。

验检疫、运输等方面采用现代化的管理办法。① 在丝绸之路经济带的建设过程中，相对于中亚五国，中国是物流发展水平较高的国家，因此应当在人力与技术方面提供支持，编制跨国交通运输基础设施规划，有效利用各国现有的运输资源；成立统一的海关与口岸管理机构，协调各个区域之间交通运输体系建设，逐步创建可以使人流、物流、资金流自由高效流通的资源运输体系，从而提高跨境运输服务能力；建设中亚自由贸易区物流争端仲裁解决机制，由于跨国物流活动涉及的领域十分广泛，会遇到复杂的法律经贸以及技术难题，一个具有专业水平的仲裁机制可以保证跨国物流争端公正、公平、合理解决；② 改造升级已有的设施设备，在物流技术方面应当建立现代化的仓储管理系统，引进先进的运输与装卸技术；采用新的通关便利技术以提高中亚区域的贸易便利化水平。实现丝绸之路经济带互联互通的战略目标，为沿线各个国家进一步开展深层次的经济贸易合作拓展空间。

（2）经贸信息网络平台建设

第一，建设政府间沟通与经贸信息传导机制。丝绸之路经济带沿线各国政府应当建立健全各政府间的合作沟通机制。各国政府及相关部门应当扩大丝绸之路经济带经济贸易合作的相关政策的公布、评议以及听证范围，明确并进一步强化负责进出口贸易各个环节的政府部门职能，简化贸易流程审批手续，建立高效的政策建议咨询机制，及时掌握开展进出口贸易企业的政策需求，从而及时解决丝绸之路经济带发展中跨国贸易所存在的问题。③

---

① 艾赛提江，郭羽诞：《中亚五国贸易便利化程度分析》，《新疆社会科学》，2012年第4期，第75—80页。

② 曹平，杨鹏：《中国—东盟自由贸易区物流争端仲裁解决机制研究》，《法制与经济》（上旬），2014年第1期，第60—62页。

③ 程中海，孙培蕾：《中国与中亚周边国家贸易便利化影响因素研究》，《商业研究》，2014年第11期，第99—105页。

第二，政府主导成立一个丝绸之路经济带经贸信息研究机构。[①]该机构主要负责了解丝绸之路经济带沿线各个国家的人文地理、民族风情等情况，从而分析得出经济带优先合作的方向和主要合作领域，这是经济带各成员国所面临的共同发展问题。借助这样一个机构开展合作交流与协作，可以在一定程度上减少经济带以及自由贸易区发展的阻碍，减少跨境贸易中存在的信息不对称性，增强主动性。

第三，大力发展电子商务平台。电子商务已逐渐成为现代商业的主要运营模式，在丝绸之路经济带的各个国家当中，中国相对于中亚五国来说是信息网络硬件基础设施较为完善的发展中国家，而中亚五国在这方面则较为落后，因此首先应当推进中亚地区以及丝绸之路经济带沿线发展中国家电信光缆运输网的建设。各个国家应致力于搭建一个以先进技术为支撑，包括物流运输、贸易投资、政府互动以及金融业服务在内的电子网络交流平台，以此减少经济带各国之间的交易成本，进一步提高丝绸之路经济带在全球经济竞争中的竞争力以及对周边国家经济发展的辐射带动作用。

（六）能源合作保障机制

在丝绸之路经济带沿线国家当中，中亚各国、俄罗斯地域辽阔并且能源资源十分丰富，被称为21世纪的战略能源基地。中国与中亚各个国家以及俄罗斯开展能源合作，不仅能够使双方均实现长足发展，而且可以在很大程度上促使丝绸之路经济带的崛起，推进能源的高层次、宽领域的合作。[②]

---

① 袁丽君，高志刚：《依托"跨国丝绸之路"加强区域经济合作》，《开发研究》，2014年第1期，第55—58页。

② 高志刚：《"丝绸之路经济带"框架下中国（新疆）与周边国家能源与贸易互联互通研究构想》，《开发研究》，2014年第1期，第46—50页。

　　然而，现阶段丝绸之路经济带沿线国家的能源贸易存在很多的障碍与瓶颈，以中国与中亚地区之间的能源合作来说，双方的合作尚处于初级阶段，主要以一般贸易为主，这样的单一贸易形式阻碍了贸易的进一步发展；现有的贸易水平与现存的贸易比较优势相差甚远；在丝绸之路经济带建设的大背景之下，能源贸易缺乏统一高效的贸易合作与监督机制。因此，有必要建立丝绸之路经济带区域内能源贸易具体协调制度，沿线各个国家在能源产品出口、进口流量、配额、争端解决机制和统一的能源市场建设做出相应的规定，为中国与中亚地区能源贸易的顺利发展提供有效的、长期的体制保障。

　　1. 构建区域能源合作机制

　　一方面，建设多边能源合作对话与协调机制。在多边能源合作中，建立一个高效的能源对话与协调机制可以弱化合作风险，维护多边共同利益。首先，开展经济带内各国之间的能源政策对话与能源高层会议。各个国家的政府、商界和学者共同商讨包括国家能源政策、能源技术、能源市场前景分析与展望以及能源定价方式等问题，就丝绸之路经济带建设的大背景之下如何修改各国能源行业通用标准进行深入讨论，在实现经济带区域能源开采与流通一体化的前提下，拟定各个国家均认可的能源使用与开发准则，保障经济带能源合作的平等、稳定、可持续与互利共赢。其次，上海合作组织在能源合作领域已经形成较为成熟可行的模式，有望建立统一的能源市场，给丝绸之路经济带的能源合作机制的建立与发展提供了可借鉴的模本。

　　另一方面，建设能源合作争端解决机制。由于丝绸之路经济带沿线各个国家在社会制度、意识形态以及经济发展程度上存在巨大的差异，因此应当构建统一的制度安排来规范经济带建设过程中各个国家的行事准则，并解决经济带能源合作过程中所遇到的矛盾与争端。建立能源合作争端解决机制，可以有效减少和避免资源争端与恶性竞争。

2. 探索能源合作新方式

（1）能源技术共享机制

尽管丝绸之路经济带沿线国家地理位置上相邻，但是在经济带内部的能源信息、数据以及人员交流上却十分有限。完善经济带的能源合作机制需要充足的信息，机制的建设可以促进负担共享，使丝绸之路经济带沿线各国政府为经济带建设的目标共同努力，难以逃避责任；同时，能源技术共享机制的建设可以通过向各国政府提供信息、共享信息而逐步发掘实质性共享利益之处，鼓励政府间在能源技术问题上进行合作。① 因此构建一个经济带能源数据库共享机制很有必要。一方面，通过丝绸之路经济带能源数据库可以分享沿线各个国家之间的基本能源统计数据，各个国家将加强对彼此的经贸投资政策、能源发展规划以及能源法律法规的深入了解；另一方面，为了减少各国在能源合作方面的盲目性，提高能源信息交流的质量与速度，使能源市场的透明度得到提升。能源数据共享平台还应当更进一步对能源合作项目人才展开培训，对相关能源合作提供技术支持，对能源项目的可行性进行评估，最终提升丝绸之路经济带能源合作的效率。

（2）能源合作资金保障机制

首先，各个国家政府应当加大用于能源合作的财政投入。建立政府主导的丝绸之路经济带能源合作项目的专项基金，用于能源勘探、能源开采、能源规划以及能源管道建设等方面，并在协调一致的基础之上建立应对突发状况的应急资金账户。以中国来说，受到中亚国家能源政策的限制，中国与中亚国家的能源合作只能以参股的形式展开，对俄罗斯则一直采取的是"贷款借石油"的方式。② 但是，在国际新

---

① 唐彦林：《国际政治背景下东北亚多边能源合作机制的构建》，《西伯利亚研究》，2006年第4期，第46—51页。

② 张新华：《中国与中亚国家及俄罗斯能源合作探析——以丝绸之路经济带建设为视角》，《新疆社科论坛》，2013年第6期，第21—28页。

形势之下，特别是丝绸之路经济带建设的大环境之下，沿线国家能源领域的资金均较为匮乏，因此应当积极鼓励沿线各个国家在能源领域的合作上采取直接投资的方式，这样不仅能够提高资本的运作效率，也在一定程度上促进了各个国家对能源合作项目进展情况的监督。

其次，在各个国家政府的主导下大力发展民间融资。能源合作项目规模大，所需资金多，若是这些资金全部来源于政府的财政投入，一方面加重政府的负担，另一方面没有充分吸收民间资本，不利于资本的流动性得到最大限度的提升。因此，政府作为丝绸之路经济带建设的主导者，在保障自身信用的前提下，以法人的组织形式（如平台公司）参与金融市场的融资建设，[①] 这样可以最大程度地吸收商业性金融机构以及社会公众的闲散资金，为丝绸之路经济带的能源合作项目提供服务以及资金保障。

最后，鼓励各类金融机构参与能源合作项目。丝绸之路经济带的能源合作建设所引发的资金需求为各类商业银行带来了前所未有的机遇与挑战。由于能源合作项目的运作周期长以及委托人众多，为商业银行放贷增添了许多风险，因此需要在政府的支持下严格评估贷款风险等级，加强款项清收措施的力度。在统一可行的政策目标下建立政策性银行，以最大限度地吸收资金，实现丝绸之路经济带能源合作项目建设与资金投入增长良性循环，保证外来资金投入的持续与稳定。同时由于中亚地区的政局不稳定，能源产业是资本密集型、技术密集型、投资回报周期长的基础产业，能源从开始勘探到使用的一系列过程均需要大量的资金投入。因此，在能源合作的过程中需要借助各式金融平台，广泛开展期权期货贸易、加工贸易和转口贸易，这不仅能提高能源利用的效率，而且可以在很大程度上避免能源贸易的交易风

---

① 林志华：《城镇化建设资金保障机制的要素框架与完善措施》，《海南金融》，2014 年第 3 期，第 30—33 页。

险、避免交易价格频繁波动造成的损失，从而促进丝绸之路经济带国家的能源合作，实现可持续发展。①

（3）能源合作争端解决机制

在丝绸之路经济带的各个国家当中，特别是中亚国家的能源产业依旧是其经济发展的支柱，这些国家出于保护本国经济的安全性与独立性，在能源合作中或多或少地会采取能源贸易保护政策，以扶持本国能源产业的可持续发展以及本国能源企业的壮大。由于地理位置、经济政策、行业标准以及各国发展战略的不同，在丝绸之路经济带的能源合作方面广泛存在着能源政策、能源贸易、能源定价以及能源跨境运输争端，因此建立一套切实可行的能源合作争端解决机制，是能源合作项目顺利进行的重要前提。

强制方法和非强制方法是当前解决国际能源冲突的两种主要方法。强制方法是指争端一方在违背对方意志的情况下采取强制性的措施和方法，迫使他方同意其所提出的争端解决方式。这些强制性的措施包括战争与非战争的武装行为，平时封锁、干涉、报复等。非强制方法是指争端双方在坚持自愿平等和协商一致的原则下，共同协商解决争端的方法。② 在丝绸之路经济带能源合作方面的争端解决中，应当在协商一致的基础之上建立争端解决管理委员会，负责解决丝绸之路经济带能源合作中所遇到的争端与纠纷，其主要方式包括协商、谈判、调解与斡旋为主的政治解决方法，同时包括以仲裁以及法院解决为主的法律解决方式。此外应当加强争端解决人员以及调查人员的继续教育与能力培养，最终使能源贸易争端在有理有据的基础上得到最公平的解决。

---

① 安德利：《中国与中亚能源贸易现状及发展前景研究》，对外经济贸易大学硕士学位论文，2012年。
② 陈婷婷：《欧盟与俄罗斯能源合作开发中的争端解决机制研究》，西北大学硕士学位论文，2014年。

（七）科教合作保障机制

在丝绸之路经济带的建设发展当中，科学教育合作不仅可以培养出大量有技能、有知识的人才参与其中，而且可以更加高效地利用和整合经济带内各个国家的科学与教育资源，将教育、科研、生产与经济带的发展有机结合起来。目前，在区域科技教育合作的主要模型中，基于合作的推动方式可以将其分为政府引导合作机制和民间合作机制。[①]

1. 政府引导合作机制

现阶段，丝绸之路经济带的教育合作成果显著。至 2014 年 6 月，中亚地区正式挂牌的孔子学院有 10 所，其文化活动丰富多彩；上海合作组织大学是上海合作组织成员国高校间的非实体合作网络，到目前为止，由来自上海合作组织成员国的 74 所院校组成，2012 年 9 月首次开始招收硕士研究生。由此可以看出，政府是国际科技合作和交流的主要推动力量。

第一，制定较为长远的战略性发展规划。关注经济带中各个国家的共同利益与长远利益，在经济带中的各个国家的教育主管部门、高等院校以及科研机构之间建立一种长期有效的联络机制，政府搭建这样一种平台，调拨资金开展例如"教育主管领导人会议""师资交换培训""重点课题研究""培养留学生"等项目。同时由于丝绸之路经济带中的各个国家经济发展水平差距较大，科学与技术合作中难免存在投机与戒备心理，因此，各个国家应当重视知识产权的战略选择，建立丝绸之路经济带的知识产权对话、协商与监督机制，鼓励各国优秀

---

① 马树强：《区域教育合作探析：模式、动力机制、过程模型》，《国家教育行政学院学报》，2010 年第 7 期，第 3—7 页。

企业在经济带相关国家取得知识产权，鼓励外向型发展的企业、科研机构以及其他教育合作主体提高其运用知识产权参与国际市场竞争的能力和水平，并最终建立完善的经济带知识产权保护的法律体系。

第二，深入分析各个成员国之间科技合作的互补性，以明确科技合作的重点合作领域。在农业部门，虽然在粮食与棉花的生产方面，中亚各个国家均实现了集约化的生产，但是其农业生产方式仍以粗放型为主，产量无法满足日益增长的需求量，因此与丝绸之路沿线国家特别是中国展开农业技术合作具有客观的需要。引进优良品种、先进的生产技术设备以及农产品加工设备，加快农业现代化的进程，实现国家之间的互利共赢。在能源生产合作方面，应当使更多的国家加入能源科技合作，制定各个国家之间能源合作发展的综合战略。在生态环境保护方面，重点改善治理中亚地区的恶劣环境，开展气候环境科技合作；对于沙尘暴天气频繁的中亚地区而言，应当加强恶劣天气预警系统，研究区域气候变化趋势，增强各个国家对气候环境变化的应对能力。

第三，建立网络平台，推进丝绸之路经济带在科技教育信息方面实现共享和交换。以多媒体与网络信息技术为依托，打破时间、地域以及语言的限制，使科学教育从业人员在其中分享各自的研究成果，共同攻克重大科研难题，自主组建科学教育项目团队，这样的网络平台能够将信息及时传达并及时得到反馈。同时在丝绸之路经济带的教育合作中，要以上海合作组织大学为范本，以孔子学院为借鉴，广泛开展包括合作办学、人才交流以及学术交流为主的合作方式，为各国之间的文化交流与教育合作打下基础。

2. 民间合作机制

民间科教合作机制主要依托于具体的教育项目，合作主体根据自身需要选择对象开展合作，例如高校与高校之间、高校与企业之间、高校与科研机构之间、高校与教育中介以及科学科研人员与其他教育合作主体之间展开的联合培养人才、合作办学、技术开发、科研联合攻关与成果转让等活动。[1]

第一，高等院校与研究机构开展密切合作，积极推动科技合作领域实证研究。对于高校与科研机构来说，目前涉及丝绸之路经济带建设合作领域的研究主要集中于以跨境经济贸易合作为主的宏观经济领域，在具体科技合作领域的实证研究较为匮乏。[2] 因此，高等院校与研究机构要重视丝绸之路经济带建设过程中的经济一体化趋势，在多层次、多领域积极开展跨国学术交流，举办学术交流研讨会；制订专项人才联合培养计划；成立丝绸之路经济带项目合作组织，主要工作为推进科技创新项目的立项、开发与应用。最终实现产学研一体化发展。

第二，企业须依据各个国家的宏观政策法律规定，开展市场调研，研究分析经济发展趋势，制定科学合理的发展战略和科技合作战略，减少科研合作的盲目性，增加主动性；企业只有借助政府间各类交流平台，同时加强与国内外高等院校、科研机构和科技企业之间的合作，在注重自主创新、原始创新能力提升的同时，全面提升其核心技术水平，才能在丝绸之路经济带建设的大背景之下获得更多的利润；正确分析丝绸之路经济带沿线各个国家在科学教育事业发展方面的需求与优势，明确市场需求缺口，灵活选择双边、多边、政府间、民间合作形式；在深入了解经济带科技知识产权相关法律规定与管理办法的基础之上，最大限度地保护自身的合法权益，同时也应当加强自身的知识产权建设，在经济带的发展中获得优势地位。

第三，鼓励民间机构、组织、会议与论坛的发展。近年来，在上

---

① 华锦木，卢燕，谭俊蕾：《中国新疆与中亚五国科技合作现状、问题与建议》，《新疆社会科学》，2014 年第 5 期，第 88—93 页。
② 马树强：《区域教育合作探析：模式、动力机制、过程模型》，《国家教育行政学院学报》，2010 年第 7 期，第 3—7 页。

海合作组织、亚欧博览会以及中国-中亚科技合作中心的带动之下，各个国家相继出现了许多民间机构与组织，这些机构与组织主要发布中亚国家以及丝绸之路经济带沿线各个国家在科学技术研究方面的资讯。随着丝绸之路经济带的进一步发展，需要对其所提供的资讯信息进行市场细分，高效整合现有资源，申请并充分高效率地使用专项资金，提供更加优质高效的信息，扩大其传播力与影响力；继续发挥如"哈萨克斯坦—亚洲商品展览会""亚欧博览会"等现有的展会、论坛在开展特色优势技术产品展览与促销方面的影响力，为学术交流、技术合作牵线搭桥。

（八）生态环境保障机制

进入新世纪以来，丝绸之路经济带沿线的各个国家经济均实现了跨域发展，但是生态环境问题却日渐突出，严重阻碍了经济发展和社会稳定，对各个国家之间的关系造成了不可忽视的影响。中亚地处欧亚大陆腹地，气候干燥，沙漠广布，其生态危机主要原因为大气污染、核污染以及工业污染，主要表现形式为咸海与沙尘暴。苏联时期的国家工业化政策使累积的大量生态问题一直没有得到很好解决，使其空气严重污染，水质严重恶化。随着苏联解体，美苏军备竞赛中的军事设备以及核废物、化学武器对生态环境又产生了新一轮的破坏。但是近年来，俄罗斯政府通过制定调整生态环境保护政策，使生态环境问题得到大幅度的改善。其中有很多的经验可以运用于丝绸之路经济带的生态环境发展当中。因此，在保护生态环境方面必须展开区域协调与合作。

1. 加强生态保护国际合作

一方面，制定经济带生态保护条约、建立经济带生态环境保护中心、设立经济带生态合作基金。丝绸之路经济带沿线各个国家在认识到生态环境保护的国际合作重要性的基础之上，各个国家之间应当开展国际间的务实合作。以上海合作组织为依托，吸收包括东欧以及东北亚地区在内的生态环境观察员，成立生态环境保护委员会，定期开展经济带生态环境检测与评价会议（论坛），建立严密的协调机制和信息传递机制；构建经济带自然资源数据库，对现存的生态环境问题进行分析，制订解决方案，并对未来可能出现的生态问题进行预防。

另一方面，制定调整生态环境保护国际关系的规范性法律文件。由于各国的经济发展水平之间存在一定的差异，因此对生态环境问题的重视程度也不一致，例如在生态环境保护资金的使用中，如果资金不足也会间接威胁生态安全。因此，需要建立经济带国家之间生态安全的法律保障，制定丝绸之路经济带生态安全保护的一系列法律法规；不仅规定各个国家生态环境保护支出，而且要明确规定惩罚与监管措施，使违反环境保护法的行为受到严格的惩罚与制裁，使生态安全以及公民与生态社会团体的利益得到更好的保护。

2. 建立生态环境补偿机制

生态补偿机制是以生态环境保护为目的，综合运用行政与市场手段来调节生态环境保护与建设相关各方之间的利益关系的环境经济政策，其主要目标在于解决经济发展中的生态资源利用的外部性问题，最终实现生态环境与经济增长之间的动态平衡发展，[1] 是一种有效的保护生态环境的手段，有利于丝绸之路经济带的和谐发展，具有重要的战略意义。

首先，应当建立丝绸之路经济带生态补偿制度中的责任确认机制，明确生态补偿的主体，主要是指生态补偿的责任人以及其所应当承担的责任；明确经济带建设中生态补偿的范围以及补偿标准的确定；建

---

[1] 刘丽：《我国国家生态补偿机制研究》，青岛大学博士论文，2010年。

立生态补偿制度的保障机制。①

其次，在确立经济带的生态补偿制度框架的基础之上，联合各个国家在平等协商的基础之上建立统一的"生态财政"，沿线国家政府设立生态环境建设的专项资金。对于生态环境脆弱的中亚地区应当重点支持其进行水资源保护、沙尘天气治理以及核污染清理工作；我国西北五省特别是新疆地区应当重点关注沙漠化的预防与治理以及绿色工业园区的改造；俄罗斯应当建立北极环境监测与评价体系，加强对温带落叶林气候下生态多样性的保护。

再次，在丝绸之路经济带的建设当中，根据各个国家之间环境的差异性对不同的资源征收有差别的环境保护税。例如，对于中亚地区征收水资源税以及草场资源税；中国西北五省特别是新疆应当征收游牧税；俄罗斯应当征收森林资源税；等等。这样不仅加强了企业以及资源使用者的环保意识，同时最大限度地激发了生态环境税收对环境保护的调节作用。

最后，由于生态补偿是一个新的研究课题，具有复杂性，因此需要研究人员与学者进行更深一步的研究。为此，组建经济带生态补偿机制研究中心，吸收优秀人才在丝绸之路经济带发展的背景之下研究生态补偿的基本理论、制定科学的补偿标准，规定生态审计、保险、认证、许可等机制②。最终使经济带的环境补偿制度法制化、专业化、规范化。

3. 树立生态保护理念

在丝绸之路经济带的各个国家当中，对强化生态环境保护意识以及生态保护理念建设还处于起步阶段，各个国家应当从生态培训、生

---

① 王女杰，刘建，吴大千等：《基于生态系统服务价值的区域生态补偿——以山东省为例》，《生态学报》，2010 年第 23 期，第 6646—6653 页。

② 颜士鹏：《论俄罗斯生态安全的立法保障及其对我国的借鉴意义》，2005 年武汉大学环境法研究所基地会议论文。

态教育制度着手全面提高生态环境保护意识；生态文化的缺失是导致生态环境日益恶化的一个重要因素，因此在经济带的持续发展当中，塑造现代生态文化的重要性尤为突出。各国政府应当加强生态保护理念的宣传力度，使生态文明教育得到普及，采用专题报道以及文学、电影、音乐等形式使生态文明深入人心；还应当加强对生态环境保护协会或团体权利的保护，从而为生态文化的健康发展营造良好的社会环境。

参考文献

艾赛提江，郭羽诞：《中亚五国贸易便利化程度分析》，《新疆社会科学》，2012年第4期，第75—80页。

安德利：《中国与中亚能源贸易现状及发展前景研究》，对外经济贸易大学硕士学位论文，2012年。

白永秀，王颂吉：《丝绸之路经济带的纵深背景与地缘战略》，《改革》，2014年第3期，第64—73页。

白永秀，王颂吉：《丝绸之路经济带：中国走向世界的战略走廊》，《西北大学学报》（哲学社会科学版），2014年第4期，第32—38页。

白永秀，王颂吉：《价值链分工视角下丝绸之路经济带核心区工业经济协同发展研究》，《西北大学学报》（哲学社会科学版），2015年第3期，第41—49页。

白永秀，任保平，吴振磊：《长期困扰我国经济改革与发展的"十个滞后"问题》，《福建论坛·人文社会科学版》，2009年第1期，第4—10页。

白永秀，任保平：《未来30年改革的主题判断和路径选择》，《改革》，2010年第1期，第20—25页。

白永秀，王颂吉：《由"被动城市化"到"主动城市化"——兼论城乡经济社会一体化的演进》，《江西社会科学》，2011年第2期，第81—86页。

白永秀：《由"前改革时代"到"后改革时代"》，《西北大学学报》（哲学社会科学版），2010年第2期，第5—9页。

白燕：《新一轮开发中的西部城镇化思考》，《宏观经济管理》，2011年第8期，第35—37页。

曹宗平：《西部地区城镇化面临问题及其模式解构》，《改革》，2009年第1期，第62—67页。

曹平，杨鹏：《中国—东盟自由贸易区物流争端仲裁解决机制研究》，《法制与经济》（上旬），2014 年第 1 期，第 60—62 页。

曹云：《丝绸之路经济带具四重战略目标》，《中国社会科学报》，2014 年 1 月
　　10 日。

曹海峰：《丝绸之路经济带构建中的风险考量与规避策略》，《实事求是》，
　　2014 年第 1 期，第 53—56 页。

程云洁：《"丝绸之路经济带"建设给我国对外贸易带来的新机遇与挑战》，
　　《经济纵横》，2014 年第 6 期，第 92—96 页。

程中海，孙培蕾：《中国与中亚周边国家贸易便利化影响因素研究》，《商业研
　　究》，2014 年第 11 期，第 99—105 页。

陈婷婷：《欧盟与俄罗斯能源合作开发中的争端解决机制研究》，西北大学硕
　　士学位论文，2014 年。

陈正，蒋峥：《中亚五国优势矿产资源分布及开发现状》，《中国国土资源报》，
　　2012 年 7 月 14 日。

陈云东：《第三亚欧大陆桥构建的法律思考》，《学术探索》，2008 年第 2 期，
　　第 67—71 页。

池仁勇，邵小芬，吴宝：《全球价值链治理、驱动力和创新理论探析》，《外国
　　经济与管理》，2006 年第 3 期，第 24—30 页。

崔景明，王建：《"一带一路"：中国外交大战略》，《时事报告》，2015 年第
　　1 期，第 26—29 页。

邓祥征，钟海玥，白雪梅等：《中国西部城镇化可持续发展路径的探讨》，《中
　　国人口·资源与环境》，2013 年第 10 期，第 24—30 页。

董锁成，黄永斌，李泽红等：《丝绸之路经济带经济发展格局与区域经济一体
　　化模式》，《资源科学》，2014 年第 12 期，第 2451—2458 页。

杜尚泽，裴广江：《习近平同吉尔吉斯斯坦总统会谈》，《人民日报》，2014 年 5
　　月 19 日。

范九利，白暴力：《基础设施投资与中国经济增长的地区差异研究》，《人文地
　　理》，2004 年第 2 期，第 35—38 页。

方晓丽，朱明侠：《中国及东盟各国贸易便利化程度测算及对出口影响的实证
　　研究》，《国际贸易问题》，2013 年第 9 期，第 68—73 页。

冯宗宪：《中国向欧亚大陆延伸的战略动脉》，《人民论坛·学术前沿》，2014
　　年第 2 期（下），第 79—85 页。

冯玉军：《丝绸之路经济带内涵深刻》，《西部大开发》，2014 年第 Z1 期，第
　　28 页。

冯玉军：《不能忽视"丝绸之路经济带"面临的国际风险》，《中国社会科学
　　报》，2014 年 10 月 24 日 A05 版。

弗里德里希·李斯特：《政治经济学的自然体系》，杨春学译，商务印书馆，

1997 年，第 45—46 页。

甘钧先：《"丝绸之路"复兴计划与中国外交》，《东北亚论坛》，2010 年第5 期，
　　第65—73 页。

高新才：《丝绸之路经济带与通道经济发展》，《中国流通经济》，2014 年第
　　4 期，第 92—96 页。

高新才，杨芳：《丝绸之路经济带城市经济联系的时空变化分析——基于城市
　　流强度的视角》，《兰州大学学报》（社会科学版），2015 年第 1 期，第 9—
　　18 页。

高新才，朱泽钢：《丝绸之路经济带建设与中国贸易之应对——基于引力模型
　　的研究》，《兰州大学学报》（社会科学版），2014 年第 6 期，第 1—8 页。

高新才：《丝绸之路经济带：开辟国际关系新通道》，《中国社会科学报》，2014
　　年 3 月 19 日。

高志刚：《新疆参与新丝绸之路经济带建设面临的问题与政策建议》，《区域经
　　济评论》，2014 年第 2 期，第 92—94 页。

高志刚：《"丝绸之路经济带"框架下中国（新疆）与周边国家能源与贸易互
　　联互通研究构想》，《开发研究》，2014 年第 1 期，第 46—50 页。

高超，张然：《构建"丝绸之路经济带"能源金融一体化研究》，《对外经贸》，
　　2014 年第 4 期，第 68—69 页。

龚新蜀，马骏：《"丝绸之路"经济带交通基础设施建设对区域贸易的影响》，
　　《企业经济》，2014 年第 3 期，第 156—159 页。

郭爱君，毛锦凰：《丝绸之路经济带：优势产业空间差异与产业空间布局战略
　　研究》，《兰州大学学报》（社会科学版），2014 年第 1 期，第 40—49 页。

郭菊娥，王树斌，夏兵：《"丝绸之路经济带"能源合作现状及路径研究》，
　　《经济纵横》，2015 年第 3 期，第 88—92 页。

郭鹏，董锁成，李泽红，等：《丝绸之路经济带旅游业格局与国际旅游合作模
　　式研究》，《资源科学》，2014 年第 12 期，第 2459—2467 页。

郭飞，李卓，王飞等：《贸易自由化与投资自由化互动关系研究》，人民出版
　　社，2006 年，第 3 页。

郭庆旺，贾俊雪：《基础设施投资的经济增长效用》，《经济理论与经济管理》，
　　2006 年第 3 期，第 36—41 页。

郭普松：《西安建设"新丝路"金融中心的路径研究》，《中国商贸》，2014 年
　　第 34 期，第 91—95 页。

国务院发展研究中心"人民币区域化与边境贸易发展政策研究"课题组：《开
　　拓正规金融渠道——人民币区域化发展现状研究》，《国际贸易》，2003 年第
　　5 期，第 4—8 页。

韩骏，朱淑珍：《人民币国际化进程中我国汇率制度改革》，《人文杂志》，2014

年第 4 期，第 40—46 页。

韩国高，高铁梅，王立国等：《中国制造业产能过剩的测度、波动及成因研究》，《经济研究》，2011 年第 12 期，第 18—31 页。

韩洁，谭晶晶，吴夏等：《五点建议凸显亚洲互联互通新图景》，《新华每日电讯》，2014 年 11 月 10 日。

海力古丽·尼牙孜，李丹：《"丝绸之路经济带"的建设基础——人文合作》，《新疆大学学报》（哲学·人文社会科学版），2013 年第 6 期，第 28—30 页。

何茂春，张冀兵：《新丝绸之路经济带的国家战略分析——中国的历史机遇、潜在挑战与应对策略》，《人民论坛·学术前沿》，2013 年第 23 期，第 6—13 页。

何靖华：《中俄两国电力经贸合作思考》，《北方经贸》，2015 年第 2 期，第 127—129 页。

何慧刚：《东亚区域货币合作的模式和路径选择》，《经济与管理研究》，2007 年第 7 期，第 1—11 页。

贺西安，任虹，张小云等：《浅谈我国新疆与中亚五国的科技合作》，《科技情报开发与经济》，2011 年第 6 期，第 160—165 页。

黄群慧：《"新常态"、工业化后期与工业增长新动力》，《中国工业经济》，2014 年第 10 期，第 5—19 页。

华锦木，卢燕，谭俊蕾：《中国新疆与中亚五国科技合作现状、问题与建议》，《新疆社会科学》，2014 年第 5 期，第 88—93 页。

胡鞍钢，马伟，鄢一龙：《"丝绸之路经济带"：战略内涵、定位和实现路径》，《新疆师范大学学报》（哲学社会科学版），2014 年第 2 期，第 1—11 页。

惠宁，杨世迪：《丝绸之路经济带的内涵界定、合作内容及实现路径》，《延安大学学报》（社会科学版），2014 年第 4 期，第 60—66 页。

黄卫平：《国际经济学教程》，中国人民大学出版社，2012 年。

黄烨：《原油对外依存度十年提高 9 倍》，《国际金融报》，2013 年 2 月 5 日。

黄伟，曾妮，何又华：《珠三角城市群，离世界级有多远》，《南方日报》，2013 年 10 月 31 日。

江静：《全球价值链视角下的中国产业发展》，南京大学出版社，2014 年。

姜泽华，白艳：《产业结构升级的内涵与影响因素分析》，《当代经济研究》，2006 年第 10 期，第 53—56 页。

李明伟：《丝绸之路研究百年历史回顾》，《西北民族研究》，2005 年第 2 期，第 90 页。

林毅夫：《新结构经济学：反思经济发展与政策的理论框架（增订版）》，北京大学出版社，2014 年。

李泽红，王卷乐，赵中平等：《丝绸之路经济带生态环境格局与生态文明建设模式》,《资源科学》,2014 年第 12 期,第 2476—2482 页。

李琪:《中国与中亚创新合作模式、共建"丝绸之路经济带"的地缘战略意涵和实践》,《陕西师范大学学报》(哲学社会科学版),2014 年第 4 期,第 5—15 页。

李豫新,郭颖慧:《中国新疆与周边国家边境贸易便利化水平研究》,《国际商务研究》,2014 年第 1 期,第 24—33 页。

李宁:《"丝绸之路经济带"区域经济一体化的成本与收益研究》,《当代经济管理》,2014 年第 5 期,第 53—56 页。

李宁:《"丝绸之路经济带"的物流业基础与建设》,《理论月刊》,2014 年第 5 期,第 134—137 页。

李婷,杨丹萍:《贸易便利化对我国出口贸易的影响研究》,《科技与管理》,2014 年第 5 期,第 111—115 页。

李晓曼:《中国西部新型城镇化动力若干问题研究》,《改革与战略》,2014 年第 3 期,第 97—100 页。

李超:《中国的贸易基础支持人民币区域化吗?》,《金融研究》,2010 年第 7 期,第 1—17 页。

李向阳,丁剑平:《人民币国际化:基于资本项目开放视角》,《世界经济研究》,2014 年第 5 期,第 10—15 页。

李富有:《区域货币合作:理论、实践与亚洲的选择》,中国金融出版社,2004 年。

李金叶,舒鑫:《中亚交通设施建设中的大国博弈分析》,《亚太经济》,2014 年第 4 期,第 64—69 页。

李江龙:《中国—亚欧博览会发展研究》,新疆农业大学硕士学位论文,2012 年。

刘华芹:《构建丝绸之路经济带区域经济一体化新格局》,《中国社会科学报》,2014 年 5 月 16 日。

刘华芹,李钢:《建设"丝绸之路经济带"的总体战略与基本架构》,《国际贸易》,2014 年第 3 期,第 4—9 页。

刘育红,王曦:《"新丝绸之路"经济带交通基础设施与区域经济一体化——基于引力模型的实证研究》,《西安交通大学学报》(社会科学版),2014 年第 2 期,第 43—48 页。

刘仕国,吴海英:《全球价值链和增加值贸易:经济影响、政策启示和统计挑战》,《国际经济评论》,2013 年第 4 期,第 87—96 页。

刘友金,胡黎明:《产品内分工、价值链重组与产业转移——兼论产业转移过程中的大国战略》,《中国软科学》,2011 年第 3 期,第 149—159 页。

刘生龙,胡鞍钢:《交通基础设施与经济增长:中国区域差异的视角》,《中国工业经济》，2010 年第 4 期，第 14—23 页。

刘秉镰，武鹏，刘玉海：《交通基础设施与中国全要素生产率增长：基于省域数据的空间面板计量分析》，《中国工业经济》，2010 年第 3 期，第 54—64 页。

刘丽：《我国国家生态补偿机制研究》，青岛大学博士学位论文，2010 年。

刘志彪，张杰：《全球代工体系下发展中国家俘获型网络的形成、突破与对策——基于 GVC 与 NVC 的比较视角》，《中国工业经济》，2007 年第 5 期，第 39—47 页。

凌激：《中国与中亚国家经贸合作现状、问题及建议》，《国际观察》，2010 年第 5 期，第 17—22 页。

林志华：《城镇化建设资金保障机制的要素框架与完善措施》，《海南金融》，2014 年第 3 期，第 30—33 页。

廉晓梅：《APEC 区域合作模式与发展前景研究》，吉林大学博士学位论文，2004 年。

卢进勇：《国际直接投资便利化的动因、形式与效益分析》，《国际贸易》，2006 年第 9 期，第 51—54 页。

罗钢：《"丝绸之路经济带"建设中交通物流制度协同与推进探讨》，《开发研究》，2014 年第 2 期，第 45—49 页。

吕先志，王瑞丹：《科技基础条件资源丰度指数研究》，《中国科技论坛》，2013 年第 8 期，第 15—19 页。

迈克尔·波特：《竞争优势》，中信出版社，2003 年。

马莉莉，王瑞，张亚斌：《丝绸之路经济带的发展与合作机制研究》，《人文杂志》，2014 年第 5 期，第 38—44 页。

马莉莉，张亚斌，王瑞：《丝绸之路经济带：一个文献综述》，《西安财经学院学报》，2014 年第 4 期，第 63—69 页。

马莉莉，任保平：《丝绸之路经济带发展报告》，中国经济出版社，2014 年。

马树强：《区域教育合作探析：模式、动力机制、过程模型》，《国家教育行政学院学报》，2010 年第 7 期，第 3—7 页。

蒙代尔［美］：《汇率与最优货币区》，向松祥译，中国金融出版社，2003 年。

倪明明，王满仓：《丝绸之路经济带区域货币合作与人民币区域化的现实困境及实现路径》，《人文杂志》，2015 年第 2 期，第 31—38 页。

庞昌伟：《能源合作："丝绸之路经济带"战略的突破口》，《新疆师范大学学报》（哲学社会科学版），2014 年第 2 期，第 11—18 页。

裴长洪，樊瑛：《中国企业对外直接投资的国家特定优势》，《中国工业经济》，2010 年第 7 期，第 45—54 页。

秦升：《全球价值链治理理论：回顾与展望》，《国外理论动态》，2014 年第

12 期，第 14—21 页。

盛斌，陈帅：《全球价值链如何改变了贸易政策：对产业升级的影响和启示》，《国际经济评论》，2015 年第 1 期，第 85—97 页。

申现杰，肖金成：《国际区域经济合作新形势与我国"一带一路"合作战略》，《宏观经济研究》，2014 年第 11 期，第 30—38 页。

沈铭辉：《APEC 投资便利化进程——基于投资便利化行动计划》，《国际经济合作》，2009 年第 4 期，第 41—45 页。

苏华，康岚，王磊：《丝绸之路经济带产业合作的"雁行模式"构建》，《人文杂志》，2015 年第 3 期，第 43—49 页。

孙壮志：《"丝绸之路经济带"：打造区域合作新模式》，《新疆师范大学学报》（哲学社会科学版），2014 年第 3 期，第 36—41 页。

孙文远：《产品内价值链分工视角下的产业升级》，《管理世界》，2006 年第 10 期，第 156—157 页。

孙力，吴宏伟：《中亚国家发展报告（2014）》，社会科学文献出版社，2014 年。

苏辉，李艳：《国际路联表示新丝绸之路有望 10 年内贯通》，《陕西日报》，2004 年 10 月 28 日。

唐彦林：《国际政治背景下东北亚多边能源合作机制的构建》，《西伯利亚研究》，2006 年第 4 期，第 46—51 页。

王颂吉，白永秀：《丝绸之路经济带建设与西部城镇化发展升级》，《宁夏社会科学》，2015 年第 1 期，第 51—59 期。

王海运：《丝绸之路经济带建设的大构想》，《新疆师范大学学报》（哲学社会科学版），2014 年第 6 期，第 39—44 页。

王海运：《建设"丝绸之路经济带"促进地区各国共同发展》，《俄罗斯学刊》，2014 年第 1 期，第 5—10 页。

王晓芳，于江波：《丝绸之路经济带人民币流通的实际情境与相机抉择》，《改革》，2014 年第 12 期，第 89—97 页。

王聪：《丝绸之路经济带核心区产业转型与合作：新结构经济学的视角》，《人文杂志》，2015 年第 3 期，第 35—42 页。

王保忠，何炼成，李忠民：《"新丝绸之路经济带"一体化战略路径与实施对策》，《经济纵横》，2013 年第 11 期，第 60—65 页。

王任飞，王进杰：《基础设施与中国经济增长：基于 VAR 法研究》，《世界经济》，2007 年第 3 期，第 13—21 页。

王女杰，刘建，吴大千等：《基于生态系统服务价值的区域生态补偿——以山东省为例》，《生态学报》，2010 年第 23 期，第 6646—6653 页。

魏后凯：《现代区域经济学》，经济管理出版社，2011 年。

魏后凯：《中国城镇化进程中的两极化倾向与规模格局重构》，《中国工业经济》，2014 年第 3 期，第 18—30 页。

卫玲，戴江伟：《丝绸之路经济带：超越地理空间的内涵识别及其当代解读》，《兰州大学学报》（社会科学版），2014 年第 1 期，第 31—39 页。

卫玲，戴江伟：《丝绸之路经济带：形成机理与战略构想——基于空间经济学语境》，《西北大学学报》（哲学社会科学版），2014 年第 4 期，第 39—50 页。

文嫱，曾刚：《全球价值链治理与地方产业网络升级研究——以上海浦东集成电路产业网络为例》，《中国工业经济》，2005 年第 7 期，第 20—27 页。

王海运，赵长庆，李建民等：《"丝绸之路经济带"构想的背景、潜在挑战和未来走势》，《欧亚经济》，2014 年第 4 期，第 5—58 页。

吴宏伟：《中国与中亚国家政治经济关系：回顾与展望》，《新疆师范大学学报》，2011 年第 2 期，第 39—46 页。

习近平：《弘扬人民友谊　共创美好未来——在纳扎尔巴耶夫大学的演讲》，《人民日报》，2013 年 9 月 8 日第 3 版。

西安交通大学欧亚经济论坛秘书处：《2013 欧亚经济论坛发展报告》，西安交通大学出版社，2013 年。

许尔才：《略论中国与中亚的文化交流》，《新疆大学学报》，2012 年第 3 期，第 105—108 页。

徐明棋：《从日元国际化的经验教训看人民币国际化与区域化》，《世界经济研究》，2005 年第 12 期，第 39—44 页。

徐康宁，王剑：《要素禀赋、地理因素与新国际分工》，《中国社会科学》，2006 年第 6 期，第 65—77，204—205 页。

亚当·斯密：《国民财富的性质和原因研究》，王大力，王亚楠译，商务印书馆，1983 年，第 17—18 页。

颜士鹏：《论俄罗斯生态安全的立法保障及其对我国的借鉴意义》，2005 年武汉大学环境法研究所基地会议论文。

杨挺，田云华，李欢欢：《2014 年中国对外直接投资特征及趋势研究》，《国际经济合作》，2015 年第 1 期，第 8—17 页。

杨措：《丝绸之路建设与跨境人民币结算》，《青海金融》，2015 年第 2 期，第 28—30 页。

姚晓东，孙钰：《人民币跨境流通的影响与人民币区域化进程研究》，《经济社会体制比较》，2010 年第 3 期，第 23—30 页。

姚德权，黄学军：《我国与丝绸之路经济带国家的金融合作：现状、挑战与前景展望》，《国际贸易》，2014 年第 10 期，第 37—41 页。

姚建刚，唐捷，李西泉等：《发电侧电力市场竞价交易模式的研究》，《中国电机工程学报》，2004 年第 5 期，第 78—83 页。

姚晓东：《人民币区域化合作之最佳模式探讨》，《现代财经》，2010 年第 1 期，第 24—29 页。

易鹏飞：《川南都市圈建设模式分析》，《四川理工学院学报》（社会科学版），2010 年第 2 期，第 71—75 页。

袁培：《"丝绸之路经济带"框架下中亚国家能源合作深化发展问题研究》，《开发研究》，2014 年第 1 期，第 51—54 页。

袁利华：《"丝绸之路经济带"次区域经济合作法律保障探析》，《兰州商学院学报》，2014 年第 4 期，第 28—35 页。

袁丽君，高志刚：《依托"跨国丝绸之路"加强区域经济合作》，《开发研究》，2014 年第 1 期，第 55—58 页。

袁振权，陈秀梅：《后危机时代区域产业集群发展策略研究》，《山东社会科学》，2010 年第 6 期，第 26—28 页。

于会录，董锁成，李宇等：《丝绸之路经济带资源格局与合作开发模式研究》，《资源科学》，2014 年第 12 期，第 2468—2475 页。

赵华胜：《美国新丝绸之路战略探析》，《新疆师范大学学报》（哲学社会科学版），2012 年第 6 期，第 15—23 页。

赵华胜：《"丝绸之路经济带"的关注点及切入点》，《新疆师范大学学报》（哲学社会科学版），2014 年第 3 期，第 27—35 页。

张亚斌，马莉莉：《丝绸之路经济带相关问题的述评及思考》，《未来与发展》，2014 年第 9 期，第 101—105 页。

钟磊：《建设"丝绸之路经济带"背景下投资乌兹别克斯坦的机遇与风险》，《对外经贸实务》，2015 年第 2 期，第 76—79 页。

邹长胜，孙源：《"一带一路"视角下国际工程项目经济风险识别与防范——以哈萨克斯坦共和国为背景》，《前沿》，2015 年第 3 期，第 55—58 页。

张其仔：《比较优势的演化与中国产业升级路径的选择》，《中国工业经济》，2008 年第 9 期，第 58—68 页。

张辉：《全球价值链理论与我国产业发展研究》，《中国工业经济》，2004 年第 5 期，第 38—46 页。

张辉：《全球价值链动力机制与产业发展策略》，《中国工业经济》，2006 年第 1 期，第 40—48 页。

张辉：《全球价值链下地方产业集群升级模式研究》，《中国工业经济》，2005 年第 9 期，第 11—18 页。

张学良：《中国交通基础设施促进了区域经济增长吗：兼论交通基础设施的空间溢出效应》，《中国社会科学》，2012 年第 3 期，第 60—77 页。

张光南，洪国志，陈广汉：《基础设施、空间溢出与制造业成本效益》，《经济学》（季刊），2013 年第 10 期，第 285—304 页。

张红力：《金融引领与"一带一路"》，《金融论坛》，2015 年第 4 期，第 8—14 页。

张宇燕，徐秀军：《2014—2015 年世界经济形势回顾与展望》，《当代世界》，2015 年第 1 期，第 6—9 页。

张晔，毕燕茹：《中哈霍尔果斯国际边境合作中心——区域经济合作新模式》，《石河子大学学报》（哲学社会科学版），2009 年第 1 期，第 1—4 页。

张银山，秦放鸣：《丝绸之路经济带背景下加快推进中国—中亚自由贸易区建设的思考》，《经济研究参考》，2014 年第 55 期，第 19—26 页。

张新华：《中国与中亚国家及俄罗斯能源合作探析——以丝绸之路经济带建设为视角》，《新疆社科论坛》，2013 年第 6 期，第 21—28 页。

张永明，王海燕：《中亚五国与中国新疆金融体系比较》，《俄罗斯中亚东欧市场》，2007 年第 5 期，第 13—17 页。

《中共中央关于全面深化改革若干重大问题的决定》，人民出版社，2013 年，第 27—28 页。

《中央经济工作会议在北京举行》，《人民日报》，2013 年 12 月 14 日。

周劲，付保宗：《产能过剩在我国工业领域的表现特征》，《经济纵横》，2011 第 12 期，第 33—38 页。

周元元：《中国—东盟区域货币合作与人民币区域化研究》，《金融研究》，2008 年第 5 期，第 163—171 页。

左娅，朱剑红：《十年崛起新西部——西部大开发 10 年成就综述之一》，《人民日报》，2010 年 1 月 5 日。

朱孟楠，叶芳：《人民币区域化的影响因素研究——基于引力模型的实证分析》，《厦门大学学报》（哲学社会科学版），2012 年第 6 期，第 102—109 页。

朱孟楠，张乔则：《金融危机视角下人民币区域化、国际化的路径》，《河北大学学报》（哲学社会科学版），2010 年第 5 期，第 55—60 页。

朱新光，张深远，武斌：《中国与中亚国家的气候环境合作》，《新疆社会科学》，2010 年第 4 期，第 56—61 页。

竹效民：《建立中亚自由贸易区的构想》，《伊犁师范学院学报》（社会科学版），2014 年第 3 期，第 70—74 页。

Wang Z，Don S，Li Z，et al. *Traffic Pattern of the Silk Road Economic Bett and Construction Modes for Traffic Economic Belt across the Continent Plates* [J]．Journal of Resonrces and Ecology，2015，2：79—86.

Aschauer D A. *Is Public Expenditure Productive*? [J]．Journal of Monetary Economics，1989，23（2）：177‐200.

Arndt S, Kierzkowski H. *Fragmentation: New Production Patterns in the World Economy* [M] . Oxford: Oxford University Press, 2001.

Banister D, Berechman J. *Transport Investment and the Promotion of Economic Growth* [J] . Transport Geography, 2001, 9 (3): 209 – 218.

Cohen B J. *The Future of Sterling as an International Currency* [M] . London: Macmillan, 1971.

Feenstra R. *Integration of Trade and Disintegration of Production in the Global Economy* [J] . Journal of Economic Perspectives, 1998, 12 (4) .

Gefeffi G, Korzeniewicz M. *Commodity Chains and Global Capitalism* [M] . Westport: Praeger, 1994.

Gereffi G. *International Trade and Industrial Upgrading in the Apparel Commodity Chains* [J] . Journal of International Economics, 1999, 48.

Gereffi G, Humphrey J, Turgeon T. *The Governance of Global Value Chains: An Analytic Framework.* http: //www. ids. ac. uk/globalvaluechains/, 2003.

Gereffi G, Memedovic O. *The Global Value Chain: What Prospects for Updating by Developing Countries?* Vienna: UNIDO, 2003.

Humphrey J, Schmitz H. *Governance in Global Value Chains* [J] . IDS Bulletin, 2001, 32 (3).

Humphrey J, Schmitz H. *How does Insertion in Global Value Chains Affect Upgrading in Industrial Clusters* [J] . Regional Studies, 2002, 9 (36): 1017 – 1027.

Hamel G, Pralahad C K. *Competing for the Future* [M] . Boston Harvard Business School Press, 1994.

Harrison B. Lean and Mean. *Why Large Corporations Will Continue to Dominate the Global Economy* [M] . New York The Guilford Press, 1994.

Holtz-Eakin D. *Public-Sector Capital and the Productivity Puzzle* [J]. Review of Economics and Statistics, 1994, 76 (1): 12 – 21.

Ingram J C. *Comment: The Currency Area Problem, in Monetary Problems of the International Economy*, edited by Robert A. Mundell and Alexander Swoboda, Chicago: University of Chicano Press, 1969.

Kaplinsky R. *Globalization and Unequalisation: What Can be Learned from Value Chain Analysis?* [J] . Journal of Development Studies, 2000, 37 (2).

Kaplinsky R, Morris M. *A Handbook for Value Chain Research* [M] . Prepared for the IDRC, 2001.

Kogut B. *Designing Global Strategies: Comparative and Competitive Value-*

added Chains [J] . Sloan Management Review, 1985, 26 (4).

Krugman P. *Growing World Trade* [C] . Brookings Papers on Economic Activity 1, 1995.

Kenen P B. *The Theory of Optimum Currency Areas: An Eclectic View, In Funerary Problems of the International Economy*, Chicago: University of Chicago Press, 1969.

McKinnon R L. *Optimum Currency Areas* [J] . American Economic Review, 1963, 53 (3): 457 - 477.

Mundell R A. *The International Economics: Past, Present and Future* [M] . London: Macmillan, 2003.

Piore M, Sabel C. *The Second Industrial Divide: Possibilities for Prosperity* [M] . New York: Basic Books, 1984.

Poner M. *Competitive Advantage: Creating and Sustaining Superior Performance* [M] . New York: The Free Press, 1985.

Gibbon P. *Upgrading Primary Production a Global Commodity Chain Approacht* [J] . World Development, 2001, 2 (29): 345 - 363.

Ponte S, Gibbon P. *Quality Standards, Conventions and the Governance of Global Value Chains* [J] . Economy and Society, 2005, 1 (34): 1 - 31.

Wilson J S, Mann C L, Ostuki T. *Trade Facilitation and Economic Development: Measuring the Impact*. World Bank Policy Research Working Paper, 2003.

附 录

丝绸之路经济带大事记

2013 年 9 月

7 日， 习近平主席在哈萨克斯坦纳扎尔巴耶夫大学发表题为 《弘扬人民友谊 共创美好未来》 的重要演讲， 倡议用创新的合作模式， 共同建设丝绸之路经济带， 将其作为一项造福沿线各国人民的大事业。

11 日， 习近平主席与吉尔吉斯斯坦总统阿塔姆巴耶夫举行会谈， 宣布将中吉关系提升为战略伙伴关系， 吉方支持习主席建设丝绸之路经济带的倡议。

12 日， 习近平主席会见塔吉克斯坦总统拉赫蒙， 双方共同表示加强经贸、 反恐等合作， 以维护共同安宁和发展繁荣， 两国政府间签署了关于天然气管道建设运营的合作协议。

13 日， 上海合作组织成员国元首理事会第十三次会议在吉尔吉斯斯坦比什凯克举行。 习近平主席发表 《弘扬 "上海精神" 促进共同发展》 的重要讲话， 并围绕把上合组织 "打造成成员国命运共同体和利益共同体" 的倡议， 提出促进丝绸之路经济带建设、 展开务实合作的五点建议。

25—28 日， 阿富汗总统卡尔扎伊来华访问。 卡尔扎伊分别与习近平主席与李克强总理举行会谈， 并出席 2013 欧亚经济论坛， 卡尔扎伊在发表演讲中表达了对建立 "丝绸之路经济带" 的支持。 中阿双方签署包括经济援助、罪犯引渡以及高校合作等领域的合作协议。

26—28 日， 第五届欧亚经济论坛在西安举行， 本届论坛以 "推进古丝绸之路沿线复兴和新亚欧大陆桥互联互通" 为目标。

2013 年 10 月

24—25 日， 周边外交工作座谈会在北京召开， 习近平主席在会上发表重要讲话， 强调做好周边外交工作， 是实现 "两个一百年" 奋斗目标、 实现中华民族伟大复兴的中国梦的需要， 要更加奋发有为地推进周边外交， 为我国发展争取良好周边环境， 并推动我国发展更多惠及周边国家。

28—30 日， 丝绸之路国际大会在土耳其伊斯坦布尔召开。

2013 年 11 月

12 日， 中共中央十八届三中全会通过 《中共中央关于全面深化改革若干重大问题的决定》， 明确推进丝绸之路经济带、 海上丝绸之路建设， 以形成全方位开放新格局。

17 日， 新疆乌鲁木齐提出打造丝绸之路经济带 "五大中心"： 重要的交通枢纽中心、 商贸物流中心、 金融中心、 文化科技中心和医疗服务中心。

21 日， 李克强总理在北京同欧洲理事会主席范龙佩、 欧盟委员会主席巴罗佐共同主持第十六次中国欧盟领导人会晤， 并出席中欧农业、 能源、 知识产权等领域有关合作文件的签字仪式， 双方还共同发表 《中欧合作 2020 战略规划》。

26 日， 李克强总理在布加勒斯特出席中国-中东欧国家领导人会晤， 提出中国与中东欧国家合作的 "三大原则"， 以及深化合作的六点建议。 会晤后， 中国与中东欧 16 国共同发表 《中国-中东欧国家合作布加勒斯特纲要》。

28 日， 首条从西安始发开往哈萨克斯坦阿拉木图的国际货运班列 "长安号" 正式开通， 经宝鸡、 乌鲁木齐、 阿拉山口， 抵达哈萨克斯坦阿拉木图， 单程线路 3 860 千米。

29 日， 李克强总理出席上海合作组织成员国总理第十二次会议， 就深化上合组织务实合作提出深化安全合作、 加快道路互联互通、 促进贸易和投资便利化、 加强金融合作、 推进生态和能源合作， 以及扩大人文交流六点倡议。

2014 年 1 月

9 日， 由国家主席习近平和哈萨克斯坦总统纳扎尔巴耶夫共同见证的连云港市与哈铁股份公司物流合作项目，经过四个月的筹备，在连云港正式启动。

17日，中国向来华访问的海湾阿拉伯国家合作委员会表示，愿同海方共同努力，推动丝绸之路经济带和21世纪海上丝绸之路建设。

2014 年 2 月

郑欧首列返程班列1月14日从德国汉堡站发车，经波兰、白俄罗斯、俄罗斯、哈萨克斯坦，2月2日清晨从二连浩特口岸入境，8日抵达郑州铁路集装箱中心站，全程10 399千米，耗时25天。

6—8日，习近平主席赴俄罗斯索契出席第二十二届冬季奥林匹克运动会开幕式，并为新一年中俄关系发展做出战略规划。

10日，国家发改委公布了西部大开发九大重点领域，提出西部要大力发展文化旅游，落实丝绸之路经济带倡议。

10—11日，中印边界问题特别代表第十七次会晤在新德里举行。双方表示，愿积极推动中印两大市场对接，稳步推进铁路、产业园区合作和孟中印缅经济走廊建设，合作建设丝绸之路经济带。

19日，中巴经济走廊远景规划联合合作委员会第二次会议在北京举行。国家旅游局对外公布中国观光路线图，第一条便是丝绸之路。

23日，外交部部长王毅访问伊拉克。王毅表示，中伊两国将以丝绸之路经济带和21世纪海上丝绸之路建设为合作平台，实现共同发展。加强双方互联互通，共同促进贸易自由化和投资便利化，实现资源、技术、市场等优势互补。

24日，中国倡议"中国-东盟"开展新一批服务贸易承诺谈判，力争到2020年双边贸易额达到1万亿美元，今后8年新增双向投资1 500亿美元。

2014 年 3 月

4日，丝绸之路和平奖委员会在北京成立。

5日， 李克强总理在 《政府工作报告 》 中介绍今年重点工作时指出，将 "抓紧规划丝绸之路经济带、 21世纪海上丝绸之路"。

12日， "中国-乌兹别克斯坦丝绸之路经贸合作论坛" 在塔什干举行。

30日， 习近平主席到访德国北威州杜伊斯堡港， 这里是由重庆经新疆跨欧亚直至欧洲的渝新欧国际铁路联运大通道的终点。 克拉夫特州长、 林克市长表示， 将抓住丝绸之路经济带倡议为北威州和杜伊斯堡港带来的新机遇，加强同中国的合作。

2014 年 4 月

10日， 博鳌亚洲论坛年会开幕， 李克强总理出席并发表 《共同开创亚洲发展新未来 》 的主旨演讲， 特别强调要推进 "一带一路" 的建设。 杨洁篪主持 "丝绸之路的复兴： 对话亚洲领导人" 分论坛。

2014 年 5 月

9日， 中石油土库曼斯坦巴格德雷合同区第二天然气处理厂竣工投产。这是近年全球最大的 EPC 总承包项目之一， 项目建成后， 生产的天然气将输往中国。

12日， 习近平主席在北京与土库曼斯坦总统别尔德穆哈梅多夫举行会谈， 两国元首共同签署了 《中华人民共和国和土库曼斯坦友好合作条约 》《中华人民共和国和土库曼斯坦关于发展和深化战略伙伴关系的联合宣言 》《关于通过 〈中华人民共和国和土库曼斯坦战略伙伴关系发展规划 （2014—2018 年 ）〉 的声明 》， 并见证了天然气、 农业、 交通、 金融、 文化、 地方等领域多项合作文件的签署。

18日， 习近平主席同吉尔吉斯斯坦总统阿塔姆巴耶夫举行会谈， 两国元首共同签署了 《中华人民共和国和吉尔吉斯共和国关于进一步深化战略伙伴关系的联合宣言 》， 并见证安全执法、 基础设施建设等领域合作文件的签署。

20 日，习近平主席在上海吴淞海军军港，同俄罗斯总统普京一起出席"海上联合——2014 中俄海上联合军事演习"开始仪式并看望两国海军官兵代表。

21 日，亚洲相互协作与信任措施会议第四次峰会在上海举行，习近平主席主持会议并发表题为《积极树立亚洲安全观 共创安全合作新局面》的主旨讲话。习近平强调，中国将同各方一道，积极倡导共同、综合、合作、可持续的亚洲安全观，搭建地区安全和合作新架构，努力走出一条共建、共享、共赢的亚洲安全之路。

21 日，作为丝绸之路经济带建设的首个实体平台，连云港国际中哈物流基地由习近平主席与哈萨克斯坦总统纳扎尔巴耶夫共同启动，标志着中哈两国依托亚欧大陆桥，共建丝绸之路经济带的构想进入实质性实施阶段。

2014 年 6 月

5 日，中阿合作论坛第六届部长级会议在北京开幕，习近平主席发表题为《弘扬丝路精神，深化中阿合作》的重要讲话，希望双方弘扬丝绸之路精神，以共建丝绸之路经济带和 21 世纪海上丝绸之路为新机遇、新起点，不断深化全面合作、共同发展的中阿战略合作关系。

15 日，新疆霍尔果斯计量站，来自中国石油天然气集团公司、哈萨克斯坦输气公司、霍尔果斯口岸管理委员会的嘉宾代表共同启动点火按钮，宣告中亚天然气管道 C 线开始由土库曼斯坦向中国通气。

22 日，由中国、哈萨克斯坦和吉尔吉斯斯坦联合申报的丝绸之路"长安—天山廊道路网"成功申报世界文化遗产，成为首例跨国合作、成功申遗的项目。

2014 年 7 月

11 日，国务院批复新疆维吾尔自治区设立县级霍尔果斯市，助力丝绸之路经济带建设。

2014 年 9 月

24 日， 丝绸之路经济带城市合作发展圆桌会议在西安举行。 丝绸之路部分沿线城市代表共聚西安， 共谋务实合作。 会议期间， 丝绸之路经济带沿线城市签署了 《丝绸之路经济带城市深化合作发展备忘录》。

2014 年 10 月

14 日， 江苏、 山东、 河南、 陕西、 甘肃、 青海、 宁夏、 新疆 8 个省区代表在连云港共同签署 《丝绸之路经济带物流联动发展合作意见》， 丝绸之路经济带物流联动发展合作联盟正式成立。

2014 年 11 月

4 日， 习近平主席在 APEC 峰会上宣布， 中国将出资 400 亿美元成立 "丝路基金"， 为 "一带一路" 沿线国家基础设施建设、 资源开发、 产业合作等有关项目提供投融资支持。 同时， 亚洲基础设施投资银行筹建工作已经迈出实质性一步， 创始成员国不久前在北京签署了政府间谅解备忘录。

2014 年 12 月

9—11 日， 中央经济工作会议举行， 提出优化经济发展空间格局， 要重点实施 "一带一路"、 京津冀协同发展、 长江经济带三大战略， 争取 2015 年有个良好开局。

29 日， 吉尔吉斯斯坦总统阿塔姆巴耶夫在比什凯克会见了习近平主席特使、 国务委员杨洁篪， 吉方愿同中方加强务实合作， 积极参与丝绸之路经济带建设， 深化执法安全合作， 共同维护地区和平稳定。

2015 年 1 月

15—16 日， 筹建亚洲基础设施投资银行第二次谈判代表会议在印度孟买举行。

2015 年 3 月

5 日， 李克强总理做 《2015 年国务院政府工作报告》， 报告中提出 "构建全方位对外开放新格局。 推进丝绸之路经济带和 21 世纪海上丝绸之路合作建设。 加快互联互通、 大通关和国际物流大通道建设"。

28 日， 国家发展改革委、 外交部、 商务部联合发布了 《推动共建丝绸之路经济带和 21 世纪海上丝绸之路的愿景与行动》。

30—31 日， 筹建亚洲基础设施投资银行第三次谈判代表会议在哈萨克斯坦阿拉木图举行。

31 日， 银川海关等 10 个丝绸之路经济带海关已启动区域通关一体化改革， 并将于 5 月 1 日起启用一体化通关方式。

2015 年 4 月

27—28 日， 筹建亚洲基础设施投资银行第四次谈判代表会议在北京举行。

27 日， 西安海关辖区的三星 （中国） 半导体有限公司以区域通关一体化模式申报， 自韩国经青岛口岸进口的 54 套半导体配套设备消音器顺利通关， 标志着丝绸之路经济带海关区域通关一体化改革试运行启动。

27 日， 青岛、 济南、 郑州、 太原、 西安、 兰州、 银川、 西宁、 乌鲁木齐、 拉萨 10 个海关在青岛签署 《丝绸之路经济带海关合作协议》。

2015 年 5 月

7 日， 习近平主席访问哈萨克斯坦， 表示中方愿意推动丝绸之路经济带建设同哈方 "光明之路" 对接。

8 日， 习近平主席访问俄罗斯， 俄中双方签署了一揽子双边文件 （超过 30 份协议和备忘录）， 通过了 《关于深化全面战略协作伙伴关系， 倡导合作共赢的联合声明》 和 《关于欧亚经济联盟建设与丝绸之路经济带建设对接合作的联合声明》。

10 日， 习近平主席访问白俄罗斯， 推动中白在丝绸之路经济带建设上的合作。

20—22 日， 筹建亚洲基础设施投资银行第五次谈判代表会议在新加坡举行。

22 日， 第十九届西洽会暨丝博会在西安开幕。 此次西洽会以 "共建丝路合作平台， 推进区域开放发展" 为主题， 重点围绕 "一带一路" 特色展开。

2015 年 6 月

17 日， 丝绸之路经济带国际研讨会在哈萨克斯坦阿拉木图举行， 来自中国、 哈萨克斯坦、 吉尔吉斯斯坦、 韩国、 俄罗斯的专家学者、 企业界代表以及联合国官员， 就丝绸之路经济带的意义和前景、 给地区各国带来的机遇、 建设丝绸之路经济带需解决的问题进行了探讨。

17 日， 商务部国际贸易谈判代表兼副部长钟山与乌兹别克斯坦对外经济关系、 投资和贸易部部长加尼耶夫共同签署了 《关于在落实建设 "丝绸之路经济带" 倡议框架下扩大互利经贸合作的议定书》。

29 日，《亚洲基础设施投资银行协定》 （简称 《协定》） 签署仪式在北京举行， 亚投行 57 个意向创始成员国财长或授权代表出席了签署仪式，

其中已通过国内审批程序的 50 个国家正式签署 《协定》。 各方商定将于
2015 年底之前， 经合法数量的国家批准后， 《协定》 即告生效， 亚投行正
式成立。

2015 年 7 月

1 日， 为服务丝绸之路经济带建设， 甘肃、 山东、 山西、 内蒙古、 河
南、 四川、 西藏、 陕西、 青海、 宁夏和新疆 11 个省区实现检验检疫通关
业务一体化。

24 日， 第三届丝绸之路经济带城市合作发展论坛在新疆开幕。

2015 年 8 月

19 日， 丝绸之路经济带区域海关首票跨关区汇总征税货物在青岛顺利
通关。

24 日， 筹建亚投行第六次谈判代表会议以共识方式推选现任亚投行多边
临时秘书处秘书长金立群为亚投行候任行长。 根据亚投行 《协定》 有关规
定， 亚投行正式成立后， 将在首次理事会上将候任行长选举为行长。

25—28 日， 中阿共建丝绸之路经济带天水合作交流暨阿拉伯国家驻华使
节天水行活动在甘肃省天水市举行。

26 日， 吉尔吉斯斯坦第二届伊塞克湖经济论坛开幕。 吉将更加积极推动
丝绸之路经济带与欧亚经济联盟的对接。 中国路桥、 华和国际商务咨询机
构、 乌鲁木齐高新区 （新市区）、 比什凯克自由经济区代表签署了 《中吉
工业园项目合作备忘录》。

28 日， 中俄总理定期会晤委员会运输合作分委会第十九次会议在中国西
安隆重举行。 双方围绕促进丝绸之路经济带与欧亚经济联盟战略对接、 深化
中俄交通运输合作进行了深入积极的交流。

31 日， 习近平主席与到访的哈萨克斯坦总统纳扎尔巴耶夫在北京举行会

谈。两国元首共同签署《中华人民共和国和哈萨克斯坦共和国关于全面战略伙伴关系新阶段的联合宣言》，一致决定推动双边关系向更高水平、更广空间迈进。双方强调，中国"丝绸之路经济带"倡议和哈萨克斯坦"光明之路"新经济政策相辅相成，有利于深化两国全面合作。双方将以此为契机进一步加强产能与投资合作。

31日，习近平主席与到访的塞尔维亚总统尼科利奇举行会谈。习近平强调，中国视塞尔维亚为重要合作伙伴。包括塞尔维亚在内的中东欧是"一带一路"沿线重要国家，中塞两国可以充分利用现有有利条件，为两国务实合作在"一带一路"建设中赢得新的重要机遇，助力国家经济社会发展。尼科利奇表示，塞方愿加强同中方在通信、汽车制造、交通和水利基础设施建设等领域合作。

31日，习近平主席与到访的老挝人民革命党中央总书记、国家主席朱马里举行会谈。习近平强调，中方愿积极推动"一带一路"建设同老方发展战略有效对接，开展互利共赢的产能合作，把双方利益融合提升至更高水平。希望双方继续密切在联合国、中国与东盟、东盟-中日韩、大湄公河次区域等多边机制中的合作。

2015 年 9 月

1日，习近平主席会见苏丹总统巴希尔。两国元首共同签署了《中华人民共和国和苏丹共和国关于建立战略伙伴关系的联合声明》，并见证了科技领域合作文件的签署。苏方希望扩大两国合作领域，赞赏中方"一带一路"倡议，愿积极参与有关合作。

2日，习近平主席会见巴基斯坦总统侯赛因。习近平指出，当前，中巴经济走廊建设取得重要进展，双方要加紧研究制定走廊远景规划。中方愿就加快推进两国产能和工业园区合作、有关民生项目开发建设等方面同巴方密切沟通。侯赛因表示，巴方珍视同中方兄弟般的友好关系，积极致力于以中巴经济走廊建设为中心推进两国各领域务实合作，将继续加强同中方在国际事务中的协调配合。

2日，习近平主席会见韩国总统朴槿惠。习近平指出，韩方"欧亚合作倡议"同"一带一路"建设契合，中方欢迎韩方积极参与"一带一路"建设和亚洲基础设施投资银行工作。朴槿惠表示，韩方愿积极推进韩中各领域合作，加强"欧亚合作倡议"同"一带一路"倡议的协调对接。

2日，习近平主席会见塔吉克斯坦总统拉赫蒙。习近平指出，中方愿本着共商、共建、共享原则同塔方一道推进共建丝绸之路经济带合作，将丝绸之路经济带同塔方关心的能源、交通、粮食三大发展战略有效对接。拉赫蒙表示，两国经贸、安全、地方、基础设施等领域合作深入推进，"一带一路"框架下合作取得早期收获。塔方感谢中方给予的帮助，愿继续加强同中方各领域务实合作。

2日，习近平主席会见吉尔吉斯斯坦总统阿塔姆巴耶夫。习近平指出，中方愿在丝绸之路经济带框架内积极参与吉尔吉斯斯坦国家稳定和发展战略中的重大合作项目，同吉方携手共建中国—中亚—西亚经济走廊。阿塔姆巴耶夫表示，吉方感谢中方对吉经济社会发展提供的帮助，愿加强同中方的经贸、安全合作，参与"一带一路"同"欧亚经济联盟"对接合作，不断巩固同中国的友好关系。

2日，习近平主席会见乌兹别克斯坦总统卡里莫夫。习近平指出，中方坚持推动两国战略伙伴关系发展，赞赏乌方对丝绸之路经济带建设的积极支持，愿积极加强双方交通基础设施建设合作，扩大贸易和投资规模。卡里莫夫表示，乌方愿同中方保持密切协调与合作，实现共同发展，努力维护国际和地区和平。

2日，习近平主席会见白俄罗斯总统卢卡申科。习近平指出，双方要共同推动丝绸之路经济带建设取得早期收获，通过中白工业园建设，带动两国贸易、投资、金融、地方等全方位合作。中方愿在平等互利基础上推动丝绸之路经济带建设同欧亚经济联盟建设对接。卢卡申科表示，愿意推动丝绸之路经济带同欧亚经济联盟对接。

2日，习近平主席会见埃及总统塞西。塞西表示，埃方积极致力于推进两国各领域合作， 愿参与 "一带一路" 框架下有关合作。 两国元首共同见证了两国产能、 金融等领域合作文件的签署。

3日， 习近平主席会见俄罗斯总统普京。 习近平强调， 双方要扩大金融、 投资、 能源、 地方合作， 要制定好丝绸之路经济带建设和欧亚经济联盟建设对接合作的长期规划纲要， 落实好合作项目。 普京表示， 愿继续推进两国在能源、 石化、 金融、 航天、 科技、 制造业等各领域务实合作， 加强同中方在联合国等国际和地区组织中的协调配合。 会见后， 两国元首共同见证了外交、 基础设施、 地方、 教育、 科技、 海关、 经济、 能源、 投资、 金融、 贸易、 电力、 交通、 网络、 汽车等领域合作协议的签署。

3日， 习近平主席会见越南国家主席张晋创。 习近平指出， 要继续保持高层交往， 推动两国发展战略对接， 扩大 "一带一路" 和 "两廊一圈" 框架内合作。 张晋创表示， 越方愿同中方增进政治互信， 密切人员交往， 稳妥处理分歧， 扩大平等互利合作。

3日， 习近平主席会见蒙古国总统额勒贝格道尔吉。 习近平指出， 双方要加快推进 "丝绸之路经济带倡议" 同 "草原之路倡议" 战略对接， 尽早启动一批具有标志性意义的大项目， 全面提升中蒙经贸务实合作水平。 中方愿同蒙方和俄方保持密切沟通， 推进中蒙俄经济走廊建设， 促进三国乃至本地区发展繁荣。 额勒贝格道尔吉表示， 希望双方抓紧落实两国务实合作达成的共识， 加强大项目合作， 推动蒙中全面战略伙伴关系深入发展。

后记

2013 年 9 月 7 日，习近平主席在哈萨克斯坦访问期间倡议亚欧国家共建"丝绸之路经济带"，这一倡议得到丝绸之路沿线国家和地区的广泛响应。2013 年 11 月，党的十八届三中全会通过的《中共中央关于全面深化改革若干重大问题的决定》明确指出："推进丝绸之路经济带、海上丝绸之路建设，形成全方位开放新格局。"这表明建设丝绸之路经济带成为中国今后经济发展和对外开放的重大举措。经过一年多的理念设计和规划编制工作，国家发改委、外交部、商务部于 2015 年 3 月 28 日联合受权发布了《推动共建丝绸之路经济带和 21 世纪海上丝绸之路的愿景与行动》，标志着建设丝绸之路经济带正式进入务实合作阶段，今后的工作重点是积极稳妥地推进丝绸之路经济带建设，使愿景逐步成为现实。

丝绸之路经济带倡议提出之后，我们研究团队围绕丝绸之路经济带的提出背景、空间范围、内涵特征、建设步骤、重点难点、产业合作、战略意义等学术问题开展了系统深入的研究，截至 2015 年 9 月在《改革》《人文杂志》《兰州大学学报》《西北大学学报》《经济纵横》《宁夏社会科学》《中国科学报》等报刊发表论文 9 篇，所发论文被《新华文摘》转载 1 篇，被中国人民大学复印报刊资料转载 3 篇，获"《改革》服务中央决策优秀论文奖"等荣誉，引起了较大的社会反响。与此同时，我主持完成了陕西省工信厅、西安市发改委、西安市决咨委等单位委托的 3 项课题，相关研究成果获"西安市决策咨询课题二等奖"等荣誉。

在研究丝绸之路经济带的过程中，我们形成了撰写《丝绸之路经济带研究》一书的计划。2015 年初，王颂吉博士协助我拟定了本书的写作大纲与写作规范，撰写了各章的主要思路与内容提要，然后分工具体撰写：白永秀、王颂吉、吴航、王泽润负责第一章；闫杰、李杰、王斌负责第二章；刘俊负责第三章；王泽润、王颂吉负责第四章；王颂吉、白永秀负责第五章；倪明明负责第六章；王宇豪、黄莹、伍业艳负责第七章；王泽润、黄莹负责整理大事记。最后，由王颂吉、王泽润、王宇豪协助我统稿。总体而言，本书在整合我们前期研究成果的基础上，进一步对丝绸之路经济带互联互通、贸易投资便利化、产业合作、保障机制等重点问题作了探索，体现了我们对丝绸之路经济带的最新思考。

2015 年 6 月，我主持申报的"全球经济新格局背景下丝绸之路经济带建设的战略研究"立项为国家社科基金重点项目。在今后一段时间内，我们团队将在前期研究的基础上，围绕全球经济新格局背景下丝绸之路经济带建设的目标定位、重点内容、推进路径、支持体系等问题开展研究，力争形成一批高水平研究成果。

生活·读书·新知三联书店的成华编辑为本书的出版做了大量工作，在此一并表示感谢。当前，关于丝绸之路经济带的研究工作方兴